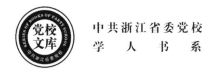

中共浙江省委党校
学　人　书　系

马力宏文集

中国社会科学出版社

图书在版编目 (CIP) 数据

马力宏文集 / 马力宏著 . —北京：中国社会科学出版社，2020. 4
ISBN 978 - 7 - 5203 - 4770 - 9

Ⅰ. ①马… Ⅱ. ①马… Ⅲ. ①管理学—文集 Ⅳ. ①C93 - 53

中国版本图书馆 CIP 数据核字（2019）第 149554 号

出 版 人	赵剑英
责任编辑	冯春凤
责任校对	张爱华
责任印制	张雪娇

出　　版	中国社会科学出版社
社　　址	北京鼓楼西大街甲 158 号
邮　　编	100720
网　　址	http：// www. csspw. cn
发 行 部	010 - 84083685
门 市 部	010 - 84029450
经　　销	新华书店及其他书店

印　　刷	北京君升印刷有限公司
装　　订	廊坊市广阳区广增装订厂
版　　次	2020 年 4 月第 1 版
印　　次	2020 年 4 月第 1 次印刷

开　　本	710 × 1000　1/16
印　　张	18. 75
插　　页	2
字　　数	306 千字
定　　价	108. 00 元

凡购买中国社会科学出版社图书，如有质量问题请与本社营销中心联系调换
电话 :010 - 84083683

序　言

陆发桃

　　东南形胜、潮涌钱塘，诗画浙江、自古繁华。伴随着新中国一起诞生，在改革开放中跨步前进的红色学府——中共浙江省委党校已有近七十年的历史。七十年来，作为省委的重要部门、培训轮训党员领导干部的主渠道、党的哲学社会科学研究机构，浙江省委党校始终高扬党的旗帜，紧紧围绕党的路线方针和中心大局开展干部培训和理论研究宣传，为党的干部队伍建设、理论创新和浙江经济社会发展作出了重要贡献。特别是1983年到1989年党校教育正规化时期，浙江省委党校各项事业快速发展。这一时期，省委党校科研工作空前活跃，领导科学、干部语言逻辑等学科建设成果显著。鲍世平撰写的《领导科学纲要》于1985年10月由中央党校求实出版社出版，1989年修订本出版时，中央党校常务副校长薛驹对此表示祝贺，并亲自为该书题写书名。陈宗明编写的《现代汉语逻辑》获1985年度省社会科学优秀成果一等奖……这一时期，党校教师形成了以老教师带头、以80年代初引进的一批中年教师为主体的"党校学人"群体，为党校教育正规化事业作出了不可磨灭的重大贡献。1986年9月10日，李基固被评为省教育系统优秀教师和全国教育系统优秀教师；1987年8月24日，陆立军被省委宣传部、省教委、中国教育工会浙江省委员会批准为省级优秀教师；1989年9月10日，陈宗明被国家教委、人事部、全国教育总工会评为1989年度全国优秀教师……时光荏苒，岁月如梭。老一辈"党校学人"陆续离开了他们热爱的党校教师岗位。但他们的精神始终激励着我们。为全面回顾"党校学人"的光辉历程，传承和发扬"党校学人"的光荣传统，激励党校学人继续开拓进取、勇往直前，在历史新时期谱写党校事业新篇章，学校决定对党校学人积累下来的珍贵的学术财富进行系统梳理，设立《党校学人书系》。《书系》的编写出版，对于深入研究"党校学人"成长规律，进一步探索新时期"党校学人"培养新思路新方法，努力开创新时代党校发展新局面，具有重要借鉴意义。"干在实处永无止境，走在前列要谋新篇。"新时代党校工作责任重大，使命光荣。希望新时代"党校学人"站在前人的肩膀上，不忘初心、牢记使命，永远奋斗，努力为建设红色学府示范党校，推进"两个高水平"建设、实现中华民族伟大复兴的中国梦而努力奋斗！

自　序

　　肇始于 1978 年的改革开放从根本上改变了我国的落后面貌，这历史性的变化之所以能够实现，既有政治经济体制发展变化内在规律的作用，又有历史机遇和文化基因的影响，更得益于一系列科学决策的作出，其中，对符合中国国情的发展模式和管理理论不断加以深入的探索，是不可否认的一个重要因素。正是通过对当时社会存在的各种问题的深刻剖析、对实践中出现的各种经验教训的及时总结提炼、对古今中外各种科学管理理论的介绍和吸收、对目标选择和发展方式的不断讨论和比较，为我国的改革开放营造了良好的舆论氛围和坚实的理论基础。作为 40 年改革开放和国家历史性变化的见证者，作为在这一过程中有机会参与了许多热点理论问题讨论和交流的社会科学工作者，我从心里感激这个风云激荡的时代，她给了我们机会，赋予了我们责任，也成就了我们这一代人的历史价值。

　　我国的公共管理学是改革开放的产物，她在改革开放之初起步并在改革的深化中得到了快速的发展。我庆幸自己有机会伴随着公共管理学一起成长，并在政府与市场关系、政府管理中的条块关系、民营经济发展与地方政府改革等领域开展了自己力所能及的研究。由于我国的改革开放对公共管理理论有着很强的现实需求，因此，我有幸在自己多年的研究中申报成功并完成了四项国家社科基金课题和十多项省部级课题的研究，发表的一些论著也得到了学界和实际部门的关注和重视，为我国公共管理理论的发展尽了自己一份绵薄之力。我坚信公共管理学在我国一定会发展得更加繁荣！

　　感谢我的工作单位浙江省委党校。我职业生涯的主要时间是在省委党校度过的，我永远记着党校的老师和同事们曾经给予我的各种帮助。在我国风起云涌的改革大潮中，党校处于一个十分重要的位置，她不仅是国家培养各类领导人才的基地，还是各种信息的重要交汇点，是联系实际进行理论研究和理论创新的一个重要平台。相信党校在国家富强和民族振兴中能够发挥出更加积极的作用！

　　本书所选论文基本保持了当年发表时的原貌，这有助于反映笔者当时的思考和研究的经历。书中的疏漏和不足之处，恳请学界同仁和读者朋友批评指正。

马力宏

2019 年 10 月于杭州

目 录

第四编　城镇化的进程和模式选择

第五编　管理中的制度建设

第六编　管理创新与协调发展

附录

第一编

政府与市场关系

政府与市场关系的浙江模式[*]

——浙江 30 年变化的一个分析视角

在现代市场经济中，政府与市场是两种基本的制度安排，是任何国家和地区都无法回避的一对基本矛盾。近代社会随着经济和政治的不断发展，政府与市场关系经历了几次大的历史演变。从亚当·斯密的"守夜人"关系，到凯恩斯的国家与市场的干预关系，再到以布坎南为代表的公共选择理论所追求的通过制度约束在政府与市场之间寻找一种新的平衡关系。[①] 近代以来政府与市场关系的这些变化，以及围绕这种历史演变而出现的各种理论流派，对近代各国经济的发展产生了深远的影响。但是，这些政府与市场关系的演变及其理论流派主要是以西方发达国家为分析基础的，发展中国家的情况与此有着很大的差异，尤其是像我国这样从计划经济向市场经济转型的国家，政府与市场关系面临着许多特殊情况，如何形成符合转型国家自己实际的政府与市场关系模式，一直是影响和制约转型国家经济社会发展的一个重要因素。

一 浙江政府与市场关系的主要特点

浙江在改革开放 30 年来的实践中，通过大胆的尝试、及时纠偏、不断总结，逐渐形成了自己的政府与市场关系模式，即活跃的市场加有为政府的市场与政府合作互补模式。浙江这种政府与市场关系模式有三个显著

　* 本文是国家社科基金课题《我国政府与市场博弈互补关系的历史演进——以浙江为蓝本的跟踪研究》（批准号 08BZZ036）的阶段性研究成果。

　① 张群梅：《政府与市场关系的新解读——公共选择理论的政府观分析》，《河南大学学报》2007 年第 2 期。

特点：活跃的市场、有为的政府、政府与市场的合作互补。

首先，活跃的市场是浙江政府与市场关系模式最典型的特点。自改革开放以来，浙江的市场化改革一直领先于全国，无论是"温州模式""义乌模式"，还是当前引起全国普遍关注的"浙江现象"，其特点首先都是活跃的市场经济。从一般意义上来分析，浙江经济发展的自然禀赋并不优越，人多地少、资源匮乏。浙江经济的起飞，得益于市场机制的率先引入。正是这种市场机制优势，使浙江抢占了经济发展先机，市场竞争规则随后在浙江全省较普遍和有效的运用，又提高和保证了浙江经济的效率，使得浙江的市场化水平和经济发展能够持续走在全国前列。樊纲等一批学者多年来致力于中国各省区的市场化相对进程研究，从政府与市场关系、非国有经济发展、产品市场的发育程度、要素市场的发育程度、市场中介组织发育和法律制度环境等方面测度各省市的市场化程度。多年来的统计显示，浙江的市场化水平一直名列全国前茅。①

其次，有为政府是浙江政府与市场关系模式的另一个重要特点。尽管在我国改革开放之初，浙江的温州模式曾以政府的无为而治在全国产生了很大的影响。但这只是在特定条件下局部地区的地方政府为保护和推动当地经济发展而采取的一种策略。就浙江全省 30 年发展的总体而言，浙江各级政府在当地经济社会发展中发挥了十分积极有为的作用：一是对当地经济社会发展进行科学的规划，制定正确的发展战略。浙江各地大部分政府都重视对经济发展的规划引导和战略指导，其中最为典型的是义乌市。全国闻名的义乌小商品市场的建设，其间经过八度搬迁、五次新建，不同时期的市场建设和发展都带有鲜明的政府烙印，都离不开政府在市场发展规划和发展战略上的积极作用。② 二是有效的公共产品供给和公共服务能力。政府是公共物品的主要供应者，浙江各级政府在这方面具有较高的效率。这不仅因为浙江经济相对较为发达，具有提供公共物品所需要的经济实力，浙江在全国率先实行了覆盖城乡居民的最低生活保障制度，建立起了比较完善的城镇社会保障体系；而且，浙江各级政府善于发挥市场机制

---

① 樊纲、王小鲁：《中国市场化指数——各地区市场化相对进程报告（2000 年）》，经济科学出版社。

② 陆立军等：《市场义乌——从鸡毛换糖到国际商贸》，浙江人民出版社 2003 年版，第 161页。

在公共物品供应中的作用，有效提高了公共物品供应效率。三是政府自身的自律和约束能力。通过审批制度改革、收支两条线的财政预算管理改革、国有土地有偿使用改革等途径，对政府行使的公共权力进行了严格的监督和控制，有效遏制了腐败现象的产生。

分析浙江改革开放 30 年来的实践可以清楚地看出，浙江政府与市场关系中表现出来的政府有为，与计划经济时期政府无所不包的管理有着根本的区别：有为政府的行为是以市场为基础，是在尊重市场规律的基础上发挥政府的引导作用；有为政府以创造市场发展良好的外部环境为目的，不是政府自己参与微观经济竞争；有为政府以规划为主要的引导手段，不干预经济个体具体的经济活动；有为政府以服务为管理的基本方式，不是通过居高临下的管制和行政力量来体现政府的作为。浙江有为政府合理的政策措施对浙江经济社会的健康发展发挥了十分积极的作用。

再次，政府与市场的合作互补是浙江政府与市场关系模式的又一个重要特色。政府与市场是一对矛盾，在不少地方，市场的活跃往往伴随着政府作用的弱化，而政府作用的发挥往往又是以市场功能的萎缩为代价，非此即彼。但是在浙江，市场的活跃和政府的有为并没有形成对立，反而在博弈中实现了较好的互补。因为双方存在着合作的基础，有着共同的利益，互相需要。首先是政府需要市场。改革开放以来，我国地方政府的性质和作用发生了重大的变化，地方政府已从过去主要作为中央政府的分支机构变成了一级相对独立的利益主体。随着财政包干制、中央和地方分税制等财政体制的逐步实行，地方政府的责、权、利也实现了相对的统一。中央政府下放了更多的权力和利益，同时也下放了更多的责任。地方政府在具有了管理本地事务的更大权力、可以为本地争取更多利益的同时，也必须对本地区的发展承担起更大的责任。在地方政府要履行的各种责任中，经济发展无疑是最基本和最主要的内容，没有经济的发展，不能有效摆脱贫穷落后的状态，一个地区任何其他方面的发展都将难以长期持续。而要快速发展经济，就必须尽快摆脱计划经济的束缚，充分发挥市场机制的作用。正是通过市场高效率的资源配置，浙江很快形成了民营经济、股份制经济、专业市场、产业集群等经济特色和优势，经济获得了快速的发展。而这正是转型国家的政府在经济启动期所最需要的。

同样，市场的发展也需要政府。从政府与市场关系的角度分析浙江改革开放 30 年来的发展历程，我们可以发现，浙江市场优势的形成，尽管有着许多复杂的原因，但其中非常重要的一个影响因素，恰恰是政府。浙江之所以能够先于其他地方形成市场优势，浙江各级政府不同形式的支持和扶植是一个不可缺少的重要因素，其中最基本有效的，是浙江各级政府为市场的发展在制度供给方面发挥的积极作用。正是这种有效的制度供给，最终成就了浙江的市场优势。在市场经济不发达的发展中国家，经济发展面临的最根本问题是缺乏市场经济发展的制度基础，如法律和秩序、产权的界定、支配交易和分担风险的法规，等等。由于缺乏公平合理的市场竞争环境，市场的发育和经济的增长遇到了难以逾越的障碍，成为这些国家经济长期落后的重要根源。因此，在发展中国家，如何发挥政府在制度供给中的积极作用，既制定出公开平等的市场竞争规则体系，又能建立起防止政府寻租、以权谋私的政府行为规范体系，为市场经济的发展提供公平合理的制度环境，就成为实现市场经济顺利转型并高速运作的必不可少的条件。浙江各级政府在制度供给方面进行了卓有成效的努力，设法使政府主导的制度供给与民间诱致性制度供给相结合，政府的制度供给与政府的政策供给相结合，激发市场活力与调动基层政府积极性的制度供给相结合，推动经济发展的制度供给与约束市场损人利己行为、制约官员以权谋私的制度供给相结合，从而为浙江市场的发展提供了良好的制度环境。

当然，浙江政府与市场关系模式不是天然形成的，而是长期博弈和磨合的结果，正是在与市场的不断较量中，浙江各级政府逐步了解和认识了市场的规律，学会了如何在适应市场规律的基础上发挥自己的积极作用，政府与市场从相互抵触到彼此依存，逐步形成各司其职、合作互补的良性关系。

二 浙江政府与市场关系模式的
形成过程及其社会历史条件

浙江政府与市场关系模式的形成经历了一个长期的过程，按浙江改革开放 30 年的历史进程，大致可以分为三个阶段。

1. 市场经济启动时期的政府与市场关系

在改革开放初期，受人多地少、资源匮乏，以及处于国家计划经济体系的薄弱环节等因素的影响，浙江民间已有了强烈的市场倾向。但受长期左的思想路线的影响，当时主流的意识形态还未能接受市场经济，因此，当时政府与市场的矛盾主要表现为民间强烈的发展市场的愿望与政府不敢放开的矛盾，"资本主义尾巴"不断被割又不断成长就是当时双方博弈的真实写照。但是，在浙江温州、台州、金华等部分地区，尽管地方政府在当时的意识形态和政治环境下不可能公开地站出来支持民营经济等自发的市场行为，但出于对老百姓生存愿望的理解和同情，这些地方的政府作出了不反对的选择，对民营经济等自发的市场行为采取了视而不见的默认。在当时的环境下，默认实际上就是一种保护和支持，尽管是一种消极而不是积极的支持，这在当时特定的历史条件下依然是十分难能可贵的，这种视而不见的默认和放任，给浙江市场的发展创造了比较宽松的发展环境。①

由于对民营经济等市场因素有了较为客观正确的认识，为了使这些市场因素能够发展得顺利一些，浙江温州、台州、金华等地政府随后又采取了一些灵活变通的方式，为这些市场因素寻找当时意识形态条件下能够允许的法律和制度依据。如允许个私企业"挂户经营"，同意这些企业通过向当地合法的集体企业交纳一定的"挂靠费"，戴上"红帽子"，从而获得生存的"许可证"。这种做法既满足了培育市场发展经济的实质，又顾全了当时意识形态的要求，实现了当时特定社会背景下的市场与政府的合作。这些做法后来逐步演变成了一些有利于民营经济等市场因素发展的政策和制度规定。从我国民营经济发展的历程来看，一些有利于民营经济发展的政策和制度规定都是首先在这些地区诞生的。如早在 1978 年，温州市政府就颁发了全国第一份私营企业地方性法规——《温州市私营企业管理暂行条例》，为私营企业提供地方性的法律保护，该条例后来成为国家《私营企业暂行条例》的蓝本；台州市针对民间"联户企业"的大量出现，及时总结经验，于 1986 年出台了《关于合股企业的若干政策意

① 姚先国：《浙江经济改革中的地方政府行为评析》，《浙江社会科学》1999 年第 3 期。

见》，成为全国第一个鼓励、支持股份合作经济发展的官方文件。① 这些政策规定的出台对当地民营经济发展的影响是可想而知的，正是这些政策规定所营造的宽松的发展环境，造就了浙江民营经济在全国的先发优势。

2. 市场快速发展时期的政府与市场关系

自 1992 年党的十四大作出建设社会主义市场经济体制的决定之后，发展市场经济的意识形态障碍已经解除。这个时期浙江政府与市场关系出现了以下特点：一是地方政府普遍以积极的态度发展市场经济，市场的力量得到了迅速的扩张。在全国各地都在努力发展市场经济的新形势下，市场化改革相对领先的浙江，政府与市场在这一阶段开始了更多的合作，各地政府对市场发展普遍采取了积极主动的措施，市场发展的速度更快。二是和全国各地一样，浙江大多数地方政府在这一时期主要关注的是本地经济的发展速度，对由于市场过快扩张带来的产品质量、环境治理等一系列问题还未能引起足够的重视，假冒伪劣商品、环境污染、地方保护主义、诸侯经济等现象的不断出现，对市场的健康发展造成了很大的影响。市场能否规范、有序发展成为当时政府与市场关系的焦点。三是经济发展和政府与市场关系开始出现分化，有许多地方政府在中央和省委省政府的要求下，开始重视市场发展中的规范有序问题，及时制定出台了一系列规范市场发展的政策措施，既有效遏制了假冒伪劣产品，减少了环境污染，又提供了市场发展良好的外部环境，市场健康有序发展。而在另一些地区，由于未能处理好二者关系，或者由于采取搞运动的方式去打击假冒伪劣商品，简单粗暴的做法使整个市场元气大伤，从此一蹶不振；或者对假冒伪劣商品过于放纵，造成了市场的无序与混乱，影响了经济的正常发展。

3. 市场发展相对成熟时期的政府与市场关系

进入 21 世纪之后，我国已初步建立了社会主义市场经济体制，2001 年，我国又成功加入世贸组织。随着全国统一大市场的逐步形成和地区竞争的加剧，市场主体跨行政区的经济行为日益普遍，市场和企

---

① 史晋川等：《制度变迁与经济发展：温州模式研究》，浙江大学出版社 2002 年版，第269—278 页。

业用脚投票的作用越来越大，对环境的要求越来越高。由于全国体制落差在逐步减少，因此，浙江作为改革先发地区在运用市场机制体制方面的优势已不复存在，地方政府对当地市场经济的发展能够提供的政策优惠空间越来越小，浙江的经济发展以及政府与市场关系都面临着前所未有的考验。在这样的背景下，浙江政府与市场关系呈现出了以下特点：一是浙江各级政府为适应市场发展的新要求，加大了自身改革的力度。把政府改革作为实现政府与市场在新时期有效合作的关键，浙江各级政府在政府职能转变、机构改革、审批制度改革、效能建设、政府绩效评估制度改革等方面采取了许多卓有成效的措施，为新时期政府与市场实现合作互补打下了良好的基础；二是浙江各级政府更加自觉地从具体市场活动中摆脱出来，在公共物品供应和公共服务领域发挥了更加积极的作用。从法制浙江到信用浙江，从科技支撑体系到社会保障体系，从全省千里标准海塘建设到各类突发事件应急体系建设，浙江各级政府在为市场营造良好的外部环境中变得更加主动，更加积极有为；三是浙江各级政府在公共物品供应中较好地引入和运用了市场机制，从而形成了公共物品供应的浙江特色。在基础设施建设和管理、公用事业建设和管理、环境保护和治理、紧缺资源的开发利用，以及公共服务等领域，浙江在发挥政府主导作用的同时，都很好地发挥了市场机制的作用，大大提高了公共物品的供应效率。

活跃的市场、有为的政府和政府与市场的合作互补对浙江的经济社会发展发挥了很好的推动作用，这种政府与市场关系模式的形成有着深刻的社会历史条件，既是国家发展的必然要求使然，又有浙江自身的偶然因素和特殊条件的影响。

我国是一个正由计划经济向市场经济发展的转型国家，这是浙江形成特定的政府与市场关系模式的基本社会历史条件。处于这个转型过程中，政府与市场关系必然与其他国家有所不同。一方面，长期的计划经济严重制约了中国经济的发展，中国要加快经济发展，就必须改革计划经济体制，走市场经济之路；另一方面，从市场经济发展的经历来看，与西方国家市场经济自然演进的发展经历迥然不同，中国的经济市场化不可能是一个自发的过程，而是一个由政府主动推动的经济体制的转型过程。作为一个长期实行高度集中计划经济体制的国家，要在较短的时间内实现向市场经济的转型，只是通过经济的自然演进，仅靠社会自发的力量显然是不够的。因此，在中国市场经济发展的初始阶段，政府对改革高度集中的计划经济体制的认识及其作用的发挥，必然成为影响中国经济市场化进程的重要因素。

我国在转型期要求各级地方政府发挥更加积极的作用，这是形成浙江政府与市场关系模式的重要国情条件。在中国，历史赋予了各级地方政府一种特殊的职责与功能，即组织和推动当地经济的快速发展。在大多数西方市场经济发达国家，地方政府承担的经济职能都十分有限，他们的主要职能是搞好地方公共事务的管理，有效提供各类地方公共产品。但是，在中国，特定的历史条件使得地方政府不可避免地把组织和推动当地经济发展作为了自己的重要职能。这种状况的形成，主要受到了以下因素的影响：一是中华人民共和国成立之后，中国面临着如何把贫穷落后的旧中国尽快改造成为繁荣强大的新中国的历史性任务，为此，经济发展成为了政府关注的重点；二是由于中国幅员辽阔，各地区之间经济社会发展差距巨大，在这样的国度里发展经济，只靠中央政府自身的作用是远远不够的，必然要求各级地方政府在本地经济的发展上发挥积极的作用；三是中国在建国后经历了很长一段时期的高度集中的计划经济和"左"的思想路线的影响，在遭受了经济长期停滞不前的煎熬之后，"发展是硬道理"已在中国深入人心。因此，能否把一个地方的经济搞上去，不仅成了中央和上级政府，也成了当地老百姓评价一届地方政府工作成效的关键性指标。历史不仅赋予了中国地方政府特殊的历史责任，而且，国家也提供了许多制度上的条件，其中，改革开放之初推行的财政包干制和1994年开始实行的财政分税制，对地方政府的经济责任和相应的财力做了制度上的明确规定。这种一定程度上的财政联邦制既实实在在地增加了地方政府的责任和压力，又极大地扩大了地方政府的权力和财力，给予了地方政府更加广阔的活动空间。① 要有效履行好地方政府的职责，地方政府就必须尽最大的努力开发利用各种资源，因此，发挥政府与市场两种作用是必然的选择。

浙江政府与市场关系模式的形成还受到了浙江特殊的经济结构和历

---

① 赵晓：《中央与地方：对财政联邦制的再思考》，《中国发展观察》2007年第8期。

史文化传统的深刻影响。同样的改革开放大环境，同样的以经济建设为中心的中央政策规定，为什么浙江形成了自己特定的政府与市场关系模式？显然，除了以上共同的因素以外，还有许多浙江特殊的社会历史条件。浙江由于地处海防前线，长期以来国家投资较少。1952—1978年，浙江的国有投资人均只有411元，排在全国末位，只相当于全国平均水平的1/2。由于国家投资少，国有企业和工业基础弱小，改革开放以来浙江各地的经济只能扬长避短，从小企业、小商品做起，开始艰难的创业。浙江这种特定的地理区位和经济结构对政府与市场关系产生了很大的影响：一是使得政府更加关注和尊重民间的选择。国家投资少和国有企业的弱小使得浙江各级政府在发展经济中不可能采取向上伸手的"等、靠、要"等做法，为此，他们只能眼睛朝下，关注和尊重民间的选择。自改革开放以来，浙江各级政府逐步形成了"老百姓愿意干的不阻挡，老百姓不愿干的不强迫"的经济发展政策选择原则，尊重群众的首创精神，努力创造一个政策宽松的发展经济的社会环境。二是使政府更加注重对经济活动提供各种有效的公共服务。浙江大多数企业是民营的，与政府没有任何隶属关系。政府要想吸引投资，留住企业，必须在为企业提供有效的公共服务方面有所作为，从而迫使浙江各级政府努力提高自己的公共服务能力。另外，浙江的历史文化传统也是影响政府与市场关系的一个重要因素，浙江受永嘉学派影响而形成的"义利并重"的价值观不仅影响了一般的社会经济生活，也对政府管理产生了深远的影响，使得浙江各级政府能够更加理解商人和社会公众对财富的追求，使浙江各级政府比其他地方政府更自觉，也更善于制定符合市场要求，能够使老百姓尽快富起来的政策和制度措施。

三　进一步完善浙江政府与市场关系模式的思考

浙江政府与市场关系模式对浙江经济社会的发展产生了深刻的影响，已成为浙江经济社会发展的独特方式和典型风格，渗透在了浙江经济社会生活的方方面面，使浙江在许多领域的发展中，都能较好地运用政府和市场两种力量，大大提高了浙江经济社会发展的效率。但是，政府与市场关系是一个动态的博弈过程，不可能固定不变。要更好地协调浙江的政府与市场关系，更好地发挥政府与市场两种力量的积极作用，还需要根据经济社会的发展变化，不断调整和完善政府与市场关系模式。

1. 有为政府有着不同的具体表现方式，要根据经济社会的变化及时作出有利于经济健康发展的调整。在浙江的政府与市场关系模式中，活跃的市场是最典型的特点，是浙江政府与市场关系模式中最主要的亮点，也是其他地方最羡慕浙江的地方。但是，能够使浙江的市场长期保持活跃的关键，又在于政府的有为。正是由于浙江各级政府能够采取有效措施，通过各种不同的方式为市场的发展提供良好的外部环境，才保证了浙江市场的长期活跃。因此，能否找到并有效实施推动市场长期活跃的方式和措施，就成为政府能否有为的关键。比较浙江温州和义乌的经济社会发展，可以使我们认识到政府在不同时期采取不同方式的重要性。温州和义乌的企业创办者和投资者主要是个人或者家庭，市场化和工业化的主导推动力主要来自民间。两地政府在经济发展的微观领域同样都不过多介入、都能较好遵循市场规则。但是，在政府如何对待市场经济发展的外部环境建设的问题上两地却出现了较大的差异，义乌一直强调在市场经济发展的外部环境的建设方面，政府要有所作为。义乌经济的每一步发展，政府在发展规划和发展环境的建设方面，都发挥了十分积极的作用。而温州由于受市场经济发展初期政府无为而治模式的影响，形成了一定的路径依赖，在后来对影响市场经济发展的外部环境的建设方面，也采取了一定程度的无为而治的做法，主要依靠市场自身的力量，政府积极引导和规划的作用发挥不够充分。由此形成的社会管理和公共服务某些方面的滞后，对温州经济的健康发展带来了一定负面的影响。当然，温州经济一度遇到的困难，有着许多复杂的原因，公共服务的滞后只是一个方面的原因。但是，温州有这么好的民营经济的基础，如果地方政府在制度供给上能够发挥更加积极的作用，能够为民营经济的发展创造更好一些的外部环境，可以肯定，温州的经济将会发展得更好。

2. 政府与市场如何实现合理分工是我国在实践中面临的最大难题，浙江有条件在实践的基础上，作出更有价值的理论概括和制度设计。浙江的实践有两点十分重要的经验：一是在经济发展领域要以市场机制为主，但政府要给予有效的配合和补充。由于各地经济发展面临着不同的历史背景和现实条件，政府对市场的补充作用的具体方式也不尽相同。在浙江的经济发展中，政府对市场的补充作用主要体现在政府通过科学合理的经济发展规划和产业政策、政府对市场的监管和对消费者的保护等途径来实现。市场的任务是生产出有竞争力的产品，使最少的投入实现最大的产出。政府的任务是为企业提供良好的市场环境、对企业产品的质量实行有效的监管。要发挥好政府对市场的补充作用，必须首先划分政府与市场的作用边界，把握政府与市场合理分工的实现机制。二是在公共物品供应领域要以政府为主，但要充分运用市场机制来配合和补充。浙江市场机制在经济发展中的先发优势，使得浙江在公共物品供应领域也较早开始引入市场机制，从而形成公共物品供应的浙江特色。浙江在公共服务、基础设施和公用事业建设、环境保护和资源利用、公共文化产品等领域，市场机制都发挥了积极作用。在我国，运用市场机制提供公共物品的改革还刚刚起步，发展的空间还很大，浙江在这个领域有许多优势，有条件发挥更加积极的作用，为全国的改革发展提供更多的经验和有效的制度措施。

3. 政府及时的行政改革是实现政府与市场合作互补的关键。在政府与市场的矛盾博弈中，能否实现合作互补的关键不在市场，而在政府。尽管政府与市场都是现代市场经济的两种制度安排，尽管市场为了适应不同地区的环境，也会带上一定的区域特色，但是，相对政府而言，市场带有基础性、普遍性和更大的影响力。政府与市场是一对矛盾，但两者性质不同，要使政府与市场在博弈中实现合作互补，主要的努力不是让市场来适应政府，而是让政府来适应市场。这里的关键，是通过及时有效的政府管理方式和政府管理体制改革，使地方政府能够根据市场规律的要求加强自律。分析改革开放30年来的实践可以发现，浙江在政府与市场互补关系方面取得的成功，都与及时有效的政府管理方式和政府管理体制改革相关联。因此，要有效解决政府与市场关系中存在的问题，更好地发挥政府和市场两种力量的作用，必须进一步深化政府自身改革，在政府职能转变、审批制度改革、政府绩效考核制度改革和服务型政府建设等方面有更大的突破，在此基础上，才能使各级政府更好地把握市场经济规律，学会如何在适应市场规律的基础上发挥自己的积极作用，主动实现与市场的合作互补。

（本文原发表于《中国行政管理》2008 年第 2 期

获全国行政学院系统第二届优秀科研成果一等奖）

市场机制在浙江资源类
公共物品供应中的运用

　　资源是经济社会发展的重要条件和基础，随着我国经济的快速发展，资源短缺的矛盾越来越突出。如何提高资源类公共物品的供应效率，已成为社会关注的热点。长期以来，我国实行的是粗放型经济增长方式，对资源的依赖程度很高。经济增长主要依靠资源的大量投入与消耗来支撑，对资源的开发利用也是粗放型的，浪费和污染现象十分严重。要有效转变经济发展方式，就必须对资源类公共物品的供应方式加以调整，更好地发挥市场机制在资源类公共物品供应中的作用。浙江是个资源小省，提高资源类公共物品的供应效率更显紧迫；浙江同时又是个市场大省，发挥市场机制在资源类公共物品供应中的作用有着独特的优势。研究浙江运用市场机制配置资源类公共物品的实践，对全国有着很大的参考借鉴意义。

一　浙江资源类公共物品市场化配置的现实可行性

　　经济发展的大量实践证明，市场竞争机制对提高效率有着不可替代的作用。而要使资源类公共物品的供应能够按照市场规则展开有序的竞争，关键是这些资源的产权能够进行有效的交易。产权是经济学的一个重要概念。著名的产权经济学家德姆塞茨认为："产权是一种社会工具，其重要性就在于事实上它们能帮助一个人形成它与其他人进行交易时的合理预期。这些预期通过社会的法律、习俗和道德得到表达。""产权包括一个人或其他人受益或受损的权利"。① 产权包括所有权、使用权、收益权和让渡权等权利，反映和体现的是财产主体通过财产客体而形成的人与人之间的经济权力关系。产权具有排他性、有限性、可交易性和可分解性。"产权的可分解性在中国经济体制改革的过程中具有十分重要的意义。如果没有产权的可分解性，那么，在土地资源、矿产资源、水资源等领域引入市场机制就十分困难。正因为使用权等可以从广义的所有权中分离出来，才可能出现一系列的产权交易。"② 受篇幅等因素的影响，本章不准备对资源类公共物品展开全面的讨论，主要分析以下资源的产权及其交易，即土地产权、水资源产权（水权）和污染权的产权交易及其市场化配置。

土地是最基本、最主要的资源类公共物品。我国的土地实行国家所有制度，农村土地实行集体所有制度。在城市，工商业用地的产权较为明确，能够按市场机制来交易。我国土地制度及其产权的主要问题是我国农村现行的土地制度存在产权主体模糊，产权界限不清、权责关系混乱等弊端。在市场经济条件下，土地是一种特殊的商品，在农村土地集体所有的前提下，亟须通过逐步明晰和完善农村土地产权，构建农村集体土地流转市场体系来优化我国农村生产要素。水资源也是一种最基本的资源类公共物品，随着工业化进程的加快，水资源越来越成为稀缺资源，水资源的供求矛盾越来越突出。要提高水资源的使用效率，世界各国都逐步采取了水资源的市场化配置方式，而水资源市场化配置的核心在于水资源产权即水权的界定和水权的可交易。污染权是一种特殊的资源类公共物品。对一定时期不得不付出的环境代价进行量化的规定和配置，并使其能够通过市场进行交易，可以有效控制和约束污染和环境破坏。

在浙江，不仅和全国许多地方一样，资源类公共物品市场化配置的必要性表现得十分明显，而且，浙江的经济社会发展也为浙江公共资源的市场化配置创造了良好的条件，浙江公共资源的市场化配置更具现实可

---

① 德姆塞茨：《关于产权的理论》，载《财产权利与制度变迁》，上海三联书店 1994 年版，第 97 页。

② 沈满洪：《水权交易制度研究——中国的案例分析》，浙江大学出版社 2006 年版，第 9 页。

行性。

1. 浙江各级党委政府的高度重视，为利用市场机制提高公共资源的配置效率提供了重要的思想和组织基础。浙江资源容量和承载力的局限性、浙江治理环境污染任务的艰巨性和资源利用的低效性，使作为地方经济社会发展的组织者和推动者的浙江各级党委政府对中央重视资源和环保的要求有着更为深刻的认识。浙江省委省政府以及各市县的党委政府在事关经济社会发展的全局决策中，总是把资源的有效利用和环境保护放在重要的位置上，出台了一系列关于加强资源有效利用和环境保护的政策规定，对利用包括市场手段在内的各种途径作出了具体要求。如 2008 年出台的《浙江省"365"节约集约用地实施方案》，[①] 对节约集约用地的市场化配置体系作出了具体要求：一要完善土地价格形成机制。重点通过价格杠杆调节各类用地需求，建立反映资源稀缺程度和供求关系的价格形成机制，有效抑制因价格扭曲而造成的资源浪费。二要规范土地市场交易行为。加强土地有形市场建设，完善土地产权交易市场规则，切实保护国有土地使用权交易双方的合法权益。三要提高建设用地供应市场化配置水平，推行交通、能源、水利等基础设施和城市基础设施用地的有偿使用。政府对提高资源类公共物品供应效率的重视和对公共类资源市场化配置的认可，为资源类公共物品的市场化配置提供了最重要的政策依据。

2. 浙江 30 年来的快速发展，为利用市场机制提高公共资源的配置效率奠定了坚实的经济基础。公共资源的市场化配置需要一定的经济发展程度和经济实力作为基础，无论是土地资源、水资源还是污染指标的市场化配置，都需要地方经济有较好的发展，既需要地方财政有较大实力作支撑，又需要当地企业有进一步发展的要求和能力。改革开放 40 年来，浙江省的综合经济实力得到不断提升。省市县各级政府都有了一定的家底，绝大多数企业已走过创业发展的初期，经过多年激烈市场竞争的考验，已成长壮大为有一定经济实力的市场主体，有着更大的发展愿望和发展计划。同时，大部分企业随着发展壮大，资源和环保意识在增强，社会责任意识也在提高，科学发展的理念在深化，从而为公共类资源的市场化配置

---

① 《浙江省"365"节约集约用地实施方案》。

奠定了坚实的经济和社会基础。

3. 国家在资源利用和环境保护等方面的要求和规定，为公共资源市场化配置提供了前提条件。面对我国巨大的人口与有限的土地资源之间的矛盾，国家对土地资源的有效利用提出了许多严格的要求和规定。我国历史上就是一个传统的缺水国家，随着经济快速发展，国家对水资源保护和充分利用必然越来越重视，对通过市场机制来提高水资源的利用效率，也提出了许多要求和规定。在环境保护方面，尤其在降能减排问题上，国家最近几年的规定越来越严格。最主要的是国家以 2005 年环境统计排污总量为基准制定了"十一五"主要污染物减排计划，对主要污染物 COD 和 SO_2 排放实行总量控制。浙江省又根据国家"十一五"主要污染物减排计划，对各地市下达了具体的节能减排任务。省环保局还明确规定，新建、扩建、技改项目新增主要污染物排放量，必须在主要污染物排放总量控制条件下，新增的主要污染物的排放量必须从已经占有环境资源的老企业在完成规定的减排任务后削减出来的减排指标中解决，这些规定和要求为顺利开展排污权交易提供了前提条件。

4. 已建立起来的计量、交易、监测、监督等系统，为公共资源市场化配置提供了强有力的技术支持。各地在土地和水资源的交易实践中，逐步建立了许多技术标准，创新了许多交易、检测方式。根据浙江省政府"811"环境污染政治要求，浙江省计划率先在全国建成污染源自动监控系统和大气、地表水自动监测系统。经过两年多的艰苦努力，到 2007 年 10 月，嘉兴率先在全省完成了污染源自动监测监控和大气、地表水自动监测两大系统建设，对全市 90% 的污染排放总量实现了全天候实时数据和图像监控，对企业的达标排放和污染总量数据可以随时调阅，核查减排情况。这些系统的建成，为排污权交易实施核定污染物排放量提供了强有力的科技保障。

二　浙江运用市场机制供应资源类公共物品的实践

改革开放以来，浙江在运用市场机制供应资源类公共物品方面进行了许多有益的探索和尝试，取得了一些成功的经验。

1. 浙江农村土地制度市场化改革的探索

农村土地制度是我国农村经济制度体系中的一项根本性制度。1982年，家庭联产承包责任制在浙江的全面推行，极大地推动了浙江农村经济的发展。但是，随着商品经济的发展，一部分外出经商或务工的农民，因无力顾及耕地经营，雇工耕地又因工价过高不合算，出现农户之间的自发转包土地现象，土地使用权流转和适度规模经营的雏形开始出现。浙江的农村土地流转基本呈现四种模式：服务组织中介流转模式、专业合作社流转模式、股份合作公司流转模式、以村集体和大户承包为主的流转模式。其中的一些典型，如德清创造的"股票田"等土地流转方式在全国产生了很大的影响。

我国现行农村土地制度的基本状况和特点是：土地所有权属于集体，农民拥有一定期限内的承包经营权，经营权可以在承包期内依法自愿和有偿转让，但不能抵押。虽然这是对传统农地制度的创新，但明显存在土地产权主体模糊、权责关系混乱、土地作为资本的功能未能有效发挥等弊端。针对这些问题，浙江省以市场化为目标趋向，以创新农村土地流转机制为重点，进行了多种方式的农村土地市场化改革探索。一是低市场化或准市场化流转。主要有互换、有偿转包、有偿转让等类型。由于缺乏制度化的规定，这种流转方式主要是在本村或熟人之间展开，存在明显的局部性和偶然性，缺乏规范性。二是市场化流转。主要有租赁、拍卖、股田制等形式。租赁是指集体经济组织或承包方将土地经营权出租给本集体经济以外的单位和个人。土地承包经营权拍卖目前仅限于"五荒地"和山区少量撂荒耕地。股田制指承包方将承包土地的经营权作价为股份，进行股份合作制经营，以入股土地经营权作为股份。三是市场机制与组织行为结合的形式。主要有反租倒包、土地托管等类型。反租倒包、委托管理是指村经济合作社把农户不愿经营或无力经营的土地承包使用权"租赁"回来，再转包或招标给善于经营的单位和个人。反租倒包的市场化成分较高，乡村集体经济组织的互动作用较好地发挥了市场机制与组织行为的双重优势。托管打破了村组界限，克服了其他流转形式结对困难、流转规模下的弊端，使土地承包经营权流转从临时性、个案性向经常性、整体性转变，从社区内农户间的自发流转向社区外组织化、有序化流转转变。①

2. 浙江水权交易的实践探索

浙江一直来以江南水乡著称，但是，随着经济的快速发展，水的矛盾在浙江变得越来越突出，如何合理配置水资源，减少水资源的浪费，提高水资源的利用率？浙江各地在这一问题上进行了许多卓有成效的探索，留下了许多典型的案例和宝贵的经验教训。其中东阳和义乌的水权交易、温州永嘉楠溪江的全流域养殖权承包产生的影响最大。东阳和义乌的水权交易是一个利用市场机制供给水资源的成功案例。义乌改革开放以来经济社会飞速发展，大量的新建企业和急剧膨胀的外来人口使义乌的水资源缺口变得更加严重。由于干旱，义乌曾经几度出现"水危机"，每次都是通过上级政府的协调，由东阳向义乌供水解决了义乌的水危机。但是，单纯依靠上级政府的行政协调只能解决临时性问题，对于处于城市化高速发展进程中的义乌，需要找到解决水资源问题的长远之计。最后，他们选择了水权交易的方式。义乌市一次性出资 2 亿元购买东阳横锦水库每年 4 999.9 万立方水的永久性使用权。东阳与义乌水权交易的达成，在社会上产生了很大的反响，水利部的调研报告对东阳与义乌的水权交易给予了高度评价，人民日报、光明日报等中央主要媒体都给予了积极的报道，舆论普遍认为东阳与义乌的水权交易打破了行政手段垄断水权交易的传统，充分证明了市场机制是水资源配置的有效手段，标志着我国水权市场的正式诞生。② 相反，温州永嘉楠溪江的全流域养殖权承包却是一个运用市场机制解决资源供给的失败案例。长期以来，楠溪江的渔业资源未能得到有效保护和开发，滥捕现象十分严重，甚至出现"占江为王"的现象，渔业资源不断枯竭。1998 年永嘉县决定实施渔业资源配制制度的改革。通过公开招标的方式由私人承包了楠溪江全流域养殖权。但是，由于种种原因，楠溪江的全流域养殖权承包最终却以悲剧结束。③ 尽管温州永嘉楠溪江的全流域养殖权承包实践没有成功，但是，却给后人留下了许多启迪和

---

① 参见徐延山的调研报告《农村土地市场化改革的障碍与对策的研究》。
② 王磊：《两亿元买清水——国内第一笔水权交易详记》，《人民日报》2001 年 2 月 2 日。
③ 唐旭峰：《胆大包江，六年成空》，《钱江晚报》2004 年 9 月 5 日。

思考。

3. 浙江污染权交易的实践探索

浙江是我国较早开展污染权交易的省份。由于有着长期市场活跃的优势，在国家明确提出节能减排的要求之后，浙江不少市县就已开始尝试运用市场手段来实现节能减排。最具代表性和影响力的是嘉兴所推行的排污权交易的实践。2006 年国家明确提出了环境容量的总量控制要求，在省环保局的直接关心指导下，嘉兴从 2007 年就开始了排污权交易的尝试。嘉兴市政府要求从 2007 年 11 月 1 日起在嘉兴全市全面推行排污权交易制度。在实践的基础上，嘉兴还举办了《中国—浙江嘉兴排污权交易论坛》，来自全国的环境保护系统的专家学者和实际部门的领导对嘉兴排污权交易的实践进行了深入分析，推动嘉兴排污权交易机制逐步完善。截至目前，排污权储备中心已经成功交易 50 多笔，受让 10 多笔，出让 30 多笔，交易额已达 4 000 多万元。

为了能够顺利开展排污权交易，嘉兴市专门制定了《嘉兴市主要污染物排污权交易办法（试行）》和与之配套的《嘉兴市主要污染物交易办法实施细则（试行）》，明确从 2007 年 11 月 1 日起全市所有新建、扩建、技改项目新增主要污染物排放量都必须通过排污权交易获得，从而结束了无偿获得排污许可的历史。在此基础上，嘉兴市还专门成立了市排污权储备交易中心，在嘉兴市环保局的领导和指导下开展排污权交易活动。排污权储备交易中心通过交易所得资金统一纳入排污权账号，全部用于污染物减排项目建设。市政府还通过相关的文件明确规定，使排污权储备交易中心作为开展排污权交易的指定平台，未经平台交易的视为无效交易。

排污权交易涉及许多许多相关部门和领域，为了保证排污权顺利开展，嘉兴市还制定了一些配套措施：一是对已经实行交易，购买了主要污染物的企业发放类似于房产证的《排污权证》。排污权证具有保值增值作用，还可以到银行作抵押贷款；二是实施以资金购买减排指标的措施。在完成污染源普查和重新核发排污许可证的基础上，排污权交易中心将对在"十一五"期间未完成减排任务的企业收取减排费，也就是拿钱购买减排指标，承担国家赋予的减排任务。排污权储备交易中心再将这笔资金支付给超额完成减排任务的企业，这样，所有的企业在承担国家赋予的减排任务上就会实现公平。三是开展年内短期出租业务，充分利用好当年度的环境资源。一些企业由于生产状况较好。当年度的主要污染物排放指标明显不够用，而另一些企业由于生产状况不好，存在主要污染排放指标闲置的状况。这就产生了短期主要污染物排放指标的供求市场。让当年度有多余排放指标的企业将排放指标放到交易平台上出租，而需要排放指标的企业到交易平台上来租用排放指标，这就较好地解决了当年度如何用好污染总量的问题，切实为发展提供环境资源，为企业发展服务。①

嘉兴的排污权交易产生了很大的影响，2007 年 11 月，嘉兴市政府在嘉兴召开了《中国—浙江嘉兴首届排污权交易论坛》，国家环保总局的领导和专家给予了高度评价，为我国更好地开展排污权交易，为我国资源类公共物品的市场化配置发挥了十分积极的作用。

三　浙江运用市场力量提高公共资源供应效率的机制分析

随着经济的快速发展和资源环境问题的逐渐突出，改革现行的公共资源管理体制，提高公共资源的配置效率，已成为社会各界的共识。浙江的成功在于，他们能够运用已经形成的市场优势和市场传统，率先在公共资源供应领域尝试建立符合市场规律的相关机制。尽管浙江的这些尝试和实践，许多方面依然是在现行体制的框架内，许多改革的措施并不彻底，但是从完善公共资源配置体制的全过程来看，浙江各级政府所进行的探索，是整个公共资源配置效率改善过程中不可或缺的组成部分，有着不可低估的实践意义和理论价值。

1. 在稳定的基础上搞活使用权

资源配置的基础是产权的合理划分，任何资源在产权不清，利益不明的状况下，都不可能得到有效率的配置，公共资源也是如此。产权是由所有权派生出来的权利关系体系，包括所有权、使用权、收益权、转让权等一系列权利，这些权利的归属需要依法作出界定和划分，明确各类产权主体行使权利的范围和方式。产权能否合理界定和划分，将直接决定资源的

---

① 　参见嘉兴市环境保护局《中国—浙江嘉兴首届排污权交易论坛资料汇编》。

配置效率。

在产权体系中，所有权是基础，是"最高的绝对的权利"。我国现行的公共资源所有权主要以公有产权为主体，但是，在公有产权内部，对国家所有还是集体所有的界定并不清晰，导致公有产权内部，集体所有权经常被国家所有权侵蚀。这个问题在农村土地的权属关系上表现得非常充分。我国农村的土地归农民集体所有，这在《宪法》《民法通则》《土地管理法》等重要法律中，都有明确的规定。但是，"集体"的含义非常模糊。在《民法通则》中则被界定为乡镇农民集体经济组织、村经济合作组织、村民小组三类主体。由于集体产权主体的多元化，产生所有权交叉现象，土地产权的激励功能得不到有效发挥。要科学合理地划分产权，当然需要对资源的所有权进一步加以明晰。然而，公共资源国家所有和集体所有的问题比较敏感和复杂，涉及国家在制度上的统一规定，地方政府在这方面可以发挥的空间不大。但是，就是在现有公共资源所有权的框架内，如果能够对使用权、收益权和转让权加以调整和完善，提高公共资源供应效率的空间依然很大。① 使用权是产权的重要组成部分，在合理划分公共资源产权的过程中，尤其是在公共资源所有权关系难以有大的突破的情况下，地方政府在搞活公共资源使用权方面可以发挥更大的作用。浙江采取了以下一些有效措施：

1）保持公共资源使用权的相对稳定。公共资源配置效率能否提高，与公共资源使用权的状况有着密切的关联。而要使公共资源使用权能够有效发挥作用，首先必须使公共资源的使用权保持相对稳定，在使用权相对稳定和规范的状态下，公共资源的使用效率才有可能提高。浙江各级政府采取了许多措施尽可能保持相关法律、政策的稳定，尽量避免在公共资源使用权期限内频繁调整政策。同时，为能够与资源开发利用的经济周期衔接，浙江不少地方对农民承包的资源适当延长了承包年限，尤其对土地、林业等周期性较长的资源，各地都注意以法律形式确认其使用期限，或建立使用权延续制度，以确保使用权的长期稳定。

2）给公共资源使用者更充分的自主权。长期以来，我国对公共资源使用权附加了许多限制，使得公共资源使用者无法放开手脚经营。为了提

---

① 刘小玲：《我国土地市场化过程中的三方博弈分析》，《财贸经济》2005 年第 11 期。

高公共资源的使用效率，浙江采取多种措施放松对公共资源使用权的不合理限制。如土地资源，除农用地，特别是可耕地按照国家要求实行用途管制制度以外，浙江各地采用了多种形式保护和扩大农民对土地承包经营的自主权，努力减少以各种行政、强制手段干涉农民合法的生产经营活动。在林权制度改革方面，浙江临安一直走在全国的前列。浙江临安的"林权三部曲"，即林业三定、林地流转和山林延包，对全国的林权改革起到了率先垂范的作用。1998年，临安市委、市政府出台了《关于建立和完善林地使用权流转机制的实施意见》，实行所有权、承包权和经营权的"三权"分离。2000年开始，按照建立现代林业产权制度的要求，临安率先开展山林承包期延长50年不变，在全国最早大规模开展了核发《林权证》的工作。从此走上了林业产业化的道路。临安白沙村2000亩林地的使用权转让出去以后，引进临安生态旅游开发公司开发太湖原生态景区，农民从卖木头转向卖生态。国家林业局领导在多次全国性的林业工作会议上赞扬临安的做法。认为以林权制度改革为起点的临安现代化生态市建设之路，对全国农村生态文明建设具有重要的指导意义。

3）引入多元化的使用权主体。公共资源的使用权主体比所有权主体要广泛得多，几乎任何企业、个人都有可能使用公共资源，成为公共资源的使用权主体。长期以来，我国公共资源存在使用权垄断现象，尤其是一些矿产资源，主要由国有企业垄断使用权。国务院2006年发布的《鼓励支持和引导个体企业等非公有制经济发展的若干意见》明确指出"允许非公有资本进入垄断行业和领域。"浙江在这方面采取了许多具体有效的措施，鼓励民间资本通过竞争成为公共资源的使用权主体。如沿海小岛的私人认购，林地的承包开发，农村土地流转主体的扩大，等等。

4）拓宽使用权的取得途径。长期以来，我国公共资源使用者对公共资源使用权取得的途径较为单一，以行政划拨、委托代理、承包经营等方式为主。浙江各地在改革开放以来的实践中，还采取了招标、拍卖、租赁、入股、合资、联户合作等多种方式，大大拓宽了公共资源使用权的取得途径。

2. 保障收益权

要想通过市场机制来提高公共资源的使用效率，就必须按照市场公平竞争的规则，切实保障竞争参与者的收益权。在公平竞争的环境下，经营者的收益权与公共资源的使用率成正比，经营者的收益权越有保障，公共资源的使用率就越高，反之亦然。为了有效提高公共资源的使用效率，浙江采取了一些相应的措施来保障公共资源经营者的收益权。

1）合理界定收益权，提高使用权收益所占的比重。在公共资源的权利关系体系中，所有权和使用权都有取得相应收益的权利，即存在所有权收益和使用权收益。长期以来，我们总是重所有权收益，轻使用权收益，以为所有权收益关系到全体国民的长远利益，而使用权收益只影响到使用权主体的当前利益，结果，严重影响了公共资源使用者的积极性，影响了公共资源的使用效率。浙江各地政府率先对这种不合理的收益分配作出了调整。他们认为，判断收益权是否合理的标准，要看谁对平均收益影响更大。所有权固然重要，但是，如果没有使用者的参与，资源潜在的价值就不可能实现。因此，要提高资源使用者使用权收益所占的比重。在土地资源、山林资源、水资源等资源开发的收益分配中，浙江各地都能够更多地考虑资源使用者使用权收益所占的比重，从而较好地调动了资源使用者的积极性，有效提高了资源的使用效率。

2）采取多种途径，提高使用权收益率。要保障资源使用者的收益权，不仅要合理确定所有权收益和使用权收益的比例，更关键的是能够提高资源使用权的收益率。资源使用权的收益率提高了，资源使用者的积极性就能保证，资源使用的效率才能真正提高。浙江的主要做法是通过流转的方式让使用权活起来，从而提高资源使用权的收益率。如前文已提到的浙江德清的"股票田"等方式，都极大地提高了农民使用土地的收益率。

3）保障农民被征土地应有的补偿。按照我国现行的法律规定，我国农村土地属于集体所有。但是随着我国经济社会的发展和城市化进程的加快，必然需要征用大量的农村土地。因此，我国法律规定，为了公共利益的需要，国家有依法征用农民土地的权利。但是，由于法律对征用农民土地的程序和条件未能规定得很细，导致的结果是，我国各级政府对失地农民的补偿普遍很低，无法保证农民土地被征之后能够维持正常的生活。农民的土地使用权和收益权在这种不平等的交易中受到了严重的侵害。地方政府的这种低价征地和强制拆迁，已引起了被征地农民的极大不满，由此而引起的上访和群体性事件接连不断。现在各地普遍存在的一个问题是，对农民房产、宅基地补偿不足，引发了许多相关的矛盾。学界对现有农地征用制度的矛盾和改革完善展开了深入研究。[①] 浙江各级政府较早地意识到了这些问题，在可能的条件和范围内也及时采取了一些有效措施提高政府土地征用的补偿标准，尽量减少农民在被征用土地时利益的损失。但是，这是一个全国性的问题，需要中央政府统一作出新的规定。党的十七届三中全会的决定已对农村发展中的这些问题给予了极大的关注，相信随着农村土地流转制度的逐步完善，农民被征土地合理补偿问题会得到很好的解决。

3. 鼓励转让权

在公共资源产权体系中，所有权的限制相对较为严格，地方政府不可能有多大的发挥作用空间，而使用权则不同，地方政府对如何用好用活公共资源的使用权，有着很大的活动空间。其中转让权，即对公共资源的使用权进行有偿转让的权利，就是地方政府为提高公共资源的使用效率可以发挥积极作用的一个重要途径。浙江各级政府进行了许多有益的尝试，力图通过用好用活转让权来提高自然资源的使用效率。

一是建立相应的转让权安排，扩大转让权所涉的资源范围。我国现行《宪法》明确规定，土地使用权可以有偿转让。我国相关的一些关于资源的法律，也对探矿权和采矿权转让，森林、林木、林地使用权转让，海域使用权转让作出了明确的安排。但是，总的来说，我国法律中关于自然资源使用权转让的规定还很不系统，也不可能很具体，因此，需要地方政府在实践中不断加以创新和完善。浙江在这方面的努力中，最有成效的是逐步建立和完善了农村土地的流转制度。在浙江一些地方，逐步取消了农村土地流转主体和客体的过多限制条件，逐步打破了农村土地的区域界限和行政壁垒，允许土地跨区域流动。除农业用地以外，有的地方还允许农村宅基地、林地参与流转，并享受抵押、融资政策。有的地方还开始尝试允许跨地域承包土地，鼓励跨地区联片规模化经营土地。

二是放松对转让权的过多制约，创新资源使用权流转思路。我国现行

---

① 柯小兵：《我国农地征用制度的博弈分析》，《资源·产业》2004 年第 2 期。

关于资源使用权转让的许多规定，制约了转让权在提高资源使用效率过程中的作用。比如矿产资源，虽然规定探矿权、采矿权可以转让，但又限制不能以牟利为目的，因此，真正意义上的探矿权和采矿权的转让并不存在。浙江各地在这方面有许多创新，尤其是针对农村土地的流转，他们采取多种方式积极盘活农户承包田、集体机动田、集体建设用地和森林、林木、林地等生产要素的使用权，探索形式多样的市场化流转机制。一是促进土地使用权的商品化，把本属于所有权的商品属性让渡给土地使用权，既不改变土地产权的集体性质，又使土地使用权转让货币化、市场化，使其具有商品属性，促进土地使用权资本化。二是促进土地使用权的股份化。浙江一些地方采取将土地折股分配给农民个人所有的方式，使集体经济组织拥有经营权，而租佃农户或其他经济组织拥有土地使用权。农户可以通过股息和分红的形式分享土地的经营收益，也可以在集体组织内部或市场上转让股权。三是促进土地使用权的证券化。现在有的地方在尝试，以村民小组为单位整合土地资源，在地籍调查和土地评价的基础上，根据土地等级，以平价、溢价或折价发行土地证券，使土地的流转转变为供需双方就土地证券进行的交易。①

4. 建立和完善资源类公共物品的市场交易体系

自然资源使用效率的提高离不开完善的自然资源市场交易机制，自然资源使用权能否搞活，收益权能否得到体现，转让权能否实现，都与是否有一个完善的市场交易体系直接相关。浙江各地在利用市场机制提高资源类公共物品供应的过程中，十分注意建立和完善资源类公共物品的市场交易体系，以期建立起较完善的资源类公共物品的市场交易体系。

建立健全自然资源使用权的价格体系是关键。要形成统一、规范、公平的自然资源使用权交易市场，首先必须建立健全科学合理的价格体系。无论是土地资源、水资源、还是污染权资源的交易，只要进行市场交易，价格就成为交易能否成功的关键。从农村土地使用权交易来说，科学测算农用地的基准价格是建立农村土地使用权交易价格的基础。因为基准地价是地价体系的核心。这就需要通过对区段地价的测算分析，确定体现基准

---

① 参看徐延山的调研报告《农村土地制度市场化改革的障碍与对策研究》。

地价水平的各种自然、社会、经济条件指标的值域，再根据地租理论、产权理论和土地价格理论，通过区域和等级两个要素确定片区的综合价。从水权交易来说，优先占有水权者在市场上出售富余水量，或者缺水者要在市场上购买一定的水量，合理的价格就是交易能否成功的关键。合理价格的确定，既取决于当时水资源的供求关系，又与通过不同途径取得同样水量的成本（如重新建造水库，或采集地下水所需的成本）密切相关。浙江东阳和义乌的水权交易，为我国通过市场方式解决缺水问题提供了许多成功的经验，其中就包括水权交易价格的合理确定。[①] 当然，发生在 2001年的我国首例水权交易，在价格定位等方面依然存在一些不科学、不合理之处，以后的水权交易，应该在建立健全价格体系方面做更多的前期准备。

从污染权的交易来说，价格体系的确立更加重要，因为污染权交易的概念就是从有偿的价格引出来的。著名经济学家威尔斯在《污染、产权、价格》一书中首次提出了污染权概念。他认为外部性的存在导致了市场机制的失败，造成了生态破坏和环境污染。单独依靠政府的干预，或者单独依靠市场机制，都不能起到令人满意的效果。只有将两者结合起来才能达到理想的效果。他认为环境是一种商品，政府是这种商品的所有者。政府可以在专家的帮助下，把污染废物分解成一些标准单位，然后在市场上公开标价出售一定数量的"污染权"，每一份污染权允许其购买者排放一单位废物。政府不仅应允许污染者购买这种权利，而且，也应允许他们对污染权进行竞购，从而最大限度发挥污染权交易的作用，达到保护环境的目的。可见，价格的合理确定，已成为污染权交易能否成功的关键。浙江嘉兴市的污染权排污权交易已对污染权交易价格的确定作了许多很好的探索，需要在实践的基础上进一步完善。

建立和完善自然资源使用权交易的中介服务体系也是一项十分重要的工作。市场交易的重要前提是充分而准确的信息，因此，必须建立和完善自然资源使用权交易的信息、咨询、预测和评估等服务系统。这些中介服务体系把政府与市场有机地联系在一起，在有效利用资源类公共物品的过程中，可以发挥十分积极的作用。另外，还必须尽快建立和完善自然资源

　① 　胡鞍钢、王亚华：《转型期水资源的有效配置》，《光明日报》2001 年 5 月 25 日。

使用权交易的市场监管体系。作为一项新开辟的市场活动，能否健康发展的关键是要有有效的市场监管体系。有了市场经济发展和供求双方的需求，有了基本的市场运作规则和有效的市场监管体系，市场机制在资源类公共物品供应中的作用才能得到有效的发挥。

为了进一步有效发挥市场机制在浙江资源类公共物品供应中的积极作用，浙江正在努力采取更多的有效措施。2009年浙江省委在新做出的《关于加快推进新一轮改革的决定》中，对深化资源要素配置市场化改革作出了明确的部署。要求建立反映市场供求关系、资源稀缺程度、环境损害成本的生产要素和资源价格形成机制，建立统一的公共资源交易平台。加快推进用地制度改革，建立城乡统一的建设用地市场，健全经营性用地市场化配置机制，建立农村集体经营性建设用地依法公开转让的有效机制。建立分类水价和水权交易制度，推进城市居民生活用水的阶梯式水价制度和企业超计划、超定额用水加价制度，推动水资源使用权流动。建立反映电力供应和促进节约用电的电价形成机制，加大差别电价实施力度，稳步推进燃气等价格改革。相信随着全省新一轮改革的进一步推进，市场机制在浙江省资源类公共物品供应中将会发挥更加积极的作用。

（本文原发表于《浙江社会科学》2009年第12期）

中国政府与市场关系的发展演变

中国经济在不断的改革和突破中形成了自己独特的发展模式，这种发展模式表现在许多方面，受国情和发展进程影响而形成的特定的政府与市场关系，是其中不可忽视的重要内容。要全面认识和研究中国特色的政府与市场关系，首先需要了解和把握我国政府与市场的发展与演变。

一　政府与市场关系：中国经济奇迹的一个重要观察视角

改革开放35年来中国经济持续的快速发展，已被公认为世界奇迹。数十年年均接近10%的经济增长率，使我国从"文化大革命"之后经济濒临崩溃的状态，一跃成为经济总量居世界第二的经济大国，对世界经济发展产生着举足轻重的影响。这一现象引起了实际部门和学术界的普遍兴趣和广泛关注，探究我国经济成功的秘笈，寻找延续我国经济辉煌的动因，已成为许多学科共同关注的一个热门话题。毋庸置疑，在分析中国经济成功的种种因素中，政府与市场关系是一个不可缺少的重要观察视角。

1. 中国经济的快速发展既离不开市场，也离不开政府。

我国改革开放以来经济奇迹的取得，是许多重要因素共同作用的结果，其中，既有市场不可磨灭的功劳，又有政府不可或缺的作用。

首先是我们放弃了高度集中的计划经济，推进了市场化改革。计划经济在我国持续了30多年，尽管在建国初期特殊的国际国内环境下，计划经济在组织国民经济恢复中还是发挥了一定的积极作用。但是，越到后来，计划经济的弊端越明显地暴露了出来。由于计划经济是依靠行政手段推行的，企业不再是独立的生产主体，却和政府形成了特殊的领导与被领导关系。在这样的体制下，企业既没有提高生产效率的积极性，也不会有任何担心企业破产的压力，这种大锅饭的结果必然是企业生产的低效率。正是这种全国范围的体制性低效率，使得我国与其他国家经济发展的差距越拉越大。毫无疑问，不破除计划经济体制，中国经济奇迹就不可能发生。以解决计划经济的低效率为起因的市场化改革，给我国经济注入了巨大的活力，社会成员和经济个体的积极性得到了极大的发挥，长期受计划经济制约和束缚的生产能力得到了有效释放。尤其是那些市场机制得到充分运用的领域和地区，发展得就更快。如民营经济的发展，商品交易市场的发展，以及广东、江苏、浙江等东部发达省份的快速发展，都充分说明了市场在我国经济奇迹中的巨大作用。

其次是各级政府在我国经济发展中发挥了特殊的作用。这是由我国所处的特殊国情决定的。鸦片战争之后我国已沦为一个落后的半封建半殖民地国家，作为后发国家要重新赶超发达国家，我们不仅需要在政治上建立强大的国家制度，在经济上也必须采取非常规发展战略，否则，只能永远跟在发达国家后面。非常规发展战略的一个重要内容，是运用政府这个特殊资源，整合各种社会力量推动经济发展。改革开放以来，我国政府推动经济发展的这种作用得到了很好的发挥。政府对制约经济发展的传统体制的改革、对有利于经济发展的相关要素的培育，有效推动了经济的发展。甚至我国社会主义市场体制的启动，就是在政府整合各种社会力量的背景下实现的。35 年来的实践证明，在我国，凡是经济发展较快的地区，其背后都有一个有着较强治理能力的政府；相反，凡是经济发展出现问题的地区，往往也可以在其地方政府治理中找到许多出现问题的原因。

尽管 35 年来我国政府与市场一直存在着许多矛盾，尽管我们当前依然被一系列政府与市场矛盾所困扰，但是，纵观我国 35 年来的总体发展，我们必须承认，政府与市场都在其中发挥了不可或缺的作用，中国经济的快速发展既离不开市场，也离不开政府。

2. 中国政府与市场关系 35 年来发生了十分积极的变化。政府与市场是一对矛盾，在我国不少地方，不少时期，市场的活跃往往伴随着政府作用的弱化，而政府作用的发挥往往又是以市场功能的萎缩为代价，非此即彼，严重影响经济的健康发展。但是，尽管如此，我国在改革开放以来的经济发展中，就全国而言，政府和市场却都发挥了不可或缺的积极作用。在这个过程中，我国的政府与市场关系发生了许多积极变化。这种变化并不意味着政府与市场的矛盾不复存在，或不再尖锐，而是全社会，尤其是政府自身对政府与市场关系的认识发生了积极的变化：一是认识到了政府与市场的互补性和相互的依存关系。经济发展既离不开市场，也离不开政府，要使两者的作用都能够发挥好，就必须注重两者关系的协调。二是认识到了实现市场活跃是协调政府与市场关系的目的，政府存在的一个很重要的理由是为这个目的服务，政府行为的价值取向就是为市场的活跃营造公平的竞争环境和条件。三是认识到了政府与市场虽然是一个矛盾体，都对经济发展产生着直接的影响，但两者性质不同，要使政府与市场在经济发展中实现合作互补，主要的途径不是让市场来适应政府，而是要让政府来适应市场。这里的关键，是政府能清醒认识自己在市场经济发展中的职能定位，及时按照市场经济的要求转变政府职能。正是这些认识得到了社会的广泛认同，政府、企业和社会公众形成了一定的共识，才使我国政府与市场关系发生了许多积极变化，保证了经济的健康发展。

3. 政府与市场矛盾依然是我国经济发展的重要制约因素。我国经济自改革开放以来一直高速运行，速度虽然很快，但是，经济结构并不合理。粗放型发展方式的长期运行，积压了许多矛盾。2008 年国际金融危机之后，我国经济进一步面临着产能过剩、外贸萎缩、消费不振等多种困难的考验。这些经济发展中的问题和矛盾的引起，有着复杂的原因，其中政府与市场矛盾是一个重要方面。我国是 20 世纪 90 年代开始实行社会主义市场经济的，在中央政府和各级地方政府的共同推动下，市场经济的发展速度很快。但是，我国市场经济的基础并不扎实，无论市场体制还是政府体制都存在许多与市场经济发展要求不相适应的地方。

市场方面的问题在于，我国社会主义市场经济体制的完善是一个长期的过程，在这个过程中，既难以一下子从根本上消除多年计划经济留下的深刻影响，又难以有效及时克服市场竞争带来的自发性和盲目性。一方面在我国许多领域、许多地区的经济活动中，计划经济时代的许多习惯做法依然在延续，政府指令、政府计划在资源配置中依然发挥着重要的，甚至关键的作用，市场的影响和作用依然有限。另一方面在食品药品供销等市场竞争激烈的领域，部分市场主体为了获取高额利润而不择手段，出现了许多恶性竞争现象。

政府方面的问题在于，我国作为后发国家，在经济追赶过程中，需要赋予政府较大的权威和影响力。这一方面保证了政府作为经济社会发展的管理者和改革开放的组织者作用的有效发挥；另一方面又留下了政府权力过大，政府职能难以科学定位，政府行为难以得到有效监督的隐患。政府依然管了许多不该管，也管不好的事，而在许多需要政府发挥积极作用的公共服务领域，政府作用难以有效发挥。一些政府官员为了取得良好的政绩，无视市场规律，强行用行政手段来管理经济，导致行政审批项目过多、政府对微观经济干预过多等一系列问题，这些问题的存在，严重制约了我国经济的健康发展。

正因为如此，我国面临着深化政府与市场关系调整的艰巨任务，而这也为中国经济的进一步发展留下了广阔的空间。正因为中国的政府与市场关系进一步调整的空间还很大，通过改革调整，市场将在资源配置中起决定性作用，过去未能释放的市场力量将对经济发展起极大的推动作用，政府也将在公平竞争环境的营造方面发挥更加积极的作用，从而保证经济更加健康发展。显然，政府与市场关系调整将成为推动中国经济发展的重要动力，单凭这一点，我们也有足够的理由相信，中国经济奇迹必将进一步得以延续。

二　中国政府与市场关系的发展历程

伴随着中国经济的发展和演变，中国政府与市场关系也经历了长期的调整变化。

1. 计划经济时期的政府与市场关系。中华人民共和国成立之后，受苏联模式的影响，我国逐步建立起了高度集中的计划经济体制。1953 年中央提出了以过渡时期"一化三改造"为核心内容的总路线，即逐步实现社会主义工业化，逐步实现对农业、手工业和资本主义工商业的社会主义改造。"一化三改造"完成之后，私人企业失去了存在的基础，被分别改造成全民或集体企业。这些企业都必须按照政府的计划开展生产活动。企业生产的产品由政府收购，利润上交财政，亏损也由财政补贴。没有自主权的企业成了政府的附属机构。与计划经济相对应的必然是一个典型的行政性社会，只有政府的计划和命令，没有市场发挥作用的任何空间。由此造成的低效率严重制约了中国经济的发展。可以说，在计划经济时期，只有政府计划，没有实际意义上的市场，因此，从严格意义上讲，计划经济时期没有真正意义上的政府与市场关系。

2. 改革初期的政府与市场关系。到了"文化大革命"后期，我国经济已经濒临崩溃边缘。为了求生存，一些地方出现了小商小贩和个体经营户，这些当时情况下的"地下自由市场"被看成是资本主义尾巴而受到了国家意识形态和政策环境的严厉制裁，许多地方政府及其官员对这些自发的市场行为也未能有客观和理性的认识，选择了抵制和反对的态度，甚至采取各种措施加以围剿和扼杀，想方设法割掉这些资本主义尾巴。在我国改革开放之初，这类自发的市场行为在我国大部分地方都难逃厄运，几近绝迹。

但是，在东南沿海的部分地区，尤其在浙江的温州和义乌等地，地方政府对这种自发的市场现象的认识却与众不同，尽管在当时的意识形态和政治环境下，他们也不可能公开地站出来支持这种自发的市场现象，但是，他们对辖区内的民营经济采取了视而不见的默认，作出了不反对的选择。在当时的环境下，这是十分难能可贵的。当时采取默认而不是封杀，实际上就是一种保护和支持，尽管是一种消极而不是积极的支持。

为什么这些地方政府能对这种在当时显然不合法的市场现象采取与其他地方不同的态度？可以说，地方政府朴素的责任意识和群众意识起了很大的影响。这些地区一般自然条件相对较差、人多地少，老百姓生活困难。长期计划经济的实践使这些地区的地方政府对计划经济更多地产生了失望，面对发展经济的更大压力，他们对当地老百姓迸发出的发展经济的强烈愿望和热情更容易理解和接受。而那些在当时经济和自然条件相对较好的地区，地方政府对民营经济的接受程度反而较低。对待民间自发产生的市场活动的不同态度差别，在不同层级政府和不同时期都存在。从不同层级的政府来看，往往是基层政府对民营经济表现出更为明确和积极的态度，而层次较高的地方政府的态度却较为暧昧和含蓄。这是因为，基层政府与民营经济有着更多的直接接触，一般更注重实际的经济利益，而层次较高的政府在当时特定的意识形态环境下，不得不更多地关注政治影响，不便轻易表态。从不同的时期来看，毫无疑问，在民营经济发展的初期，能正确认识民营经济的作用并积极支持的地方政府相对较少，越到后来，积极支持民营经济的地方政府就越多，这一方面说明市场经济在我国的经济发展中有着无法遏制的历史必然性，另一方面也论证了人类社会对真理的认识必须有一个从少数人接受到多数人接受的过程。

3. 市场经济启动之后的政府与市场关系。在 20 世纪 80—90 年代，随着改革开放的深入和中央关于建立社会主义市场经济体制决定的贯彻，我国的政府与市场关系进入了一个全新的时期。在这个市场经济刚刚启动时期，许多地方政府对市场经济充满期待，希望通过市场的手段尽快发展本地经济。但是，由于认识和态度的不一致，政府与市场关系出现了不同的处理方式和处理结果，分歧表现为在肯定发展市场经济的积极意义的同时，能否清醒地看到民营经济的功能缺陷，能否正确认识地方政府管理与市场经济发展之间的关系。

在我国市场经济启动时期，最能体现市场作用的是民营经济的快速发展。民营经济的主体是个体和私营企业，这些企业的发展克服了计划经济的弊端，使各种资源能够通过市场机制得到最有效的配置，极大地推动了当地的经济发展。但是，市场机制有着自身的功能缺陷，这些缺陷在民营经济的发展中也得到了充分暴露。为了追求自身利益的最大化，有些民营企业不择手段，甚至采取种种损人利己的做法，因而需要政府对这些企业的行为加以限制和约束。但是，有些地方政府为了加快本地的经济发展，对这些企业出现的损人利己的做法也一味地迁就，甚至对走私、环境污染和制售假冒伪劣商品等行为也不闻不问。其结果，尽管当地的经济出现了暂时的繁荣，但不可避免地留下了严重的后遗症，影响了当地经济的长期健康发展。相反，有不少地方政府却能够理智清醒地看待民营经济，他们一方面为民营经济的发展创造良好的发展环境，提供各种有利条件；另一方面他们对个别民营企业损人利己的行为也有着清醒的认识和充分的思想准备。这种认识，使得他们能够对诸如走私、污染和制售假冒伪劣产品等行为及时采取了各种有效的制约和防范措施。如 20 世纪 90 年代以后，温州假冒伪劣产品问题从整体上损坏了温州产品的声誉，削弱了温州产品的竞争力，1994 年，温州市政府在全国率先制定了"质量立市"的地方性法规——《温州质量立市实施办法》，对保证温州民营经济健康发展起到了关键性的作用。

地方政府管理能否正确认识自己与市场经济发展的关系，也对市场经济的发展有着很大的影响。在认识到民营经济发展对一个地方经济社会的积极影响之后，绝大多数的地方政府都会产生发展民营经济的强烈愿望。但是，不少地方政府不能正确地认识政府管理与民营经济发展的关系，没有认识到民营经济发展的根本动力来源于市场经济个体，政府只能起引导、推动的作用，而不能越俎代庖。这些地方的政府往往把自己发展民营经济的强烈愿望强加于社会，采用行政手段来发展民营经济，结果，事与愿违，不仅民营经济未能发展起来，还留下了老百姓的一片怨言。相反，有不少地方政府能够理性地认识和处理政府管理与民营经济发展的关系，他们了解和熟悉市场经济机制的作用，遵守市场经济规律，在此基础上发挥政府的引导和推动作用，从而使这些地方的民营经济得到了快速健康的发展。在浙江义乌市，政府较好地处理了与市场的关系，整个义乌小商品市场的发展历程，首先体现出的是市场自身的力量和民营经济发展的自身规律，但是，地方政府在义乌市场经济启动期的积极介入和启动后的及时主动地退出，又充分体现了在民营经济发展进程中地方政府积极引导和推动的特殊作用。

4. 市场经济完善过程中的政府与市场关系。经过20世纪80—90年代的快速发展，到了21世纪初，我国已初步建成市场经济体系。2001年，我国正式加入世界贸易组织，从此，我国进入市场经济体系的逐步完善阶段。这是一个漫长的阶段。尤其是因为我国的市场经济是在长期计划经济的基础上，通过政府的有力推动来建立的。正是各级政府对市场经济的鼎力推动，促使我国的市场经济快速发展，十几年时间，我国的市场经济发展走过了其他国家上百年的路程。但是，这种先天不足的基础和由政府推动的快速发展的特殊过程，也给我国市场经济体系的完善留下了大量的难题，我国政府与市场关系在市场经济完善的过程中依然面临着一系列矛盾，需要进行长期的改革和调整。在这个过程中，一些围绕市场经济发展而出现的热点问题和重要事件的发生和展开，逐步影响和改变着政府与市场关系。

政府职能转变。这是我国市场经济完善过程中理顺政府与市场关系的一项重要工作。我国的政府职能转变经历了漫长过程，从新中国建立起开始算，出现过全能型政府、有限型政府、服务型政府三个大的发展阶段。建国以后的计划经济时期的政府承担的是全能型政府职能，对社会生活各个方面的管理无所不包。有限型政府职能是在市场经济发展过程中提出的。1992年我国确立了社会主义市场经济理论，开始了由计划经济向市场经济的根本性转变。在市场经济的基础上，必须处理好政府与市场的关系，市场能做到的，政府就不应该插手，因此，市场经济条件下的政府，只能承担有限职能，主要承担经济调节、市场监管、社会管理和公共服务。服务型政府是在我国市场经济进一步发展的过程中提出来的。2002年，党的十六届三中全会通过的《中共中央关于完善社会主义市场经济体制若干问题的决议》中强调，要增强政府的服务职能，努力建设服务型政府。从此，一个对我国市场经济发展，以及政府与市场关系发展都影响深远的政府建设目标得以确立，尽管现实与目标之间存在着很大的差距，但是，正是这个目标不断规范着政府的行为，引导着政府与市场关系的发展方向。

政府审批制度改革的逐步推进。我国市场经济完善过程中的政府与市场关系受到了政府审批制度的直接影响。长期以来，带有浓厚计划经济色彩的政府审批制度，严重地制约着市场经济的发展，因此，审批制度的每一步改革，都会直接对市场的健康发展，对政府与市场关系的改善，产生积极影响。我国行政审批制度改革的深化，受到加入世贸组织的深刻影响。世贸组织对其成员国政府与企业、与市场的关系的严格要求，有效推进了我国的行政审批制度改革。10年行政审批制度改革已经取得了明显的效果，国务院各部委取消和调整的项目达到1 992项，占原有4 100余项的近半；地方清理取消和调整的行政审批数量过半，有的地方甚至砍掉了大部分行政审批项目。例如，四川省成都市自从行政审批改革以来到2008年，共进行了9次清理工作，行政审批事项砍掉了90%以上，由原来的1 166项减少到了107项；非行政许可项目砍掉了近1/5，从原来的1 006项减少到210项。在这个过程中，随着审批方式的改善和审批环节的减少，政府管理方式发生了很大的变化，对政府与市场的关系产生了十分积极的影响。然而，这个过程并没有结束，随着我国市场经济的进一步发展，我国政府审批的内容、程序、方式必然还需要进一步改革调整，政府与市场关系也必然随之发生新的变化。

对假冒伪劣产品和污染企业的监督整治。市场经济的健康发展，需要公平竞争的市场环境，能否营造这样一个公平竞争的市场环境，既是对政府治理能力的考验，又直接影响着市场经济的发展和政府与市场关系的演变。在我国市场经济发展完善的过程中，政府对假冒伪劣产品和污染企业的监督整治作用的发挥经历了一个逐步推进的过程。在很长一段时间里，部分地方政府对假冒伪劣产品和污染企业的监督整治存在一些误区和顾虑。他们把对假冒伪劣产品和污染企业的监督整治与地区经济的活跃和地区 GDP 的增长对立起来，认为加强对假冒伪劣产品和污染企业的监督整治必然会影响本地经济的活跃和本地区 GDP 的增长，因此，他们对假冒伪劣产品和污染企业的监督整治在一定时期表现出了消极的态度，有的地方政府甚至成为假冒伪劣产品和污染企业的保护伞。然而，市场经济的实践证明，假冒伪劣产品和污染企业的长期存在，不仅不能对本地经济带来活力和经济总量的长期增长，相反，却破坏了本地经济长期健康发展的基础。随着中央政府打击假冒伪劣产品和污染企业的政策和制度措施的不断完善，政府维护市场秩序的功能得到了更好体现，在营造市场公平竞争的环境中发挥了越来越大的作用。但是，由于在我国市场发展和经济完善过程中，经济发展的地区差别和地方利益将长期存在，地方保护主义也不可避免。在这种状态下，要有效发挥政府维护市场秩序、营造市场公平竞争环境的作用，就必须同时协调好地区差距，处理好中央和地方的关系。这就给我国的政府与市场关系带来了更大的变数，增加了难度。

国企与民企的发展及其关系协调。企业是经济活动的主体，我国经济活动中政府与市场关系的调整和变化，首先和主要是在企业发展中表现出来的。改革开放以来，我国的企业状况发生了重大的变化，原有清一色的国有和集体企业的格局已不复存在，大量的国有和集体企业已通过改制走向了市场。原先被禁止的民营企业得到了迅猛的发展，成为我国经济活动的重要主体。在这个过程中，政府和企业的关系也发生了深刻的变化。一方面是政府与国企不再是上下级关系，通过权力下放和改制转型，国企已成为自负盈亏的市场主体；另一方面政府与民营企业已从过去的猫捉老鼠的对立关系逐步向服务与被服务的关系转变。显然，改革开放以来我国政府与企业关系的变化和进步及其对经济发展的积极影响是毋庸置疑的。但是，我国政府与企业的关系远未理顺，无论是政府与国有企业的关系，还是政府与民营企业的关系，以及在这两者的基础上产生的国有企业与民营企业的关系，都依然存在着大量的问题需要进一步去解决，这些问题的解决程度，将决定着我国政府与市场关系的改善程度。

三 中国政府与市场关系发展演变的主要特点

政府与市场是任何国家经济社会发展中都必须面对的两种重要力量，这两种力量之间的关系协调有着许多共同的规律。但是，各国不同的国情和经济社会发展进程，决定了各国政府与市场关系的发展演变必然有着自己的特点。建国以来，尤其是改革开放以来，我国经济社会发生了翻天覆地的变化，处在这种特殊的发展环境之中的政府与市场关系，也形成了自己鲜明的发展演变的特点。

1. 改善政府与市场关系的现实紧迫性。我国市场经济发展进程中政府与市场关系的改善不仅仅是理论上的要求，更有着深厚的现实基础和强烈的现实紧迫性。实际上，这种受现实情势所迫而为是中国近代历史上的一个较为共性的现象。1840 年鸦片战争以来的中国，一直被各种矛盾困扰着，应对这些矛盾以争取国家生存和民族独立，就成为近代史上许多变革的起因。从三元里人民的武装抗英斗争到洪秀全揭竿而起建立的太平天国，从洋务运动到戊戌变法，从孙中山领导的辛亥革命到五四运动的爆发，以及国共两党之间的多次合作，都是被现实问题裹挟着发生的。在我国改革开放的进程中，改善政府与市场关系也有着鲜明的现实性特点，这种现实性具体表现在以下方面：一是政府与市场关系的改善是由现实的政府与市场矛盾推动的。在改革开放的初期，正是政府垄断产品价格导致的生产低效率，引发了价格闯关的双轨制改革，后来，也正是价格双轨制带来的权力寻租现象的频发，又导致了价格的并轨调整。同样，在我国市场经济启动时期，许多地方政府习惯于按计划经济的方式管理经济活动所出现的种种冲突和矛盾，引发了中央政府一次又一次深化政府职能转变的改革要求。而每隔五六年搞一次的政府机构改革，也都是在回应政府机构精简、膨胀、再精简、再膨胀的现实怪圈。二是政府与市场关系的改善是从基层一线的实践探索开始的。政府与市场关系的现实矛盾推动着政府与市场关系的改善，而许多矛盾的解决途径，往往是从基层的探索开始的。浙江温州地区地方政府对民营企业的扶持政策、四川成都地区基层政府对审批制度的改革试点，广东协调行政区与经济区矛盾的一系列探索、江苏有效发挥区域中心城市和县域经济两个积极性的政策措施，等等，正是这些基层经验的累积和提炼，对解决政府与市场关系的全局问题产生了积极作用。三是政府与市场关系的改善是从现实教训中吸取营养得以发展的。在社会主义国家搞市场经济是前无古人的首创，我们在市场经济发展中如何处理政府与市场关系？前人留给我们的可资借鉴的经验并不多，需要我们自己去探索。改革实践中的探索有可能成功，也有可能失败，因此，需要有试错机制，从教训中吸取营养，调整方案。改革过程中的价格双轨制的探索、国企改制转型的探索、政府机构改革的探索，等等，尽管都出现了一些问题，有不少教训，但这些问题和教训对找到更好的处理政府与市场关系的途径发挥了积极的作用。正是现实矛盾的冲突、基层一线的实践创新和从教训中吸取营养，成为推动我国政府与市场关系不断改善的基本现实力量。

2. 政府与市场关系改善的渐进性。我国 1987 年开始的改革开放，一个十分鲜明的改革对象是高度集中的计划经济体制和与此相联系的权力高度集中的行政管理体制，尤其是到了 80 年代末 90 年代初，当建立社会主义市场经济体制提上日程之后，正确处理政府与市场关系就成为了社会关注的焦点。1993 年通过的中国共产党第十四届中央委员会第三次会议《关于建立社会主义市场经济体制若干问题的决定》就已明确提出："发挥市场机制在资源配置中的基础性作用，必须培育和发展市场体系。""转变政府职能，改革政府机构，是建立社会主义市场经济体制的迫切要求。政府管理经济的职能，主要是制订和执行宏观调控政策，搞好基础设施建设，创造良好的经济发展环境。"可见，当时对政府和市场的作用以及相互应该形成的关系的认识是十分清楚的。但是，在后来市场经济发展的实践中，我国各地对政府与市场关系的处理并未能立即就能做到像《决定》所要求的那样，而是经历了较长时间的渐进过程，在经过长期的反复要求和实践尝试之后，各地政府与市场的关系才逐步有了实质性的进展。之所以出现政府与市场关系改善的渐进性现象，有以下原因：一是长期的计划经济在我国有着根深蒂固的影响，这种影响不可能在国家提出建立市场经济要求之后就能很快消除。计划经济影响消除的过程性决定了政府与市场关系改善的过程性。二是市场经济在我国的建立只有短短几十年时间，要在具有深厚计划经济基础的地方建立市场机制，非一日之功可以实现，需要有个过程。三是政府的改革也不可能一步到位。我国各级政府长期以来一直是按计划经济的要求构建和运作的，机构设置、人员的素质观念和能力以及政府管理的方式方法，都需要进行深刻的改革，需要一个渐进的调整过程。四是我国各地经济社会发展的差距很大，政府与市场关系也和经济发展一样，不可能一个标准齐步走，只能逐渐缩小地区之间的差距。

3. 政府与市场关系发展的曲折性。改革开放以来，我国政府与市场关系的发展并不顺利，有过许多曲折，不少问题的解决出现过多次的反复。其中的原因，除了在前面论述政府和市场关系改善的渐进性中已讨论过的诸方面之外，还需要专门分析的，是我国市场经济发展进程的特殊性。与西方发达国家市场经济的发展进程不同，我国市场经济的发展不是一个平平稳稳的自然演进的过程，而是充满了各种困难和矛盾，有时需要冒很大风险的复杂过程，政府的鼎力推动在其中发挥了十分重要的作用。无论是市场经济的启动，还是后来市场化改革过程中面对种种困难的强行闯关，政府都利用自己的特殊条件，努力整合各种资源来解决当时市场发展中的难题。在不少关键性改革中，政府甚至采用了一些非常规的方式和手段来推进市场经济的发展。这种做法的积极意义，在于及时解决了当时市场经济发展中最棘手的问题，但是，往往又会埋下以后出现更大麻烦的可能。这就难免使政府与市场关系的发展出现曲折和反复。我国有这方面许多典型的案例。一是如改革开放之初价格闯关过程中实行的价格双轨制。为了改变一直以来价格完全由国家有关部门控制的传统做法，从1981年开始，国家允许在完成计划的前提下企业自销部分产品，其价格由市场决定。这样就产生了国家指令性计划的产品按国家规定价格统一调拨，企业自行销售的产品的价格根据市场所决定的双轨制。价格双轨制具有两重性，既有积极的作用，又有消极的作用。一方面，推动了价格形成机制的转换，把市场机制逐步引入了国营大中型企业的生产与交换中；另一方面，价格双轨制给权力寻租、权钱交易留下了很大的空间，严重破坏了市场的公平竞争环境。再一个例子是2008年金融危机爆发之时我国中央财政4万亿救市政策，它的积极作用是确保了经济增长、创造了就业机会，挽狂澜于既倒，为世界经济应对金融危机作出了贡献。但是，也带来了明显的弊端，使得之后多年中国经济一直饱受通胀之苦；导致了大量"国进民退"行为，大量挤出民间资本；再次鼓励了地方政府的投资狂潮，使得经济发展和政府与市场关系都受到了严重的影响。

4. 政府作用的两重性。与西方典型市场经济国家相比，我国政府与市场关系的一个鲜明特点，是政府在市场经济发展进程中发挥了特殊的积极作用。这种作用的发挥，受到了我国特殊的发展历程的深刻影响。首先是长期计划经济的影响。计划经济时期是一个典型的行政性社会，政府掌控着全社会绝大部分资源的分配权，对社会各个方面进行无所不包的管理。从新中国建立到改革开放将近30年的时间，我国形成了深厚的计划经济基础，与此相关的观念体制、工作方法和生活方式，不可能在改革开放之后的短期内就能从根本上消除。其次是我国市场经济启动过程的特殊性。与西方发达国家市场经济是民间自发的自然演进过程不同，我国的市场经济恰恰是在政府的主导下启动的。对于我国这样长期实行计划经济的社会主义国家来说，要摆脱计划经济的束缚走向市场经济，是一个重大的经济社会发展转型。没有执政党和中央政府的努力是不可能实现的。为了顺利实现向市场经济的转型，执政党修改了党章，全国人大修改了宪法。可见我国市场和政府联系紧密。再次市场经济合法启动之后，又是在各级政府的大力推动下才得以迅速发展的。在中央的要求下，各级地方政府采取各种方式推动市场经济发展，从市场要素的培育、市场规则的制定、市场环境的营造，都作出了很大的努力。正是各级地方政府的推动，才使得我国的市场经济启动之后得到了迅猛的发展。尽管许多地方政府的领导当时并没有完全理解市场经济的真正含义，有些甚至使用管理计划经济的方式在推动市场经济的发展。这样的过程带来了两个结果，一是推动了市场经济的快速发展和地方经济的繁荣；二是导致了我国政府与市场关系一定程度的扭曲，形成了强势政府与相对弱势的市场。在市场经济条件下，政府与市场需要相互配合、相互制衡。过于强势的政府，必然会打破这种平衡，导致政府与市场关系出现问题。而且，作为直接从计划经济转变过来的各级政府来说，尽管在推动市场经济发展中发挥了积极作用，它们自身需要调整改革的内容也很多。自我国改革开放以来，政府一直是各种改革的组织者和推动者，而当改革需要深入到政府自身的时候，阻力无疑会比其他领域的改革要大得多。这种政府作用的两重性，是我们研究我国政府与市场关系时必须给予高度关注的。

5. 地区发展的差异性。政府与市场关系在我国并非全国一种状态，而是有着鲜明的地区差别。一般而言，市场经济活跃地区的政府与市场关系相对较完善，而市场经济不活跃地区的政府与市场关系相对问题较多。这种现象的产生，受到了以下因素的影响：一是历史上计划经济的基础及其影响。在我国计划经济时期，尽管全国实行了统一的政策，但是，各地的状况也并不是铁板一块。有的地区，国家投入了大量的国有大项目，如东北、华北、华中等地区。而有些地区国家投资的项目很少，如建国后长期作为前线的浙江、福建等地。国家投资项目多，国有经济基础雄厚的地区，相对来说，市场经济的发展速度就慢，因而，政府与市场的关系也相对问题较多。而国家投资少，国有经济基础薄弱的地区，市场经济容易首先得到发展，政府与市场的关系也容易得到协调。如广东、浙江等地。二是观念、风俗和习惯力量的影响。一个地区的民风、习俗，以及在此基础上形成的观念，对政府与市场关系有着很深的影响。有的地方的百姓历史上就有经商的传统，对市场经济和市场规则有天生的适应性，有的地方历史上缺乏商业文化的发展，老百姓也未能接受到足够的市场熏陶，建国后又长期与国有经济打交道，习惯于对政府的依赖。这种民风和习俗必然会影响当地的政府官员，从而影响当地的政府与市场关系的风格。不少中西部欠发达地区的官员感慨，他们这些地区经济不能很快发展，主要还不是自然经济条件的制约，而是当地百姓的观念和习俗太缺乏市场意识。这种植根于普通百姓生活习惯中的文化一旦形成，具有相对的稳定性，不太容易改变，从而形成各地区之间政府与市场关系处理风格上的明显差异。建立在现实经济社会发展基础上的这种差异性，有其存在的合理性，因此，对全国各地的市场经济和政府与市场关系的处理，不能搞一刀切，不能全国只搞一个政策，而要充分考虑各地的特点和差异性。

6. 政府与市场关系和府际关系的关联性。我国的政府与市场关系比许多其他国家的政府与市场关系处理起来显得更为复杂，更为棘手，其中的一个重要原因是，我国的政府与市场关系和政府间的相互关系，即府际关系常常纠缠在一起。政府与市场关系涉及的是政府与外部市场主体之间的经济事务，府际关系涉及的是政府系统内部各层级各部门之间的管理事务，本应属于两个不同的领域。但是，在我国，在改革中央高度集中的政府管理体制的进程中，伴随着权力的下放，许多责任也自然地下放。地方政府作为地方利益的代表者，必然要承担起发展地方经济的责任。而在市场经济条件下发展地方经济，地方政府就必然要和各类市场主体打交道，和各种市场行为发生联系。显然，正是地方政府的存在，把政府与市场关系和政府相互之间的关系串联到了一起，使得无论是政府与市场关系，还是府际关系都变得更为复杂，也更加丰富多彩。

正是这些在我国经济社会发展实践基础上形成的政府与市场关系的特点，使我国经济社会的发展和政府与市场关系都具有了与其他国家不尽相同的鲜明个性。认真深入地研究这些个性，认清并把握这些特点，不仅有助于我们更深入地了解和揭示政府与市场的共同规律，也必将推动我国经济社会发展更加健康。

（本文系由马力宏主持完成的 2010 年度国家社科基金项目：《中国特色的政府与市场关系研究》结题报告的总论）

变化中的政府与市场关系及其影响

政府与市场关系是当代各国经济发展中的一个十分重要的问题。在不少国家，政府曾经是推动经济增长的关键因素，然而在有些国家，政府后来又成为了导致经济人为衰退的重要根源。如何把握与界定政府在市场经济和社会发展中的介入程度与努力的方向一直为人们所关注。新世纪以来，美国、欧盟以及日本等发达国家和中国、俄罗斯、印度、巴西等新兴国家都遭遇了全新的发展环境，政府与市场关系面临着全新的考验。在这个时期，相对而言，发达国家面临的困难和麻烦更多一些，而新兴国家抓住了更多的机会。将世界经济发展新形势下这些国家政府与市场关系进行多方面、多维度的比较，寻找出造成这种差别的多方面的原因，并与我国政府与市场关系的实际状况进行比较分析，将有助于我国政府与市场关系的调整和完善。

一 政府与市场关系已成为影响世界各国经济发展的一个重要因素

（一）世界经济格局在新世纪以来发生了重大变化

20 世纪 90 年代初，世界两极格局瓦解后，以美、日、德、法、英、意、加组成的七国集团（Group of Seven，G7）代表了西方发达国家的经济实力、主导了世界的经济格局、取得了全球经济的支配地位，亚非拉大多数的发展中国家在世界经济格局中则主要处在发达国家的附属地位。但经过近 20 年的发展，21 世纪初期世界各国经济力量的对比发生了巨大的变化，世界大国间的经济力量对比以及支配他国经济的权力配置情况也随之发生了相应的重大变化。2007 年，"美国 GDP 占世界 GDP 的比重已经下降到 25.8%"①"2008 年金融危机给美国经济总量造成重大影响，美国占世界经济总量的比例下降到 23%"。② 根据 2012 年 4 月 17 日国际货币基金组织（IMF）公布的世界各国 GDP 统计排名计算，2011 年美国 GDP 占世界 GDP 的比重则进一步下降到了 21.67%。七国集团（G7）GDP 总量占全球经济总量的比重更是节节下滑，由 20 世纪 90 年代初近 70% 已经下降到了 2011 年的 48.33%。与此同时，新兴经济体迎来了强劲的增长与集体性崛起，金砖四国（BRICS）成为了新兴经济体的突出代表。2000 年到 2008 年间，金砖四国对全球经济的增长贡献了近 30%。2011 年，金砖四国 GDP 总量占世界 GDP 的比重进一步上升到了 19.12% 左右。其中中国 GDP 总量占世界 GDP 的比重更是从 20 世纪 80 年代的 2% 左右一跃达到 2011 年的 10.48%。经统计，自 2007 年以来世界经济增长贡献率的约 80% 来自于新兴经济体，发达经济体的贡献率仅为 20% 左右。"2009 年和 2010 年金融危机期间新兴经济体更是完全支撑了世界经济的增长，发达经济体的贡献率分别仅为 0.04% 和 -0.07%。"③ 各国经济实力的此消彼长决定了新的世界经济格局的基本走向，正如 G. John Ikenberry 所言，"财富和权力正在从北方和西方转向东方和南方，美国和欧洲主导的旧秩序正在让位于由新兴非西方国家共享的新秩序。"④ 2008 年 9 月爆发的国际金融危机使七国集团（G7）及其主要执行机构国际货币基金组织（IMF）遭遇了治理乏力困境与合法性危机，而二十国集团（G20）应运逐渐成为了国际社会普遍认可的最主要的治理国际金融体系的制度平台与形式。由于决定世界经济格局的主要因素是各国（组织）经济实力的强弱，所以随着各国（组织）经济发展水平与经济规模的变化必然连锁引起世界经济格局的改变。从"G7"时代向"G20"时代的重大转变，标志着 21

① 纪军：《当代世界经济格局及其走势》，《中共中央党校学报》第 12 卷第 4 期 2008 年 8 月，第 63 页。

② Jonathan Broder, "Power Playing with Others", *CQ Weekly*, April 20, 2009.

③ IMF. *World Economic Outlook: Rebalancing Growth.* April, 2010.

④ G. John Ikenberry, "The Future of Liberal World Order", *Foreign Affairs*, May/June 2011.

世纪初世界经济新格局的初步形成。

（二）政府与市场关系是影响世界经济格局变化的重要因素

致使世界经济格局从"G7"向"G20"时代的重大转变有多方面的原因，但变化中的政府与市场关系所导致各国经济发展水平与经济规模的变化无疑是引发这种格局改变的内在重要因素。因为一国（或联盟）经济发展水平的高低与经济实力的强弱变化是推动世界经济格局变动的最根本、最直接的动因。正是由于在新时期中以"G7"为代表的传统发达国家经济水平的相对下降、经济规模的相对缩小和"金砖四国（BRICS）""展望五国（VISTA）"与"金砖11国"等新兴经济体经济实力的逐步增强，才对21世纪以来全球经济格局的变动产生了重大的影响，而政府与市场关系的是否协调与"友好"对一国（或联盟）经济发展水平高低与经济实力强弱的改变具有巨大的、直接的作用。因此可以说，政府与市场关系是影响当今世界经济格局变化的重要因素。一方面，政府与市场各司其职形成合作与互补的友好关系，能够有效地促进市场经济的发展，从而推动一国（或联盟）经济规模的进一步壮大。一国（或联盟）政府与市场友好关系的形成能在大体保证市场对资源基础性配置作用的前提下，将政府所提供的稳定的政局、高效的办事效率、长期经济政策的贯彻落实以及应对市场经济出现各种问题与危机的及时、有效的措施与市场机制结合起来，并能恰当、适时的以政府干预去弥补市场自主调节的短处、用市场自动调节经济运行克服政府干预的不足来促进市场经济的持续发展与稳定增长，最终促进经济发展水平的提高与经济规模的增大。这在金砖四国等新兴经济体中都有了不同程度的体现。另一方面，政府与市场关系中出现政府长期的过度干预或者放任市场行为就容易导致市场经济秩序的混乱和孕育经济危机的风险，从而抑制经济发展水平的提高与经济规模的提升。以日本为代表的"政府主导型"经济发展中政府对市场进行长期过度干预容易对市场系统产生诸多破坏：一是政府对市场的长期过度干预限制了企业的自由发展空间、抑制了市场发展的活力，导致企业对政府产生了很强的依赖性，最终降低了企业的竞争力；二是政府制定相关政策对本国产业进行过度保护扭曲了市场自由竞争的机制，增大了经济发展的波动性；三是政府强力干预市场经济多会形成"政商勾结"权力寻租的局面，从而在一定程度上破坏、抑制以及扭曲市场机制的作用，造成市场经济秩序的混乱，进而影响经济水平的持续发展与经济规模的稳定增长。同样，放任市场行为容易导致市场经济秩序混乱和孕育经济危机。市场与政府相比虽然在资源配置方面能够发挥基础性作用，但市场存在盲目性、滞后性等特点，且不完全具备自我修复的功能，放任市场行为等于政府坐视市场的诸多缺点而放弃自身的责任，最终必然会影响市场经济的发展。这在美国政府近几年面对持续膨胀的金融产品以及无孔不入的金融投机活动时，放弃政府监管责任最终导致 2008 年次贷危机爆发而影响美国经济发展的结果中得到了鲜活的体现。因此说，政府与市场关系是影响世界经济格局变化的重要因素。

（三）政府与市场关系的发展趋势将对未来各国经济产生影响

各国变化的政府与市场关系在近 20 年的市场经济发展中已经引致了各国经济实力的此消彼长，并在 21 世纪初期引起了世界经济格局的重大变化。在未来的发展中，各国政府与市场关系的发展趋势也必然将会对各国经济的发展产生更加深刻的影响，这种影响或可将其称之为政府与市场关系在国家（或联盟）经济实力发展层面上的"马太效应"，即对于当前政府与市场关系处于相对友好状态的国家而言，其经济发展水平与经济规模将在政府对市场体制的持续改革与调整中获得进一步的提升与增大；而对于在政府与市场关系发展中政府采取过度干预或过度放任市场自由行为致使市场经济发展陷入困境一时难以脱离泥潭的国家而言，其市场经济的发展将在不稳定的政府或混乱的市场秩序中遭遇到更多的困境、经济实力将更难在短时期内得到大的提升。"马太效应"将在未来"金砖四国"等新兴经济体和逐渐衰落的"七国集团"的发展中得到更直观的体现。以中国和日本为例：作为新兴经济体的代表，中国政府通过制定"五年规划"战略为经济的发展设定若干阶段性的定性方向，尤其是自改革开放后逐步建立市场经济体制以来，30 多年来对经济的发展产生了巨大的引领作用。中国政府逐步制定并完善了公开平等的市场竞争规则体系和市场经济发展所必须的制度供给，促进市场基础性功能的发挥。同时，政府主动承担行政体制改革，简化行政审批、加强监管、推动国企市场化改革，不断提高市场微观主体的实力和持续改善微观经济环境，大体形成了政府与市场的友好关系。由于政府与市场良性关系的推进，在 2008 年以来的世界金融危机中中国经济发展水平与经济实力仍在继续提高与增强，2011年 GDP 总量约占世界 GDP 总量的 10.48%，并且在 2012 年前三季度全球经济发展一片黯淡中仍保持近 8% 的增长速度，体现出了中国市场的巨大活力。而作为西方传统发达国家的日本，其政局在新世纪长期动荡不稳。从 2006 年 9 月到 2011 年 9 月，短短 5 年时间就有 5 位首相快速当选而又闪电离职。政府频繁更迭导致政治调整迟迟无法到位，且日本每届政府上台组阁之后在发展经济和治理市场时几乎无一例外地实施扩大公共事业投资、增加财政投入以及实行减息等财政与货币政策，经常使得经济政策出现变化导致很多政策无法实行以及大多数长期政策的付诸东流，最终使市场调整难以到位严重影响了日本经济政策的连续性。日本政府过度干预市场导致财政赤字对 GDP 之比居高不下、国债依存度过高、政府长期债务余额对 GDP 之比过高等，对日本的整体经济产生了较大的不利影响。日本经济发展积重难返，政府对政治制度与市场的改革由于阻力重重而进展缓慢，这进一步遏制了日本经济实力的稳步扩大。2011 年日本 GDP 总量占世界 GDP 总量下滑到了 8.43%，而下滑的趋势在 2012 年与未来将更加明显。

二　各国政府与市场关系在新时期面临的矛盾与挑战

政府与市场关系已经成为影响世界各国经济发展的一个重要因素，这种影响在各国经济的发展中也都烙下了独特的国家发展个性，但变化的政府与市场关系在新时期也都面临着许多类似的矛盾与挑战：

（一）市场的活跃性与政府管理体制相对稳定性的矛盾

进入 21 世纪，活跃的市场在动态变化中实现着多样化的发展，且在风云变幻的世界经济发展环境中随着各国经济发展状况的起伏而时刻变动着。由于市场的变动性具有极快的传递性与连锁性，这往往需要政府进行随机性与针对性的快速应对反应来化解市场中随时出现的各种问题，但相对于活跃市场极快的动态变化性而言，各国政府的管理体制大都处于相对稳定的状态。因为各国政府通常采取以往解决市场经济问题的习惯性做法，并根据这些习惯性的做法制定、形成处理市场经济问题的规则与制度，以应对动态市场的问题。但显然政府依据路径依赖制定的这些应对市场经济运行中随时出现的新问题的制度与办法不利于其及时、恰当处理市场发展的新问题与新情况。同时，世界各国大多数的政府对于市场制度的修改与市场经济机制的变革具有主观惰性，在处置市场失灵或经济危机等问题时行动上具有滞后性。在新的经济问题爆发之前，其政府一般缺乏能动性改革市场的持久动力和持续性措施，这又进一步强化了政府管理体制相对稳定性。从 2008 年爆发的国际金融危机中可以看出，不论是美欧日传统发达国家，还是大多数的新兴经济体在解决动态市场的问题时，都暴露出了政府管理体制相对稳定所带来应对滞后问题的挑战。

（二）金融危机对政府市场监管能力的挑战

2008 年，由美国次贷危机引发的全球性金融危机对各国（联盟组织）政府的市场监管能力提出了极大的挑战。对美国来说，由于美国金融监管机构对次级贷款以及各类衍生产品在发行的规模与数量少有控制，政府对金融市场监管力度松懈并忽视自由市场过度竞争所导致的潜在金融风险，加上美国监管机构对市场评级机构监管不严导致评级机构在对次贷相关产品评级主观性过大使得次贷危机最终爆发，而危机的爆发对美国政府市场监管能力提出了巨大的挑战。2010 年，由于欧盟在银行及金融市场监管方面缺乏统一的监控体系，各成员国对自身金融市场进行独立的监管以及政府间的松散合作与不太畅通的信息交流使得欧盟统一大市场的监管在面对形式各异的个体国情时失去预想的干预效果，从而导致欧债危机愈演愈烈。目前仍不见好转的欧债危机进一步挑战了欧盟对市场的监管能力。相比美欧发达国家，中国、俄罗斯、越南等新兴经济体的市场经济建设仍在完善过程中，市场发展仍在进行制度的建设与完善。2008 年金融危机爆发，上述各国的政府由于对市场监管方面的建设普遍存在缺失，缺失对金融市场高风险的监管、监管机制不健全以及从事交易的个人权力过大等问题十分突出，极大的挑战了这些国家政府的监管能力。

(三) 新时期不同层级政府的利益矛盾对市场发展的影响

在新时期中，不同层级政府的利益矛盾在各个国家（政治联盟）都是一种非常普遍的现象，并主要以下面两种形式体现出来：

1. 在政治联盟中联盟的"整体利益"与加盟成员国的"个体利益"矛盾对市场发展的影响。21世纪欧盟的共同利益是寻求欧盟的整体昌盛并能在国际舞台上弘扬欧盟的个性，使欧盟成为当今多极化世界中的重要一极。但由于欧盟各成员国作为独立的政治实体依然存在，各成员国在经济社会的发展上存有比较大的差异性，其核心国家与外围国家在政治、经济以及对外政策一体化等多方面的利益更是有着不同的诉求。在向欧盟交出部分经济与政治主权实现一体化的同时，成员国个体利益与欧盟整体利益之间产生了种种冲突和矛盾。2010年，在主权债务危机中欧盟核心国家与外围国家的多种矛盾得到了充分的体现，欧盟内部对市场救助意见的分歧与迟疑对欧盟统一市场的发展产生了很大的抑制作用，进一步恶化了欧洲的金融市场局面。

2. 在一个主权国家中，中央政府利益（联邦政府利益）与地方政府利益（州政府或邦政府）存在很多利益分歧与矛盾对市场发展的影响。中央政府（联邦政府）为了全国的整体利益往往会在各地方政府（州政府或邦政府）间实行平衡性或者特殊照顾性的政策以求国家整体战略目标的实现，但各地方政府（州政府或邦政府）同时面临发展地方经济社会、兑现对选民或居民的政治承诺以实现本地利益最大化的目标，这样就会使国家的整体利益与地方政府（州政府或邦政府）的个体利益产生矛盾与冲突，其中又交织着中央政府（联邦政府）控制的企业与地方政府（州政府或邦政府）控制的企业之间在市场经济中的博弈与矛盾，这些对市场的发展也产生了重大的影响。例如，印度不同党派竞争执政时常导致联邦政府与各邦政府政令不统一，印度一些邦政府所热衷的事情在联邦政府时常遭遇麻烦，往往由于联邦政府与邦政府意见不一而受牵制。当印度联邦政府与邦政府互相扯皮的时候，其政府的决策效率和市场发展受到了不同程度的损害与制约。不同层级政府的利益矛盾在俄罗斯、美国、日本、中国等许多国家都能轻而易举地找到，具有很大的普遍性。

（四）传统政治体制对现实市场机制的制约

在 21 世纪初期，实行资本主义政治制度与社会主义政治制度的国家在运用市场体制发展本国经济时，都遇到了政治制度与市场体制矛盾所带来的挑战，目前这两种政治制度与市场机制都没有实现完美的契合。

1. 西方资本主义政治制度中的政党制、普选制、分权与制衡、代议制等对于市场经济体制的制约是显而易见的。截至 2011 年 5 月 16 日，美国联邦政府欠债已达 14.29 万亿美元（债务规模已经超过美国国内生产总值的 90%）的"法定债务上限"，使得美国政府在 2011 年 8 月面临了主权债务违约的巨大风险。而债务上限谈判僵局的形成即是代表不同阶层利益的民主党与共和党在美国的政治体制下为了 2012 年大选需要的现实较量以及两党长期利益的激烈博弈。据卡门·莱因哈特与肯尼思·罗戈夫研究显示：当一国债务总额占 GDP 比例超过 90% 后该国经济将陷入增长迟滞。这一结论显然为美国政府敲响了警钟，但美国的政治体制很难有效的解决其债务问题，美国的政治体制对市场体制产生了很大的制约。而对于欧盟而言，欧盟的财政主权归各成员国政府所有，财政预算各自负责，成员国间财政政策的协调由欧洲委员会和各成员国的财政部长通过非正式的论坛形式进行。而财政纪律的松散与缺失导致欧盟各成员国在面临国家利益选择时财政政策各行其是，破坏了统一大市场的贸易转移与创造效应，干扰了欧盟统一市场的正常运转。不难看出，欧盟的政治架构对现实市场机制也产生了严重的制约。日本由于自身的政治体制导致政府频繁更迭，这致使与经济发展和市场调整相关的多部重要法案难以获得其"扭曲国会"的通过，政党间和派别势力在国会的角力加大了日本政府对市场进行及时、有效、到位调整的难度，严重地制约了市场机制作用的发挥。

2. 社会主义政治制度的不完善对市场体制作用的发挥也有一定程度的制约。以我国为例，由于我国社会主义政治制度还处在不断完善之中，社会主义市场经济体制建设起步较晚也还在不断发育成长阶段，政治制度与市场经济体制仍然处在磨合阶段。受社会主义传统计划经济思想的影响，我国政府在目前市场经济体制下仍然喜欢动用行政力量强调效率的优越性。而行政权力过多干预市场经济的发展，不同程度的介入微观市场主体活动干扰了市场的竞争秩序，造成了严重的社会分化，对市场机制往往造成较大的损害。因此，我国也面临着政治制度与市场体制矛盾所带来的重大挑战。

三　调整协调政府与市场关系是世界各国政府面临的共同课题

正是由于政府与市场关系对于各国经济的发展具有内在的重大作用，且各国政府与市场关系都面临着大量矛盾与挑战，所以调整协调政府与市场关系就成了世界各国政府在新时期中面临的共同课题。

（一）新时期政府与市场关系引起了各国政府的高度重视

2008 年国际金融危机爆发后，各国政府与市场关系诸多矛盾与挑战的凸显给各国经济的发展造成了不同程度的影响。西方传统发达经济体与新兴经济体之间经济规模之比持续缩小引起了各国努力探析"衰落与崛起"两种情形原因的强烈愿望，而政府与市场关系的友好关系能够有效促进市场经济的发展并推动国家（或联盟）经济规模的壮大无疑得到世界各国的一致认同。由此政府与市场关系再度引起了各国政府的高度重视，并各采取一系列新的举措进一步改善变化中的政府与市场之间关系。美国政府在2008 年的金融危机中体会到了虚拟经济的脆弱性，在后金融危机时代，奥巴马政府强调从依靠金融信贷的高消费模式转向出口和制造业推动的成长模式。2010 年 8 月，美国公布《制造业促进法案》《复兴与再投资法案》《清洁能源法案》等大量重振制造业的法案，2012 年 2 月，美国宣布"建设更强大经济"计划，宣布企业税改方案，鼓励在美国国内投资，同时，美国政府制定了更加严格的金融市场监管措施加强对市场的管理。通过这些改变来改善美国政府与市场的关系；欧盟在主权债务危机爆发后充分认识到政府对市场监管的分散化无助于提高欧盟单一大市场的金融稳定性，在2011 年不得不批准成立"欧洲金融监管体系（The European System of Financial Supervision）"，设立了"欧洲银行业监管局、欧洲保险与职业养老金监管局、欧洲证券与市场监管局和欧洲系统性风险局"① 四个机构，以求对欧盟大市场建成统一有效的监控体系；2011 年 5 月，针对频繁的主权降级给欧盟纾困努力造成的麻烦，欧盟对《欧盟信用评级机构条例》进行更加严格的修订以加强对信用评级机构的监管。通过多方面的努力，欧盟加强了政府与市场关系的建设；印度由于在近两年财政和贸易双赤字严重，通胀持续高位运行，经济结构存在不平衡缺陷。2012 年 9 月，印度总理辛格宣布推动新一轮经济改革，进一步开放印度零售、航空、光电等行业并增加外资在这些行业的持股比例上限，同时出售大型国有公司股份，以此来进一步改善政府与市场的关系；2012 年 8 月，中国召开国务院常务会议决定深化行政审批制度改革，取消和调整 314 项行政审批项目。对投资领域、社会事业与非行政许可审批项目，特别是涉及实体经济、小微企业发展以及民间投资等方面的审批项目进行重点清理，政府逐步交还企业和市场的应有职能，进一步增强市场配置资源的基础性作用，加快转变政府职能、理顺政府与市场关系。不难看出，在新时期中各国政府都是非常重视政府与市场良好关系的构建的。

（二）各国政府对新时期政府与市场关系的协调形成了许多共识

尽管当前世界各国政府对于市场经济的治理都有自己独特的国家发展个性，但新时期以来面对变化的政府与市场关系对世界经济发展的深刻影响，各国在政府与市场关系的协调上逐步形成了许多比较明确的共识，主要有：

首先，政府主动调整应对政府与市场关系挑战的共识。一方面由于各国的政治体制、行政管理体制等因素在不同程度上制约了市场经济的发展，而政府与市场关系的矛盾与挑战使各国政府普遍认识到只有主动推动国内的政治与管理体制的逐步调整与改革，才能减小对市场经济发展产生进一步的制约。各国政治与管理体制调整与改革虽然不是短期内可以取得巨大成效的，但要进一步释放市场活力、提高市场效率、促进经济稳定增长，就必须逐步改变当前本国政治与管理体制中对市场发展的制度性束缚。虽然各国改革的力度和时间早晚不同，但在需要主动推动这些改革才能应对

---

① ［法］Charles Wyplosz：《欧洲货币联盟设计中的缺陷》，《国际经济评论》2012 年第 2 期，第 63 页。

政府与市场关系的挑战的问题上，各国还是形成了共识。另一方面需要尽力化解不同层级政府利益矛盾对市场发展的不利影响。不同层级之间的矛盾不利于中央政府（联盟委员会或联邦政府）对于市场的调控，中央政府需要主动调和与地方政府间的不同利益需求，只有实现中央与地方利益的大体平衡，减少地方政府对于中央决策的阻力才能更好的发展经济。

其次，提高法治水平进一步完善市场监管体系的共识。在2008年全球金融危机爆发以后，世界各国大都遭遇了政府对市场监管缺失或者政府监管能力不足等问题对其市场经济发展造成的重大冲击，这促使各国政府在发展与市场关系时逐渐达成进一步提高法治水平以构建与完善市场监管体系的共识。由于市场发展依赖于法律制度的存在，且法律制度对于确立市场活动中的财产权利、经济合同的制定以及侵权规则是必不可少的，所以政府提高法治建设是加强与提高监管市场的保障与约束力。政府提高市场建设的法治水平，建构完善的市场监督体系，对于应对经济危机、解决市场失序问题具有重大的预防作用，而以公开的程序按照法律的授权让政府的监管机构对市场实行专业化的监管，更能提高政府对市场的监管水平。

再次，全面建立起政府与市场的合作互补关系的共识。从当前世界各国政府与市场关系的发展趋势看，由于政府与市场双方存在着合作的利益基础并且互相依赖于对方，所以长期的全面建立起政府与市场的合作与互补的友好关系就成了世界各国发展市场经济的又一个共识。一方面，各国政府正在逐步完善市场调节的基础性作用，逐渐退出微观经济市场的竞争参与，在尊重市场规律的基础上更加注重发挥政府的引导、服务与管理功能，并以不同形式支持与扶持市场新兴产业，通过充分发挥市场机制的作用，高效率的资源配置来增强产品的国际市场竞争力；另一方面，为了全面建立起政府与市场间合作与互补的友好关系，各国积极研究其他国家的有利经验与优势措施，努力提高自身应对市场问题的能力。美国与中国相比就清醒地看到联邦政府欠缺规划能力，亟须为美国经济的增长和创新制定出具有前瞻性的、长期的经济计划。

（三）把处理政府与市场关系的共同经验与本国实际结合开展的改革创新将决定各国经济的未来发展

在新时期的经济发展中，世界经济格局与各国经济实力的强弱必将随着未来各国政府与市场关系的变化而发生新的重大改变。一个国家（或联盟）要想避免本国（或联盟）在全球经济格局变动中出现经济实力发展层面上的"马太效应"，将取决于各国未来经济的发展是否把世界各国处理政府与市场关系的共同经验与本国实际结合开展改革创新的具体国家行动上来。一方面，世界各国处理政府与市场关系的共同经验是各国在处理市场经济发展中的有益总结，具有理论上的指导意义。一国（或联盟）通过与这种共同经验的比较以及对共同经验有益成分的选择性吸收，将能帮助其弥补和发现本国（或联盟）在发展政府与市场关系上的不足与漏洞；另一方面，一国（或联盟）的具体国情与市场发展的实际状况是其发展政府与市场关系的前提条件。因为毕竟世界各国具体的历史文化、政治传统、经济所有制结构、主导经济理念、市场发育程度、经济发展阶段、政权稳固程度、经济运行健康程度，等等有着各自的特殊性，与其他国家存在着一定程度的差异性，只有充分认识自身的基本国情才能够找出适合自身具体发展阶段的政府与市场关系，才能有的放矢地吸收各国处理政府与市场关系共同经验中适合在本国运用的有益成分。由于当前世界各国的政府与市场关系都面临着许多的矛盾与挑战，谁能率先将处理政府与市场关系的共同经验与本国实际情况结合，并主动进行改革创新来解决国内传统政治体制、管理体制、市场监管、政府层级间利益冲突等政府与市场关系间的矛盾与挑战对于经济发展的制约与束缚，谁就能尽早提高政府的效率、提升政府的服务水平、进一步释放市场的能量与活力、增强国家的经济实力，进而在未来世界经济格局的变动中取得优势地位以及获得一定的支配他国经济的权力。换句话说，把处理政府与市场关系的共同经验与本国实际结合开展的改革创新将决定各国经济的未来发展。

（本文由马力宏、刘翔共同完成，
原发表于《理论探讨》2013 年第 5 期）

第二编
政府管理与条块关系

论政府管理中的条块关系

条块关系是我国行政组织体系中基本的结构性关系，它在各个不同的层面和各个不同的领域影响和制约着整个政府的行政管理。在传统的计划经济体制下，条块关系几乎成了我国行政管理中一个长期存在的难题，无论中央与省，省与市县，以及县与乡镇，都不同程度地被条块关系中的种种矛盾困扰。在计划经济向市场经济转轨的过程中，原有的条块格局被不断地冲破，在动力和阻力、经济生活的组织者和被改革者的双重角色中，条条和块块以及它们之间的关系正经历着历史性的调整和演变。但是，可以相信，即使在将来完善的市场经济体系建立后，我国在行政管理中仍然少不了条块结构。因此，在当前我国社会主义市场经济体制建立的过程中，从各个不同的角度系统地研究条块关系，这对改革和完善我国的行政管理，对建立社会主义市场经济体制，必将产生积极的影响。

一 条块结构的形成

所谓"条块"是我国行政管理实践中一种形象的说法。它表示了一种特殊的政府组织结构，反映了特定政府组织之间的关系。"条条"指的是从中央到地方各级政府业务内容的性质相同的职能部门；"块块"指的是由不同职能部门组合而成的各个层级政府。在我国，条块结构已成为政府行政体系的基本结构。这种结构是如何形成的？它受哪些因素的影响？这是需要首先探讨的。

在人类社会纷繁复杂的组织现象中，条块是一种特殊的结构形式，它的形成受到以下一些因素的影响：

首先，条块结构的形成，是由国家行政管理的特性决定的。国家管理从总体来说，可以包括国家的立法活动、司法活动和行政活动，不同的管理活动有着不同的特点，其中一个基本的区别是各自有着不同的权力运行方向。立法活动是国家立法机关以依据法定程序制定法律的活动方式来管理国家的国家管理活动。这种对国家的管理方式，主要采用少数服从多数的民主表决的方式来实现，它的权力的运行方向是自下而上的。司法活动则是国家司法机关通过依法审理、判决诉讼案件的活动方式来管理国家和社会事务的国家管理活动。司法权的使用和运行，既不是自上而下的，也不是自下而上的，它具有相对的独立性。然而，国家行政权的运行方向则只能是自上而下的。面对纷繁复杂、千变万化的国家行政事务，靠层层少数服从多数的民主表决，是无法管理好的。只有下级层层对上级负责，形成一个反应灵敏的指挥—服从体系，才能对国家行政事务实行有效的管理。所以，整个国家行政体系就应该是一个以下级服从上级为基础的权威的层次结构。这是形成条块结构的重要条件。条块结构主要存在于政府行政体系之中。

形成条块结构的第二个影响因素是政府机构中层级制和职能制的结合状况。层级制和职能制是人类社会组织的两种基本结构形式。层级制是把一个组织划分为不同的层级，各层级的职能性质大体相同，但各层级的管辖范围却自上而下地层层缩小，一个上级组织一般可以管辖数个下级组织，从而呈现出了金字塔形状。层级制的优点是权力自下而上地集中，有利于指挥的统一。但是，这种结构不适宜于专业繁杂的大型组织。

职能制是按照不同性质的权限把一个组织从横向划分为不同的职能部门，从而形成了从中央到地方各级政府业务内容的性质相同的职能部门，各个职能部门相对独立。职能制的优点是专业化程度高，分工明确。但职能制往往会出现政出多门、目标分散的弊端，各个职能部门各自为政，把组织的整体任务搞得支离破碎。因此，一些大型的社会组织往往把这两种结构结合起来。条块结构就是层级制和职能制结合的一种典型。纵向按照层级制分为中央、省、地、县、乡等不同的层级，每一层级又按不同的业务内容从横向分设工业、农业、财贸、文教等不同的职能部门系统，即"条条"，和由不同职能部门组合而成的省、地、县、乡等各个层级政府，即"块块"。

条块结构的形成，还受国家结构形式的影响，上面谈到的这些因素对大多数国家的政府行政体系虽然都有影响，但是，世界各国的政府行政体系并没有因此而形成同样的条块结构，其中的一个重要原因，是受到了国家结构形式的影响。国家结构形式与政府组织的结构形式是两个不同的概念。前者指的是国家整体的构成形式，指国家调整整体与部分、中央机关与地方机关之间的相互关系所采取的形式。它主要有单一制和复合制（联邦制）两种基本形式。它影响到行使国家权力的所有机关，涉及国家主权的构成和分配。而政府结构形式则不同，它表示的只是政府机构采取何种方式来组织，影响到的主要是政府行政管理。国家结构形式对政府结构形式起着直接的制约作用。一般来说，单一制国家的政府结构形式有自己共同的一些特点，如政府体系自上而下的系统性，层级制和职能制的不可分离性，等等；而联邦制国家的政府结构形式也有一些共同的特点，如组成联邦的各成员单位政府机构的相对独立性，等等。就一般情况而言，条块结构存在于单一制国家。

除此以外，条块结构的形成还受一个十分重要的因素影响，这就是政府行政管理过程中集权和分权的不同模式。我们在前面谈到了国家结构形式对政府组织的结构形式的影响，但是，这种影响也是相对的。因为在一些同是联邦制的国家，政府组织的结构形式却大相径庭；同样，在同是单一制的一些国家里，政府组织的结构形式也是相去甚远的。在这里，政府行政管理过程中采取的集权和分权的不同模式对政府组织的结构形式产生着重要的影响。当政府采取集权的管理方式时，即使是联邦制国家，也必然要求政府组织建立起自上而下的完整体系，苏联就是其中的典型。而当政府采取分权的管理方式时，即使是单一制国家，也必然会使各个不同层级的政府建立相对独立的结构，如日本政府的地方自治体制。一般来说，条块结构较多地存在于集权制或相对集权以及相对分权的管理模式之中。在绝对分权的管理模式中，条块结构是无法形成的。

以上种种因素就是形成条块结构的基本条件，缺少了其中的任何一个因素，条块结构都不一定能形成。正因为如此，世界各国的政府组织采用条块结构的并不多。而在我国，由于以上这些因素的综合作用，政府组织采用条块结构又成了一种必然。因为我国作为单一制大国，不仅在国家行政管理过程中必须实行职能制和层级制的结合，而且，就集权和分权的关系来说，我国也不可能采取过分的分权，而只能采取相对集权条件下的适度分权。因此，在我国，尽管现存的条块结构存在不少矛盾，我们要对此进行不断地改革，但条块结构是不可能取消的，因为在我国，决定条块结构形成的因素将长期存在。我们的任务是如何优化条块结构，理顺条块关系，使之逐步法制化、规范化。

二　条块关系的表现形式和不同类型

条块关系是指不同的政府组织在条块结构基础上形成的交互关系。作为国家行政管理过程中的重要现象，条块关系有自己的表现形式和不同的类型。

（一）条块关系的表现形式

在我国，条块关系主要是通过以下形式具体表现出来的：

1. 上级职能部门（条条）与下级地方政府（块块）之间的关系。

这是我国条块关系的主要形式。所谓条块，主要是就上级职能部门和下级政府的关系而言的。在我国，从中央到地方的各个层级政府，都是由许多不同的职能部门组合而成的，这些职能部门是一级政府的具体工作机构，上级政府对下级政府工作的领导，有相当部分是通过上级政府的职能部门来实现的。从行政级别来说，上级政府的职能部门与下级地方政府属于同一级别（如国家财政部与浙江省政府，浙江省计经委与绍兴市政府，等等），因此，两者不存在命令—服从的领导与被领导关系。但是，由于上级政府的职能部门往往是以代表上级政府的身份出现的，这就使得他们与下级地方政府之间也形成了一种管理关系，即业务上的指导关系。

2. 上级政府职能部门与下级政府职能部门之间的关系。

即上级条条与下级条条之间的关系。由于各级政府都是由不同的职能部门组成的，而这些职能部门的设置在相当大的程度上依据的又是上下对口的原则，这样，从中央到地方就形成了相应的职能部门系统。虽然并不是所有的职能部门都会形成自上而下的条条系统，但不少职能部门是从中央、省、地一直延续到县，甚至乡镇的由于专业性质相同，上级政府职能部门与下级政府职能部门之间就形成了领导与被领导的关系。上级政府职能部门的作用主要是通过这种对下级政府职能部门的领导来实现的。表面上看，这种关系似乎是纯粹的条条关系，与块块无关。但是，由于各个层级政府都是由不同的职能部门组合起来的，所以，上下级政府职能部门之间的关系也必然表现为条块关系。

3. 上级政府与下级政府之间的关系。

这是条块关系的核心。各级职能部门尽管在国家行政管理中发挥着重要的作用，但是，他们毕竟是作为各级政府的组成部分而存在的。在行政管理的过程中，"条条"虽然也有自己的一些特殊利益，然而，从理论上说，它们更多地追求的应该是它们所代表的这一层级政府的利益。因此，当"条条"在行政管理中影响增大时，实质上是他们所代表的这一层级政府对下级政府作用的加强。我国历史上凡是突出"条条"作用的时期，实质上就是中央政府加强集中管理的时期。所以，上级政府与下级政府之间的关系，就成了条块关系的核心。

以上三个方面是国家行政管理中条块关系的主要表现形式。如果从理论上推理，条块关系似乎还可以通过上级政府（上级"块块"）与下级政府职能部门（下级"条条"）的形式表现出来，但在我国实际的行政管理过程中，这种现象并不多见。

（二）条块关系的不同类型

条块关系主要是通过上级"条"与下级"块"，上级"条"与下级"条"以及上级"块"与下级"块"等形式表现出来的。但是，在不同的层级和不同的权力结构中，条块关系又表现出了不同的类型。

与不同层级相联系、条块关系可以分为以下三大类型：

1. 中央与省的条块关系

这是我国条块关系的主旋律，是其他层级条块关系产生的渊源。在我国，中央政府的机构设置和政府功能是最完整的，省、直辖市也是功能完整的一级地方政府，在此基础上形成的条块关系的各种表现形式（如中央各部委与省级政府之间的关系）也是最完整最典型的。中央与省的条块关系对其他层级的关系发挥着很大的影响，无论是各级职能部门的设置，以及"条条"与"块块"的权力和利益的分配及其运作规则，还是其他不同层级的条块关系，都受到中央与省的条块关系的影响和制约。至于自治区、特别行政区与中央的条块关系更为复杂。

2. 省与市县的条块关系

这是中观层次的条块关系。同中央与省的条块关系以及县与乡镇的条块关系相比，省与市县的条块关系显得更为纷繁多样。在省与市县的条块关系中，既有省与地级市的关系，又有省与县或县级市的关系；在实行市管县的地区，还有地级市与县的关系；在设专署的地区，情况又不一样。从我国大多数地区来说，省与市县的关系实际上包含了省——地级市——县三级政府之间的关系。各种矛盾交织在一起，使省与市县的条块关系变得更为复杂，更难协调。此外，自治州、计划单列市、经济特区等各具特色。

3. 县与乡镇的条块关系

这是我国地方基层政府之间的条块关系。县级政府在我国行政体系中处于基础地位，一方面，它有功能比较完备的职能部门，与上级"条条"保持着特定的业务往来渠道；另一方面，它又直接面对广大农村，是我国行政管理体系的城乡接合部。而乡镇政府作为我国农村的行政管理机关，与其他层级政府不同，它没有过细的职能部门划分，更多地发挥着"块块"的整体功能。在我国行政管理的历史中，县区域内的行政体制发生过较大的变化，在不同的时期，县与乡镇的条块关系有着不同的特点。显然，县与乡镇的条块关系无论是历史上的经验教训，现实面临的问题，还是未来的发展趋势，都与其他层级的条块关系不同，需要专门加以研究。

与政府体制中集权和分权的不同程度相联系，条块关系又可以分为以下两大类型：

一是条块分割型。条块是一对矛盾的统一体，既相互依存，又相互排斥。当政府体制中条块不能有机地结合的时候，就出现了条块关系中的条块分割型。受集权和分权不同体制的影响，条块分割型又可以分为条条管理型和块块管理型。

条条管理型是与中央集权管理体制相联系的，它的主要特点是中央或上级政府职能部门垂直对本系统条条实行直接的领导，从而使各个层级的地方政府失去应有的权力和作用，上级政府依靠"条条"对整个区域实行集中统一的领导。

块块管理型是与地方分权体制相联系的，中央把相当一部分财权、计划管理权、劳动管理权和企业管理权下放给地方，在这些方面"条条"不再干预。地方政府主要在综合平衡本地社会经济发展的基础上与上一级

"块块"打交道。这种类型有不少优点，但其缺点也是十分明显的，往往会导致地方权力过分膨胀，各地区不同的发展水平难以统筹兼顾，不利于全国的统一平衡和中央的宏观调控。

二是条块结合型。既然我国的政治、经济以及自然地理条件等国情决定了我国的行政管理既离不开"条条"，也离不开"块块"，那么，在国家行政权集权和分权适度的条件下，就可以形成条块结合型的条块关系。条块结合型的条块关系也有两种情况：其一是条块结合，以条为主。在一些专业性很强、需要全国统一安排管理的领域，如邮电、铁路、地质等系统，就必须实行条块结合、以条为主的管理。其二是条块结合，以块为主。除了那些专业性很强的领域，其他部门领域的管理都应该实行条块结合、以块为主。这样，既可以充分调动"块块"的积极性，又可以使条条能够通过规范化的途径发挥自己的作用，以实现中央和上级政府有效的宏观调控。这是理想的条块关系的主要类型。

三 条块矛盾及其影响因素

条块结构的一个基本特点是"双重从属制"，即地方各级政府的职能部门在纵的方面从属于上级职能部门，从而可以保证管理同一系统的"条条"的行动统一；在横的方面从属于本级政府，从而可以保证全面管理本地区的"块块"能形成一个整体。这种双重从属制一方面保证了条块结构的正常运行；另一方面却又留下了产生条块矛盾的隐患。在双重从属制的条件下，必然会出现条块之间或上下级之间的权限问题。中央政府及其职能部门与地方各级政府的权限如何划分？一个地方政府的职能部门，究竟应该以服从本级政府为主，还是以服从上级职能部门为主？在实际的行政管理过程中，这些问题是大量存在的。正是在权限这个实质问题上，条块之间产生歧见。

我国 1949 年后在条块关系上曾进行过数次调整。但往往不是失之于中央集权过多，"条条"统得过死而影响了地方的积极性，就是地方分权后"块块"分散过头，削弱了社会主义国家行政管理所必需的集中统一，出现了"一收就死，一放就乱"的恶性循环。时至今日，我国的条块关系仍然处于"收死放乱"的两难困境之中。一方面，依然是"条条"权力过分集中,"块块"被肢解,地方政府统一协调能力难以有效发挥。中央过分集权一直是我国行政体制的主要弊端,尽管经过这些年的经济体制改革,地方各级政府在不少方面扩大了权限,但问题依然很多;从中央与省级政府的关系来说,目前,中央职能部门权力过分集中的问题还相当严重。许多中央部门至今仍然主要行使着立项目、定指标、分钱物的职权。这些部门在行使这些职权时又主要是从"条条"的角度考虑,并且是按"条条"来分配计划、指标和钱物的。这样就不可避免地形成中央部门和省级政府的条块分割,从而严重削弱了省级政府的统一协调能力。省与市县的关系也是如此。省政府的职能部门也往往运用手中掌握的一些立计划项目、分资金物资的职权,干预属于市县政府的事务。到了县与乡这一层次,问题不仅依然存在,而且条块分割得更加厉害。乡政府作为我国最基层"块块",担负着本区域政治、经济和社会各方面的具体领导工作,但具体分管这些工作的"几大员",却大都接受"条条"领导,人财物三权全集中于县的职能部门。这些工作在乡镇的机构和人员,乡政府虽然看得见却管不着,乡政府的综合管理和协调能力受到了严重的削弱。

另一方面,在这几年放权让利的改革中,却又出现了某种程度的"块块"各自为政,中央宏观调控不力的现象。各地政府不仅极力向上级政府部门争项目、争资金,而且对中央和上级部门的政策和部署搞了各种各样的对策,甚至采取了有利就照办,无利就搁置的做法。致使一些对全国大局不利的行为屡禁不止,如地方基建规模的盲目扩大,地方政府税收优惠政策的滥用,以及画地为牢、封锁市场的经济割据,等等。有的地方政府为了发展本地经济,对本地区各种经济组织中明显的违法乱纪行为竟视而不见,甚至公开庇护……。[①] 诸如此类现象的出现,使不少人对条块关系的前景深为担忧。"条条"统多了,"块块"不活;"块块"稍一自主,全局又乱了。人们对集权和分权的"度"感到困惑,视条块关系为畏途。

那么,条块关系没有处理好,条块矛盾产生的原因主要在哪里?笔者认为可以从以下几点进行思考。

---

① 陈甬军:《中国地区间市场封锁问题研究》,福建人民出版社 1994 年版,第 3 页。

1. 政府职能没有真正转变

条块关系虽然直接反映的是条块之间和上下级政府之间的权限问题，但能否处理好条块关系的更深层的因素却在于政府如何行使自己的管理职能。1949 年后我国曾进行过几次大规模的条块关系调整。但主要的内容都是在企业经营管理权交给中央政府还是交给地方某级政府上做文章，并没涉及政府职能的转变，因此，只能陷入"一统就死，一放就乱"的恶性循环之中。企业作为社会的经济细胞，在行为准则、价值取向和活动方式上都与政府有所不同。如果政企不分，那么，企业无论是由中央政府来经营管理，还是由地方政府来经营管理，都只能是政府机构的附属物。由中央部门直接管理企业，不仅企业会在强大的行政干预下失去活力，而且地方政府也必然没有积极性，从而使社会经济生活失去应有的活力。由地方政府来直接经营管理企业，地方虽有积极性，但地方政府为了自身的利益，又往往会采取地区封锁，以及任意截留企业利益等做法，从而不仅使企业的生产经营受到影响，而且使得中央宏观调控出现困难。在这个问题上，苏联在赫鲁晓夫时期进行的行政体制改革的教训是很令人深思的。为了改变中央高度集权的管理体制，赫鲁晓夫对斯大林时期形成的条块关系动了大手术，改"条条管理"为"块块管理"，撤销了许多中央的职能部，设立了相当数量的经济行政区国民经济委员会，使这些块块拥有进行生产经营和财政活动的一切权力。这样做，对发挥地方的积极性的确起了一定的作用。但由于政府的总体职能基本没有变化，政府宏观经济管理职能和企业经营管理职能未能加以区分，结果，只是使部门壁垒变成了区域封锁，不仅未能从根本上克服旧体制存在的弊端，反而给经济造成了混乱。我国在条块关系上虽然没有出现苏联这样大的波折，但问题的性质是一样的。

2. 没有找到能使中央和地方各级政府的利益都得到相应体现的机制

条块关系产生矛盾的根本原因是利益问题。在社会主义国家，"条条"和"块块"，上级政府和下级政府代表的根本利益当然应该是一致的。但这不等于它们之间没有具体的利益分歧。不同的条块在坚持国家整体利益的同时，又有着它们各自特定的条块利益。否认这种利益的存在是错误的。仅仅在理论上和形式上承认这种利益也是不够的。重要的是在于要有比较符合客观实际的、能为各方所接受而又易于操作的利益分配机制。长期以来，我们在如何合理公正分配利益方面就缺乏这种有效的机制，经常是由中央或上级政府以全局的名义任意调走地方的东西，侵害地方的利益，或者在财政上采取统收统支、吃"大锅饭"的办法。后来实行的"分灶吃饭"的财税大包干，又导致了中央财力的极大削弱。1994 年开始实行的分税制，为中央和地方利益的合理划分提供了制度上的可能。但分税制在实施过程中又引发了许多矛盾，需要认真研究解决。[①]

3. 政府缺乏法制的权威

由于历史和现实的种种原因，我国民主与法制的建设比较落后，宪法、法律和各种制度缺乏应有的权威，从而使政府难以对社会实行有效的管理。这在条块关系上表现为以下几点：

首先是有关条块关系的各种法律和制度规定得不够具体明确，不够合理科学。我国除宪法以及地方各级人民政府组织法对中央和地方国家行政机关的职权作了一些原则规定外，对条块关系还没有比较明确和具体的法律化、制度化的划分，国务院各部委与地方各级政府及其职能部门的职权关系以及权力运行方式都没有具体明确的规定。毛泽东同志早在《论十大关系》中就指出："现在几十只手插到地方，使地方的事不好办。……各部不好向省委、省人民委员会下命令，就同省市厅局联成一线，天天给厅局下命令。这些命令虽然党中央不知道，国务院不知道，但都说是中央来的，给地方压力很大。"[②] 这种现象现在依然存在，而且层层如法炮制。到了基层政府、上面的千条线都穿到一个针眼上，命令、指示更是泛滥成灾，使基层政府应接不暇。

其次是对现有的法律制度执行不力，有法不依，从而使本来就不完善的制度法规更失去了权威。长期以来，和其他许多方面的情况一样，我国在处理条块关系时主要靠的是人治，领导人的看法和关系胜过白纸黑字的条文规定，哪个地区与上级部门有一些特殊关系，就可以对既定的条块关系进行调整，得到较多的优惠。这样，不仅造成了条块关系的随意性，还造成了各地区之间的苦乐不均。

---

① 徐滇庆、李金艳：《中国税制改革》，中国经济出版社 1997 年版，第 342 页。
② 《毛泽东选集》下册，人民出版社 1986 年版，第 729 页。

由以上两点决定，使得各级政府对有关条块关系的法律和规定的执行都打了折扣。"上有政策，下有对策"成了中央与地方、条条与块块关系中的普遍现象。中央政令的贯彻落实受到了严重的阻力。

（本文原发表于《政治学研究》1998 年第 4 期）

获浙江省第九届哲学社会科学成果优秀奖

中国市场经济发展过程中地方
政府行政管理地位的重新界定

一

在改革开放之前，中国地方政府并不具有一级政府所应有的独立地位，它们更多地承担着中央政府分支机构的功能，更多地起着"中转站"的中介作用。但是，随着对中央高度集权体制的改革和权力下放的逐步深化，地方政府的地位和作用发生了深刻的变化。这种变化的最基本特征是，地方政府扮演了双重角色，承担了双重功能：（一）地方政府集管理调控主体和利益主体为一身，既是经济和社会生活的管理者，又是地方利益的代表者；（二）地方政府担负着双重的经济职能，既作为向中央和上级政府负责的行政机构，承担着国家宏观经济管理和调控政策的执行职能，又作为地方经济的管理者和协调者，承担着本地区经济的组织和决策职能。

地方政府角色的双重性在实践中引发了结果的两重性。一方面，地方政府的积极性得到了前所未有的发挥，他们成为中国经济迅猛发展的重要推动力量。另一方面，在利益机制的驱使下，也出现了地方政府的行为变异，"上有政策、下有对策""有令不行、有禁不止"等现象时有发生；禁止本地资源流出，禁止外地商品流入的诸侯经济现象也屡见不鲜。显然，由地方利益引发的地方保护主义严重制约了中国市场经济的健康发展。

面对截然分明的功与过，人们不可避免地提出了疑问，中国地方政府角色双重性的依据何在？角色的双重性是否必然要以结果的两重性为代价？地方政府的地位和作用究竟如何定位？

二

在不同的国家和不同的时期，地方政府有着不同的地位和作用，处于历史转折期和经济起飞期的中国，需要地方政府承担起双重角色，成为经济和社会发展的活跃因素。

（一）地方政府是中国发展市场经济的重要推动力量，是中国市场经济体系的重要组成部分

各国市场经济的发展有着由各自国情决定的发展模式。中国是在相对落后的条件下开始发展市场经济的，因此，政府在市场经济的发展中起着十分积极的作用。这不仅表现在中国的市场经济是在政府的倡导下启动的，而且，因为相对落后，要积极赶超发达国家和在国际市场上进行竞争，政府必须在市场经济发展的过程中不断进行积极的指导和推动。更重要的是，中国是一个大国，各地区之间存在较大的发展差距，因此，指导和推动市场经济发展的任务不可能由中央政府独自承担，而需要地方政府在指导和推动地区经济发展中发挥更大的作用。

当前，地方政府面临的推动市场经济发展的任务是很繁重的，既要按照中央政府宏观调控的统一要求，努力培育市场机制和各种市场要素，推动全国统一市场的发展；又要不断改善投资环境，积极吸引外来投资，加快地区开发；而且，在市场规则尚未完善之前，还要以较多的行政管理的手段加以补充，积极推进产业结构调整，提高和优化本地区的经济质量。当然，到市场经济发展到较成熟阶段时，地方政府活动的范围和方式将会有大的调整，但积极引导发展的作用将始终是需要的。很难想象，在有十多亿人口的中国搞市场经济，难道可以不要地方政府的作用，而让中央政府直接去面对市场和企业。正是在这个意义上，我们有足够的理由把地方政府也看成是中国市场经济体系中不可缺少的重要环节和组成部分。

（二）地方政府作用的有效发挥，有赖于权力下放的改革和中央与地方关系的调整

中国市场经济的发展需要地方政府的指导和推动，但是，当高度集权

的经济和行政管理体制使地方政府无法有所作为时，市场经济的顺利发展也将是不可能的。可见，在中国，市场经济的发展和权力下放的改革是历史地结合在一起的，或者说，中国市场经济的发展是以改革高度集权的经济和行政管理体制为前提的。

权力下放的改革调整了中央与地方的关系，使得地方政府从中央政府的分支机构中分解出来，获得了相对的独立和更大的权力。地方政府因此由弱变强了。然而，这将对中央政府产生什么影响呢？是否要以中央政府由强变弱作为代价呢？在中国市场经济发展的过程中，这两者的相关性是值得关注的。

在一定意义上来说，中央和地方的确是一对矛盾，中央强，地方就弱，反之亦然。在中国历史上，中央和地方相互对立、此消彼长的现象比比皆是。但是，如果换一个角度，从政府与市场的关系来看，中央和地方却又是一个整体。作为一个统一的政府体系，它与市场体系，与其他社会体系形成了对应关系。在这种情况下，无论是中央弱，还是地方弱，都会在一定程度上影响政府体系作用的发挥，导致整个政府体系软弱。因此，中央和地方的关系，不一定非要形成一方强，另一方必然就弱的态势。在中国社会主义市场经济的发展过程中，我们需要营造中央和地方另一种关系模式，即中央强、地方政府也强。既有强有力的国家宏观调控，又有精干、高效、充满活力和主动性、创造性的地方政府。中国市场经济离不开政府的指导和推动，而政府本身就是一个系统，这是支撑这种中央和地方关系模式的基础。而要使这种中央和地方的关系模式得以真正建立，地方政府就必须承担好双重职能。没有各级地方政府作为强有力的执行机构的配合，中央政府为弥补市场失效而进行的宏观调控是不可能实现的；没有地方政府对本地经济发展的精心组织，各地经济实力的增强和经济生活的繁荣也是不可能的。

（三）地方利益是地方政府推动市场经济发展的重要动力

地方利益是一种客观存在，就是在中央高度集权体制下，也是如此，只是当时的社会评价体系不承认它罢了。但不承认不等于它就消失了。从客观上来说，由于各地资源和发展水平的不平衡，在经济和社会发展的过程中，各地必然表现出不同的发展方式和地区经济的局部利益。这种地方利益相对全国利益来说，是一种局部利益，但相对该地区的各个部门、各种企事业单位和个人的具体利益来说，它又是一种全局利益。这种地区性的全局利益不可能由地方中的任何其他组织代表，也不可能由上级政府来代表，地方政府是这种地方利益的当然代表者。

这种地方利益在市场经济条件下不仅依然存在，而且对地方利益的追求已成为市场经济发展的重要动力。市场经济要求打破地区封锁，让资金、技术、劳动力等生产要素在全国统一市场内自由竞争自由流动。哪个地区能吸引更多的生产要素，哪个地区的经济就繁荣，就可以实现更多的地方利益。而这些生产要素的流动方向，是人们采取"用脚投票"的方法来选择的。哪一个地方的政府提供的环境优越，条件宽松，这些生产要素就会在那里留驻下来，反之，就会去往他乡。这就促使各个地方政府都要花大力气来改善本地的投资环境，从而推动全国市场经济的健康发展。

三

中国市场经济的发展要求地方政府承担起双重角色。但是，角色双重性本身又蕴含了各种矛盾：（一）双重身份的目标差异。作为国家宏观调控体系的组成部分时，地方政府的目标取向是超然于地方的全局，而作为地方利益的代表者来组织地方经济发展时，地方政府考虑的则主要是区别于全局的地方；（二）市场评价系统和行政评价系统的不同影响。前者追求的主要是经济上的投入产出率，后者考虑的是综合的社会发展，以及上级政府布置的计划和任务的完成情况。因此，在诸如经济发展和社会发展的主次选择，地区经济、区域经济和全国经济的目标取舍等方面都会有不同的认识和评价。这些矛盾在市场经济发展过程中随时可见，处理不当，就会出现地方政府的行为变异。因此，如何协调和处理好角色矛盾，如何规范地方政府行为就成为发挥好地方政府作用的关键。这方面牵涉到的内容很多，从主要方面看，迫切需要进行以下方面的努力：

（一）进一步确立中央政府的权威

在中国市场经济的发展过程中，强中央不见得非要弱地方，但是，要强地方，则非要同时强中央不可。也就是说，要协调和处理好地方政府的双重角色，发挥好地方政府的积极作用，就必须进一步确立中央政府的权威。这其中包括两个相互关联的内容：一是提高中央政府提供和控制全国性公共产品的能力；二是提高中央政府法制化程度。

应该由中央政府提供和控制的全国性公共产品主要有：统一市场、统一的货币制度、健全的商业法制和独立司法制度，等等。当前我国地方政府行为中的许多问题，都与这些全国性公共产品的质量不高有关。地方利益是客观存在，为了保护本地经济，只要有可能地方政府很自然就会去构筑贸易壁垒、分割市场。只有当中央政府采取了严厉的措施，使地方保护主义者为此要付出更大的代价时，全国性的统一市场才有望形成。另外，货币制度有漏洞，使地方政府能够通过各种非正规的渠道搞到资金；商业法律和司法制度不健全，不少法庭成为地方保护主义的保护伞等，也都使各地方之间的公平竞争受到了严重干扰。显然，没有中央政府的权威，就不可能提供高质量的全国性公共产品，也不可能有效地规范地方政府行为。

提高中央政府法制化程度，主要是指要从制度上防止中央政府收权放权的随意性，使中央和地方政府权力的合理分配制度化。这里尤其值得一提的是，要加强中央条条部门的行为规范。因为地方政府行为中出现的问题，有不少正是中央条条部门从各自的利益出发造成的政策打架所致。

（二）放权和限权相一致

权力下放的改革激发了地方政府的积极性，但是，任何权力都具有两重性，不受约束的权力是要异化的。在地方政府承担双重角色的情况下更是如此。防止地方政府的权力滥用，就必须在放权的同时加强对权力的限制、约束和监督。

限权的范围和放权的范围应该一致，因此，地方政府的事权、财权、投资权和调控权等，都应在扩大的同时加以一定的约束和限制。当然，这种约束和限制，只可在"不能"上约束，不可在"只能"上约束，即只可规定地方政府"不能"行使的权力，不可对地方政府作出只能行使哪些权力的规定。以便使地方政府的活动，既有明确的不该跨越的雷池，又有在此范围内较广阔的活动和发展空间。这里特别需要强调的是对地方政府财权的约束。因为不仅财权是一级政府权力的基础，而且，地方政府财权的滥用也是导致其一系列变异行为的基础。在财政和金融制度上，中国过去主要是采取软预算约束。只要地方有办法，突破预算也不为过。从而既使地方政府敢于任意乱铺摊子乱花钱，又助长了地方政府向中央政府讨价还价的歪风。在市场经济的发展过程中，应该逐步建立起对地方政府的硬预算约束机制。预算约束应该是刚性的，不得突破。否则，将由突破者自负其责，自食其果。地方政府的信誉应由金融市场来评价，中央政府没有帮助地方政府填财政窟窿、摆脱财政困境的义务。这样，不仅可以促使地方政府在财政管理上慎重从事，减少地方政府对本地亏损企业的父爱行为，也可以促使地方政府的财政行为更多地向基础设施等对地区经济发展长期有益的方面倾斜。

（三）市场取向和政府取向相结合

要使地方政府在市场经济中发挥积极作用、减少负面影响，还必须建立能使市场取向和政府取向相结合的机制。

市场取向的基本途径是鼓励地方之间的公平竞争。市场经济优胜劣汰的规则，不仅对企业，而且对地方政府的行为都可能产生许多积极的影响。在统一市场的条件下，地方之间的竞争可以促使地方政府努力提供更好的地方公共产品，如稳定的社会秩序、良好的基础设施、宽松的市场进入条件，等等，以吸引资本、劳动力等生产要素。而在这些方面做得不好的地区就会发现，生产要素流向了别的地区。中国最大的小商品市场之所以出现在浙江义乌，而不是出现在其他地区，一个十分重要的原因就是义乌市政府提供了更好的地方公共产品服务。由此可见，以市场为取向的地方之间的竞争，可以在许多方面规范地方政府行为。

政府取向主要是通过中央和上级政府的规定和要求实现的，地方政府作为政府体系的组成部分，中央和上级政府的规定和要求无疑是影响他们行为的重要方面。在我国目前的行政系统中，政府取向的一个明显标志是中央和上级政府规定的政绩考核指标体系。这是一根影响地方政府行为的十分重要的指挥棒。可惜的是，很长时期以来，这根指挥棒没有运用好。改革开放以前主要是讲以阶级斗争为纲的政治标准，改革开放之后，经济标准提到了考核指标体系的重要位置，但却又是以经济增长速度为主要标准。这就使不少地方政府对单纯的数量扩张表现了浓厚的兴趣，而不去顾及效益的提高和结构的优化。时下存在的"数字出领导，领导出数字"的不正常现象，就是政绩考核指标体系的误导所致。这也从反面说明了尽快确立科学合理的政府系统政绩考核指标体系的重要性和迫切性。

在市场经济条件下，政府取向应该和市场取向相结合，以市场取向为基础，以弥补市场取向的不足为主要内容，这样，才能使地方政府在市场经济条件下的作用得到积极而充分的发挥。

（四）行政性分权和经济性分权相协调

中国对中央高度集权管理体制的改革，既包括中央向地方政府的权力下放，这是政府系统内的行政性分权，也包括政企分开，政府向企业放权，这是扩大企业自主权的经济性分权。两种分权相互交叉、相互联系，因此，应该相互协调发展。但是，受种种因素的影响，实践中却出现了向行政性分权的严重倾斜，中央下放给企业的自主权在很大程度上被各级地方政府及其职能部门截留了。地方政府从地方利益出发对地方企业进行的种种控制和干预，成为地方政府变异行为的重要形式。所以，要规范地方政府行为，还必须加大政企分开的改革力度。

政企分开的关键是转变政府职能。历史造成的国有企业对政府机构的依附关系，靠国有企业自身是无法改变的。只有当政府从直接管理微观经济的误区中走了出来，企业才有可能从地方政府的束缚中摆脱出来。为此，就应在加强政府的经济综合部门对全社会宏观调控的基础上，对与企业发生更多直接联系的政府专业经济管理部门进行更彻底的改造。不仅要弱化它们的调控职能，而且要把这些部门逐步改组成为不具有政府职能的经济实体，或自律性的行业管理组织。这样，才能使大部分国有企业成为没有主管部门和婆婆的独立的市场经济主体。

与此相联系，还必须深入进行国有企业的产权制度改革，使政府的宏观经济管理职能与国有资产管理职能相分离。在中国，长期以来国有资产国有化在很大程度上只是名义的，大部分国有企业的所有权实际上是归属于所在的省市县的，在实行政企分开的改革中，尽管地方政府的宏观经济管理职能与企业的经营管理职能相分离已成为一种共识，但是，由于政府对国有企业的所有权职能与政府对社会经济的宏观管理职能未能分开，所以，仍然很难做到使企业摆脱地方政府对微观生产经营活动的随机干预。

　　要有效改变这种局面，必须建立统一的国有资产管理部门，使政府对国有企业的所有权职能与政府对社会经济的宏观管理职能的分离得到组织上的保证。而且，这种统一的国有资产管理部门应实行跨行政区划组建，以避免重新出现地方政府借所有者身份对企业的直接干预。

　　通过以上的种种努力，可以相信，地方政府的行为将得到进一步规范，将为推动市场经济的发展发挥更大的积极作用。

　　　　　　　　（本文原发表于《中国行政管理》1996 年第 3 期）

分税制与中央和地方关系调整

　　中央与地方关系历来是国家管理中的要害，古今中外的当政者，在处理中央与地方的关系问题上，无不临深履薄，谨慎为之。作为世界上屈指可数的泱泱大国，中国的中央与地方关系更引起了人们的普遍关注。新中国成立之后，毛泽东同志在1956年撰写的著名的《论十大关系》中，就把中央与地方关系作为影响当时中国社会发展的最重大关系之一加以专门论述。在这之后，如何正确处理中央和地方关系一直是我国经济和社会发展中的重大课题。

　　为了处理好中央与地方关系，我国在实践中进行了各种方式的尝试。在权力结构方面，我们实行过以条条为主的中央集权，也尝试过以块块为主的地方分权，改革开放以来我们不断强调要建立条块结合的权力结构体系；在管理体制方面，我们实行过大区管理体制，省市直属中央体制，在强调发挥中心城市作用的基础上，还提出过虚省实市的设想；在行政区与经济区的关系方面，也经历了从相互分离到相互结合的变化。这一切，都对处理好中央与地方关系提供了有价值的经验和教训。在处理中央与地方关系的一系列实践中，最有影响的是中央与地方财政管理体制的变化。新中国建立后，我国长期实行统收统支的财政管理体制，在权力下放的改革过程中，分灶吃饭的财政体制得以分税制与中央和地方关系调整普遍推行，直到1994年，我国终于开始实行世界多数市场经济发达国家普遍采用的中央和地方的分税制。

　　分税制财政管理体制的实行，为我国从根本上理顺中央和地方关系奠定了制度基础。但是，我国在历史上没有分税制的实践经历，与分税制相配套的体制、机构及其运行方式以及各方面人员的素质等相关因素也不可能在短时期内马上提高和完善。因此，如何逐步完善分税制，并在这一过程中逐步调整和改善我国的中央和地方关系，这是我国当前社会发展中必须关注的重大现实问题。本文拟对分税制实行过程中的中央和地方关系调整展开多角度的研究。

一　我国历史上中央与地方关系的主要特点

人类的进化和社会的发展是一个渐进的过程，对任何国家来说，历史和传统对现实的发展都有着不可忽视的影响，许多现实问题的解决，往往可以从历史的经验和教训中得到启示和借鉴。我国中央和地方关系问题也是如此。

有着悠久历史的中国，同样有着悠久的中央与地方关系史。我国中央与地方的关系可以一直追溯到远古的早期国家。公元前 21 世纪夏王朝作为我国最早的国家建立之后，虽然当时国家范围狭小，国家机器简单，但作为统治与管理所必须的层级结构的雏形已开始形成。到了公元前 17 世纪的商王朝，国家机关已有了中央与地方的明确划分，而且各成体系。在公元前 1027 年，取代商朝的周王朝则实行了分封诸侯制，天子统率诸侯，诸侯统领卿大夫，逐渐形成一个宝塔式的等级结构。到了周朝末期，由于王室的不断衰弱，出现了诸侯割据。在西周灭亡之后，历史开始了春秋战国的群雄逐鹿。到公元 221 年，秦亡六国，结束了长达五个半世纪的诸侯割据，第一个中央高度集权的封建大一统国家建立了。秦始皇统一中国后，废除了封国建藩的体制，并用官僚制取代了世袭的世卿世禄制，用郡县制取代了地方的分封制。秦始皇处理中央与地方关系的一套做法，尤其是郡县制的管理体制，产生了非常深远的历史影响，在秦之后的各个朝代都受到了在郡县制基础上确立的中央与地方关系模式的影响。可以说，从夏王朝至秦亡，中国封建社会中央与地方关系的主要体制模式基本上已经成型，以后历朝的各种做法大都是在这个体制模式基础上的变化和丰富。有的是使这个体制模式更加多样化，如汉初刘邦实行的郡国并行制。刘邦立国之后的一段时间内，既继承了秦制，又变革了秦制，从而在中央与地方的关系上形成了中央与郡县、中央与诸侯国并存的关系。有的是使这个体制模式更加规范化，如唐太宗"贞观之治"，在中央与地方关系方面采取了不少法律化、伦理化、中央与民族地方关系适地化等措施。有的则在中央与地方关系处理方式上更加极端化，如宋太祖赵匡胤，采取了许多加强中央、削弱地方的强干弱枝措施。使中央集权走向极致，形成为中央极权主义。还有的是在组织层级上使中央与地方关系更加合理化，如元代的行省制。忽必烈设置的行省制，不仅在中国建立了一级沿袭至今的地方政府结构，而且改变了魏晋隋唐宋相继沿袭的中央与地方的财政关系，使中央与地方的财政关系主要表现为中央与行省的财政关系。

五千年中国封建社会纷繁复杂的中央与地方关系史，为我们留下了许许多多处理中央与地方关系的成功范例和惨痛教训，尽管社会制度和经济结构完全不同了，但我国封建社会中央和地方关系史上表现出的以下特点，仍然值得我们认真思考：

（一）国家的兴衰与中央和地方关系呈正相关效应。中国封建社会五千年的历史画卷中，既有辉煌和强盛，也有屈辱和衰败，其中的因缘虽然很多，但其中一个重要的影响因素是中央与地方关系。只有当中央与地方关系协调时，中国社会的发展才有可能比较顺利，国力才有可能逐步强盛；而当中央与地方之间相互矛盾，甚至对抗时，中国社会的发展必然受到阻碍。中央与地方关系协调与否，假使不是我国社会发展的充分条件，至少也是必要条件。

（二）中国封建社会中央与地方关系的一个重要特点是"合久必分，分久必合"，但是，在这分分合合的反复中，统一是其主线。"中国历史上任何一次分裂都不是为了成立单独的民族国家而分裂，而是为了'再统一'而分裂，暂时成立一个新的王朝或政权，只是为了聚集力量，为了再造名号而统一其他的力量。"[①] 中华民族的强大凝聚力对中国历史上中央和地方关系的演变产生了极大的影响，爱国主义的民族心理在中央和地方关系的演变史中得到沉淀、得到继承、得到发扬光大。在历史的积淀中，分裂国家者，千夫所指，统一国家者，万古留名。

（三）在中国中央和地方关系史的演变过程中，中央始终处于矛盾的主导方面。中国式政治首先第一位的要求就是归于一统，由上面"正"

---

① 辛向阳：《大国诸侯：中国中央与地方关系之结》，中国社会出版社 1995 年版，第 22 页。

下面，由上层"治"下层，由中央"统"地方。为此，要求地方始终与中央保持一致。美国著名哲学家、斯坦福大学教授孙隆基认为"与中央一致是中国文化深层结构中的一条不因时、地、政治立场而异的'立法'规则……这种一统思想几千年来绵延不绝。"① 与中央保持一致的规则既使不同的朝代处理具体的中央与地方关系有了明确的价值取向，又通过历史的延续，促进了民族的凝聚力和国家的统一。

（四）如何使地方能真正和中央保持一致，历朝的统治者费尽了心机，使用了各种方法和手段。这些方法和手段总括起来主要是两大类，一类是通过人事、机构、财政等方面的制度化规定，在加强中央权威的同时，使地方也能得到利益和好处，如西汉初年汉高祖采取"轻徭薄赋"的休养生息政策，唐太宗采取的均田制和租庸调制，等等。这些措施的推行发展了经济，富足了百姓，壮大了地方，当然也更加巩固了当时中央政府的统治。另一类是一味地采取高度集权的统治，不仅在政治上不断强化皇权，更在经济上重赋豪夺。这种高度集权统治的结果，从经济上来说，破坏了社会经济发展的基本条件，抑制了经济发展的内在动力和活力，造成经济的衰败；从政治上来说，造成了皇权的进一步独裁和腐败，从而导致了社会周期性动乱。

（五）财政关系是中央与地方关系中最为敏感、最易引起争议、最让中央和地方双方操心的关键问题。从中央政府来说，为了保证中央对地方的有效控制，历史上不同时期的中央政府都高度重视对财政税收的严格监管。中国两千多年的封建社会，历史上从来就没有真正出现过地方一级的财政，一切税基、税种、税率都由中央统令，不让地方染指。从地方来说，为了争得更多的利益，一方面，不时地寻找机会争取在制定和修改财政税收制度中有更大的发言权；另一方面，又采取了大量的变通手段，使财政税收制度的执行向着有利于地方的方向倾斜。一部中央和地方关系史，无时无刻不与中央和地方的财政税收关系联系在一起。

不仅如此，而且，中央和地方的财政关系中的问题，往往会引发社会关系的调整。翻开历史可以发现，几乎所有重大的社会变革都有深刻的财政压力的背景，社会的转折往往包含着原有的财政制度和财政关系的

---

① 辛向阳：《大国诸侯：中国中央与地方关系之结》，中国社会出版社 1995 年版，第 22 页。

危机。

二 我国现代化进程中处理好中央与地方关系的特殊意义

任何国家在发展过程中都必须重视中央和地方关系，我国古代如此，西方市场经济发达国家如此，绝大多数发展中国家也是如此。而对于正处于现代化进程中的我国来说，处理好中央和地方关系则有着更为特殊的意义。

美国著名政治学家塞缪尔·亨廷顿认为："现代化是一个多方面的变化过程，它涉及人类思想和活动的一切领域。"① 要摆脱传统社会的束缚，每个国家都必须在经济、政治、文化和社会生活的各个领域进行现代化改造。这个改造是一个长期的过程，这个过程的顺利发展，需要许多条件，其中一个重要条件就是能够正确处理好中央与地方关系。

（一）处理好中央与地方关系影响到现代化进程中的社会稳定

处于现代化进程中的国家，经济和社会生活的各个方面都开始进入快速发展期。在这个社会快速发展和变革时期，社会稳定将面临许多更为复杂的局面和更为严峻的挑战。

从一般意义上来说，在现代化的一定时期，社会矛盾和冲突将会急剧增加。原有的规范失效了，而新的规范还来不及完善，原来的平衡打破了，而新的平衡又一时难以建立。不同观念的碰撞，不同利益群体的摩擦，都会导致社会的不稳定。其中，由于地区差距导致的不稳定，对国家现代化的影响更为明显，因此，防止地区差距扩大是各国政府都必须面对的艰巨任务。然而，在现代化过程中，地区差距的扩大，在多数国家却几乎是难以避免的。这是因为，首先，地域差别在不少国家都客观地存在，有的地区资源丰富，有的地处经济活动的中心区域，而另有些地区则是资源贫瘠的边远区域。这种先天条件的优劣差异，对这些地区以后的发展产生了重大影响。其次，由于种种历史原因，各地区发展的起点不同。有的地区是未曾开发的处女地，以原始状态的自然经济为主，而另一些地区则

① ［美］塞缪尔·亨廷顿：《变革社会中的政治秩序》，华夏出版社1988年版，第32页。

经过了历史上多次开发，企业林立，商家云集，商品经济已占主导。一个地区经济和社会发展的起点和发展程度，对这个地区后来的发展也会产生很大影响，一般来说，发展的起点越高，可资利用的发展机会越多；相反，发展起点越低，受到的制约就越多。再次，作为现代化重要组成部分的市场经济所要求的效率原则，往往会导致经济和社会发展中的马太效应，发达地区将发展得更快，落后地区的相对发展速度将更慢。其原因在于：①发达地区有较高的投资回报率，从而吸引了大量不发达地区的资金向发达地区流动；②发达地区对人才的大量需求，以及这些地区为人才发挥作用所提供的优越条件，使大量人才从相对落后地区涌向发达地区；③农业和工业交换过程中的比价差，原材料工业和制造加工业在附加值上的差距，都使发达地区比相对落后地区具有明显的发展优势。

现代化过程中的地区差距在我国最近几十年的发展中表现得非常明显。有专家认为，从国际比较看，目前我国属于地区差距最显著的国家之一，比发达国家历史上曾经出现过的地区差距的最大值还要大。1991年中国地区加权差异系数为46.3%，高于发达国家历史上曾经出现过的地区差距的最大值。（挪威历史上的最大值是1939年的42.4%；美国是1932年的41.0%；意大利是1952年的38.4%）[1]。而且，从那之后，我国地区差距依然没有缩小，仍呈扩大之势。

地区差距的过分悬殊，对国家生活的各个方面，尤其是社会稳定带来了严重影响。部分不发达地区的怨言增多了，他们抱怨，是历史上的种种不平等机会和措施导致了他们的落后和贫困，他们被国家遗忘了。而部分发达地区也不高兴，他们认为自己给国家贡献得太多，为落后地区承受了过多的负担。显然，地区差距问题不仅仅是地区之间的矛盾，其实质是中央与地方的关系问题。如果不能有效地解决地区差距扩大问题，不仅地区与地区之间的不信任度会加剧，国家的凝聚力和中央的权威也将下降，现代化过程中的社会稳定将无法保证。

（二）处理好中央与地方关系影响到两个积极性的有效发挥

发挥中央和地方两个积极性是我国1949年以来处理中央和地方关系

---

① 参见胡鞍钢、王绍光、康晓光《中国地区差距报告》，辽宁人民出版社1995年版，第9页。

的基本原则。毛泽东同志在 1956 年就指出："应当在巩固中央统一领导的前提下，扩大一点地方的权力，给地方更多的独立性，让地方办更多的事情。这对于我们国家的建设比较有利。"他还指出："有中央和地方两个积极性，比只有一个积极性好得多。"① 我国现行宪法明确规定，"中央和地方国家机构职权的划分遵循在中央的统一领导下，充分发挥地方的主动性、积极性的原则。"② 江泽民同志在 1997 年党的十四届五中全会的讲话中又指出："我们党历来重视处理好中央与地方的关系。充分发挥中央和地方两个积极性，是国家政治生活中的一个重要原则问题，直接关系到国家的统一、民族的团结和全国经济的协调发展。"

显然，发挥中央和地方两个积极性的原则在新中国建立后的不同发展时期普遍得到倡导。作为实行单一制和相对集权制的社会主义大国，不能只有一个积极性，必须努力发挥中央和地方两个积极性，这已成为不同时期国家决策者的共识。但是，在不同时期，对"两个积极性"这一原则的具体理解、处理方式及其结果却大相径庭。事实上，一个被不同历史时期都加以倡导的原则，往往会带上不同时期的历史特点。以阶级斗争为纲时期和以经济建设为中心时期，对两个积极性显然有着完全不同的理解，而计划经济条件下两个积极性的发挥和市场经济条件下两个积极性的发挥更有着完全不同的方式。因此，要真正发挥好中央和地方两个积极性，必须重视根据不同时期经济和社会发展的具体情况，对中央和地方关系进行具体的正确而有效的处理。否则，假使强调了要发挥两个积极性的原则，也往往难以达到两个积极性真正得以发挥的结果。在我国当前加速实现现代化的进程中，中央和地方关系面临着更大的变化，更要求我们通过有效而合适的方式处理好中央和地方的关系，真正发挥好中央和地方两个积极性。

1. 在我国当前现代化进程中，中央和地方之间的相互依存关系变得更为紧密。在高度集权的计划经济时代，虽然中央与地方之间的关系也很重要，但是，那时候的地方政府主要是作为中央政府的下属机构存在的，中央政府可以"扩大一点地方权力"，也可以不扩大或收回这些权力，地

---

① 《毛泽东选集》第五卷，人民出版社 1995 年版，第 275—276 页。
② 《中华人民共和国宪法》，法律出版社 1999 年版，第 6 页。

方政府依赖中央政府而存在，没有任何自主权。随着对高度集权的计划经济体制的改革，中央与地方之间的关系逐步向相互依存的方向发展。一方面，地方活力的增强，有赖于中央政府权力下放的改革；另一方面，中央政府大量的计划和决策的实施，也越来越多地依赖于地方政府的配合，尤其是各地经济充满活力的发展，成为整个国家发展的基础，中央和地方关系的双向性越来越明显，相互影响相互制约，而不再是中央一方为主的单向支配关系。

2. 各地的差异性和特殊性更为明显。由于幅员辽阔，各地经济社会发展水平不同，我国各地区之间的特殊性和差异性历来存在。而在当前现代化进程中，经济非均衡发展的客观要求，必然会使一部分地区率先发展起来，从而使得各地的差异性和特殊性更为明显。在这种条件下，更需要慎重处理好中央与地方关系，否则，先发达地区与后发达地区之间，以及他们与中央之间的矛盾就会加深。

3. 地方利益已成为推动地方经济发展的重要动力。在中央高度集权的计划经济体制下，地方利益没有得到承认，甚至被认为是非法的，至少是不能公开摆到桌面上来的。因此，那时的地方政府不会也不敢有自身的利益要求。这种状况使地方政府的积极性和作用受到了很大的影响。这是我国经济长期停滞不前，缺乏活力的一个重要原因。党的十一届三中全会之后，地方利益得以公开化和合法化。实际上，从国家管理的角度分析，地方利益的存在是一种必然现象。任何国家的各个地区之间的发展不可能都是绝对平衡的。而只要不同地区之间的发展存在差异，地方利益就必然存在。因为发展水平差异会影响不同的利益分配。为了实现更大的利益，各地必然要设法尽快地发展自己。显然，地方利益是地方经济发展的重要驱动力。不承认地方利益、简单地用国家的共同利益去拉平地区差别，不仅会束缚发达地区发展经济的积极性，而且，不发达地区也会失去紧迫感，失去竞争的动力，从而导致经济和社会发展在低水平上的平衡。但是，地方政府对地方利益的过分追求，又引发了地方保护主义等一系列影响经济和社会发展的不正常现象。因此，通过科学的机制合理地调节中央和地方利益，对于两个积极性的发挥是十分重要的。

（三）处理好中央与地方关系影响到我国市场经济的健康发展

中国现代化道路的探索，是与对市场经济的认识紧密联系在一起的。事实证明，在高度集权的计划经济体制下，我国的现代化是不可能实现的。正是社会主义市场经济体制的建立，为我国在经济上找到了得以实现现代化的正确道路。而我国市场经济的发展又和中央与地方关系有着密切的联系，只有正确处理好中央和地方关系，才能保证我国的市场经济健康发展。

中央与地方关系对我国市场经济发展的影响可以从以下两方面来具体认识：

1. 我国市场经济的发展离不开地方政府的积极推动。各国市场经济的发展有着由各自国情决定的发展模式。我国是在相对落后的条件下开始发展市场经济的，因此，政府在市场经济的发展中起着十分积极的作用。这不仅表现在我国的市场经济是在政府的倡导下启动的，而且，由于相对落后，要积极赶超发达国家和在国际市场上进行竞争，政府必须在市场经济发展的过程中不断进行积极的指导和推动。更重要的是，中国是一个大国，各地区之间存在较大的发展差距，因此，指导和推动市场经济发展的任务又不可能由中央政府独自承担，而需要地方政府在指导和推动地区经济发展中发挥更大的作用。当前，地方政府面临的推动市场经济发展的任务是很繁重的，既要按照中央政府宏观调控的统一要求，努力培育市场机制和各种市场要素，积极推动全国统一市场的发展；又要不断改善投资环境，积极吸引外来投资，加快地区开发，而且，在市场规则尚未完善之前，还要以较多的行政管理的手段加以补充，积极推进产业结构调整，提高和优化本地区的经济质量。当然，到市场经济发展到较成熟阶段之后，地方政府活动的范围和方式将会有大的调整。但积极引导地方经济发展的作用将始终是需要的，很难想象，在有十多亿人口的中国搞市场经济，难道可以不要地方政府的作用，而让中央政府直接去面对市场和企业。正是在这个意义上，我们可以认为，地方政府是中国市场经济体系中不可缺少的重要环节和组成部分，是推动我国市场经济发展的不可忽视的重要力量。

2. 地方政府作用的有效发挥，有赖于权力下放的改革和中央与地方关系的调整。我国市场经济的发展需要地方政府的指导和推动，但是，当高度集权的经济和行政管理体制使地方政府无法有所作为时，市场经济的顺利发展也将是不可能的。可见，在我国，市场经济的发展和权力下放的改革是历史地结合在一起的，或者说，中国市场经济的发展是以改革高度集权的经济和行政管理体制为前提的。即只有改革高度集权的体制，实行权力下放，才能充分发挥地方政府的积极作用。同时，我们还必须看到，当地方政府获得了相对的独立和更大的权力，即地方政府由弱变强之后，中央与地方关系仍然需要不断调整，中央政府必须能够始终有效地采取措施规范地方政府行为，不能允许地方政府用牺牲全局利益来实现地方利益。只有这样，地方政府才能在推动市场经济的发展中发挥积极的作用。

三　从分税制角度研究中央与地方关系的必要性

中央与地方关系是我国现代化进程中的最重大关系之一，这种关系涉及国家的经济、政治、文化等不同领域，影响到中央、省、市、县、乡等不同层级。而分税制则是一种市场经济发达国家普遍采用的中央和地方财政划分的基本制度规定。从分税制角度研究中央和地方关系，不仅可以解剖分析我国中央和地方关系中的大量现实矛盾，而且可以更好地抓住中央和地方关系中的实质问题；不仅可以梳理建国后中央和地方关系的历史演变，而且可以更好地借鉴市场经济发达国家的成功经验，更好地把握中央和地方关系的最新发展和未来走向。

（一）通过分税制，可以抓住中央与地方关系的实质——利益问题

中央和地方关系有许许多多的表现形式，而其实质只能是利益问题。对此，从分税制角度加以研究能得到最清晰的反映。

任何社会结构的划分和社会组织的建立，都与一定的社会需要相联系，而一旦根据社会需要划分了社会结构，建立了社会组织之后，这些结构和组织都会有自己的利益需要体现和维护。比如，作为经济组织的企业，利益实现的程度将决定其生存和发展；作为政治组织的政党，维护它所代表的阶级的利益是它得以发展壮大的基本条件；而作为社会公共事务管理组织的政府，当然要体现和维护它所管辖区域的利益，无论是国家还

是国家中的某一地区，无一例外。

现代政治学中流行最广的国家定义是国家三要素说，认为国家是由领土、人口、主权三要素构成。① 没有一定的疆域、领土，没有一定数量的国民，没有独立的主权，国家便无以存在。因此，任何一个国家的政府都必然会在领土、人口和主权方面维护国家的利益。政府对国家利益的维护表现在两个不同的方面，一是在对外和国际社会的交往中，二是在本国的内部管理活动中。对外交往不仅要从主权和领土，而且要从政治、经济、文化等各个方面体现国家利益，而对内管理则主要是体现和维护全国的整体利益和绝大多数公民的共同利益。

与国家相对应的是国家中的各个地区，即省、市、县、乡等不同层级的行政区域。他们与国家不同，不具有主权概念，他们只是国家的不同组成部分。但是，行政区域一经划定，该区域内就不可避免地具有了某种只属于该地区而不属于其他地区的利益，即地方利益。这种地方利益相对全国利益来说，是一种局部利益，但相对该地区的各个部门、各种企事业单位和个人的具体利益来说，它又是一种全局利益。这种地区性的全局利益不可能由地方中的任何其他组织代表，也不可能由上级政府来代表，地方政府是这种地方利益的当然代表者。

地方利益和国家利益有着密切的联系，他们相互依存互为条件。国家利益是地方利益得以实现的前提，没有了国家的整体利益，地方利益也将不复存在；国家利益增加了，国家强大了，国家中的任何一个地区都将得到实惠。而地方利益又构成了整个国家利益的基础，地方经济的衰退和地方利益的损失，必将影响整个国家的实力；相反，在一般情况下，随着地方经济的发展和地方利益的增加，国家也将随之更为强大，国家利益也会增加。

但是，地方利益和国家利益也会产生矛盾。国家利益着眼于全国的大局，而地方利益考虑的是地方的局部。有时候，对地方有利的事，不一定对全局也有利；相反，一些对全局有利的事，却有可能要以牺牲个别地方的局部利益为代价。由于地方利益对地方发展最为直接，因此，当地方利益与国家利益之间出现矛盾，需要取舍时，地方政府更多考虑的往往是地

---

① 　参见杜祖鹏《现代政治学概论》，同济大学出版社 1989 年版，第 23 页。

方利益，只要有可能，他们总要想方设法从国家利益中为地方利益争得更多的份额。而作为国家整体利益代表的中央政府，显然不能认同地方政府的这种利益要求，必然会采取种种有效的措施来制止地方政府对地方利益的过分要求。

除了中央和地方之间的直接利益矛盾，各地方之间也存在利益矛盾。一个国家由许多地方组成，从而就有许多地方利益，不同地方利益之间的竞争，虽然有利于激发地方政府的积极性，但如果竞争过度，造成互相残杀，也将使国家总体利益受损。因此，在一定条件下，地方利益与国家利益也会形成矛盾，甚至造成对立。

正是由利益问题引起的两方面联系，即中央和地方在利益上的相互依存和相互矛盾，构成了中央和地方关系的核心。一部中央和地方关系史，就是中央和地方在利益上相互依存或相互矛盾的演变史。抓住了利益问题，就抓住了中央和地方关系的关键，利益问题协调好了，中央和地方关系也就理顺了。而研究中央和地方的利益问题，分税制无疑是一个非常有价值的切入点。

（二）联系分税制，可以全面比较中央和地方的利益实现机制

分税制是市场经济国家处理中央和地方利益关系的一种方式。这种利益处理方式何以形成？中央与地方利益的处理方式主要受到了哪些因素的影响？通过从分税制角度研究中央和地方关系，以上问题可以得到深入的探讨。

中央和地方的利益问题在任何国家都客观地存在着，然而，在不同时期和不同类型的国家，处理中央和地方利益问题的方式却大相径庭。影响中央和地方利益问题处理方式的因素很多，包括经济体制、行政管理体制和国家制度，以及当时特定的国际国内形势，等等。其中，起着更为稳定、更为经常作用的是国家结构形式和政府行政管理过程中集权和分权的不同模式。

国家结构形式指的是国家整体的构成形式，指国家调整整体与部分，中央机关与地方机关之间的相互关系所采取的形式。它主要有单一制与复合制（联邦制）两种基本形式。国家结构形式影响到行使国家权力的所有机关，涉及国家主权的构成与分配，因此，对中央与地方利益问题的处

理方式起着很大的影响。一般来说，单一制国家由于把中央政府看成是权力之源，认为地方政府的权力是中央政府委托的，因此，中央的利益往往要求首先得以体现。而联邦制国家由于把地方（州、加盟共和国等）看成是权力之源，认为联邦政府的权力是地方政府让渡给它的，因此，往往更强调地方利益。

中央和地方利益问题的处理方式还在很大程度上受到了政府行政管理过程中集权与分权的不同模式的影响。当政府行政管理体制采取集权的管理方式时，即使是联邦制国家，也是优先考虑政府（中央政府）利益，而不是地方利益，如苏联。当政府行政管理体制采取分权的管理方式时，即使是单一制的国家，也是非常重视地方自治和地方利益，如日本。

而无论是单一制还是联邦制，无论是集权的管理模式还是分权的管理模式，当在市场经济条件下，从财政上处理中央与地方的利益问题时，各国都逐渐地采用了一种越来越盛行的制度安排——分税制，即国家通过对税收管理权限在中央和地方之间的制度化划分，以合理确定中央和地方政府之间的收入分配。

分税制在现代国家得以普遍推行的主要原因，在于分税制适应了现代社会对中央和地方的利益给予规范化和制度化处理的要求。虽然不同的国家由于历史传统和发展道路的差异形成了单一制或联邦制等不同格局，出现了集权制和分权制等不同的模式，但是，随着各国市场经济的发展和现代化进程的深入，人们越来越要求规范化和制度化地处理中央和地方的利益问题。既然利益问题是中央和地方关系的核心，那么，对这个问题的处理就应该更慎重更稳定，而不应该有太大的随意性，不应该在不同的时期出现太大的波动和起伏，中央不应该随心所欲地占有地方的利益，地方也不能自作主张地损害中央的利益。分税制正是适应了社会发展的这方面要求。分税制并不会改变一国原来中央与地方关系的传统特点，不同的国家结构形式和集分税制与中央和地方关系调整权分权的不同模式都可以在分税制中保留自己的历史特点。分税制要解决的只是两个问题，一是中央和地方的事权和财权要统一，中央和地方税收管理权限要和他们承担的职能相对应；二是利益分配要制度化，规范化，不能朝令夕改，或有了制度可以不予执行。

分税制在现代化国家得以普遍推行，还有一个原因是，分税制与市场经济的发展有着内在的联系，因此，实行了市场经济的国家，往往趋向于采用分税制。市场经济以市场作为资源配置的基础，以公平的自由竞争作为经济发展的基本手段。而要使市场经济能够健康而有效率地发展，一个十分重要的条件是如何既能减少市场介入者的交易成本，又能规范每个经济个体的交易行为，这样，健全的税制就成为必要。只有当所有的市场交易者都能执行大家共同认可的税制时，经济生活才能有真正的公平竞争，政府和市场交易者才能有共同维护市场发展的积极性。然而，在大多数市场经济国家，中央政府不可能独自承担为全国的市场提供全部的服务和管理的职能，从经济效率出发，由于不同地区的经济发展水平和条件不同，许多地方性受益的市场管理和服务应该由地方政府提供。而为了使地方政府能够有效地实现自己承担的促进地方市场经济发展的职能，就必须保证地方政府有足够的财政支出。这样，在健全的税制的基础上，就必然要求对税收管理权限、税种和收入在中央和地方之间进行合理的划分。

（三）研究分税制，可以找到处理我国中央和地方关系的一些重要原则

在不同国家的不同时期，处理中央和地方关系的原则是不同的，对于正在走向现代化，正在从计划经济向市场经济转型过程中的我国来说，处理中央和地方关系应该坚持哪些原则？我们可以从分税制在各国的实践中得到许多有益的启示。

1. 中央和地方之间的关系是分工合作相互依存的关系。分税制的管理思想基础是分工、分权、分责和合作。在大多数实行分税制的国家，中央有中央的工作和权力范围，地方有地方的工作和权力范围。各自的功能和合法权益，都以法律形式固定下来，既要求不互相干扰，各负其责，又要求从有效地治理国家的角度，相互合作。这对于在中央和地方关系上有着长期的集权和人治传统的我国来说，是有很大的启迪意义的。在我国长期的封建社会中，不是中央强权就是诸侯割据，或是豪强挟天子以令诸侯，很少有中央与地方的有效合作。似乎中央和地方只能是你强我弱的对立关系。地方强了，往往会为了地方的利益而不顾全国的利益，甚至想摆脱中央的管束。对此，中央只能用更加集权的方式来削弱地方的力量。相互的争斗、防范取代了各自作为国家不同的管理机关之间的合作。而通过实施分税制，中央和地方之间的分工、分权、分责和合作必然会得到加强。

2. 集权和分权的适度，不能停留在原则上，要通过科学的制度加以量化。新中国建立以来，中央和地方之间集权和分权要适度的原则几乎为每一届政府所提倡。但是，究竟什么样才是"适度"的集权和分权？我们一直未能找到一个可以有效衡量的标准。因为我们长期以来主要是从定性而不是定量的角度来要求和评价"适度"。分税制的实行，为中央和地方关系从定量的角度找到适度的集权与分权标准提供了可能。

分税制是以量化为基础的，分税制的每一个环节，都需要有一定的量化。中央和地方事权的划分需要有一定的量化，在此基础上才能确定中央和地方需要多少财政支出，根据不同的财政支出，才能确定中央和地方各应得到多少财政收入。量化对于中央与地方关系来说，的确是一项基础性工作。对于现代国家来说，尤其如此。由于在现代国家中央与地方之间是一种分工合作关系，因此，哪些事该中央办，哪些事该地方办，办某一类事要有多少的财政支出，为此应该得到多少财政收入？这些都应该在事前计算清楚。只有这样，分工合作关系才能健康发展。俗话说，"亲兄弟，明算账"，在现代社会，不同社会组织之间也越来倾向于"明算账"，具有明显的分工合作关系的中央和地方政府之间当然不可能例外。只有中央和地方之间能够"明算账"，中央与地方之间才能找到双方都能接受、都能遵守的"度"，中央和地方之间才能实现"适度"的集权和分权。

当然，由于分税制可以和集权或分权等不同的体制结合在一起，分税制本身并不一定必然带来中央和地方之间适度的集权和分权关系。但对于希望中央和地方之间出现适度的集权和分权关系的政府来说，则显然可以通过制定科学的量化标准来达到目标。

3. 正确处理中央和地方关系既要吸收和借鉴世界文明的共同优秀成果，又要和本国的历史和国情紧密结合。世界各国（尤其是大国）都十分重视中央和地方关系，各国在处理中央和地方关系的实践中，积累了许多宝贵的经验，形成了许多行之有效的制度。分税制就是这些经验和制度的重要组成部分。这些经验和制度是世界文明的共同优秀成果，可以为各国相互吸收和借鉴。但是，各国在相互吸收和借鉴时，又必须和本国的历史和国情紧密结合。分税制在各国实施的经历本身对我国如何正确处理中央和地方关系也有着直接的启示。

分税制作为处理中央和地方财政关系的一种特定制度，有着许多与其他制度不同的特殊规定，比如，不管是发达国家还是发展中国家，只要实行分税制，就应以事权划分为基础来确定财权，就应以税收自身的特征来划分各级政府的税源，都必须注重财政收入再分配的作用，注重经济落后地区的发展，都应该有以补助金为基本形式的税收调整制度，等等。这些都表示了分税制的统一规定性，无此，便不能称其为分税制。但是，各国的实践证明，分税制并不是只有一种形式，在发达国家和发展中国家，在集权制国家和分权制国家，人们可以根据本国的具体情况，采取相应的分税制形式，可以有分税种的分税制，也有税率分享的分税制，有税收分成的分税制，也有税种分享与税率分享相结合的分税制。[①]

显然，通过研究分税制，我们对各国处理中央和地方关系的普遍原则会有更深刻的理解，对如何根据本国的历史和国情的特点灵活地处理中央和地方关系也会找寻到更多的办法。

4. 在承认并尊重相互利益、遵守统一规则的基础上的博弈行为，是现代国家处理中央和地方关系的普遍现象。中央和地方作为一种由利益纽带相联系而形成的特殊层级关系，历来存在着博弈行为。只不过在过去，人们并不把中央和地方关系看成是博弈关系，因而形成了两者关系处理中的许多无序现象。一方面，中央政府不能客观地承认和对待地方政府及其代表的地方利益，他们只是把地方政府看成是自己的下级组织，要求地方对中央绝对地服从；另一方面，一些地方政府在不能通过合法的制度体现其地方利益的情况下，采取了许多非理性、非制度所允许的做法。分税制的实施，既是对博弈行为的承认，也是对博弈行为的规范，有利于减少以上现象。分税制既规定了中央和地方应承担的责任和义务，又划分了各自的权利，既承认了中央和地方利益的合理存在，又对获取这些利益规定了行为的规范，从而使中央和地方都能在规则明确的条件下进行分工和合作。一方面，使中央政府能够按照制度的规定有效地管理和调控全局，不

---

①　在分税制总体框架要求内，不同集权分权模式和不同经济发展水平的国家，如美国、法国、巴西、印度、尼日利亚等都在分税制实施过程中表现出了自己的特色。参见平新乔《财政原理与比较财政制度》，上海人民出版社 1995 年版，第 375—379 页。

致于经常面对地方政府出现的非理性、非制度所允许的行为而束手无策；另一方面，又使地方政府能在制度规定的范围内，心安理得地为地方谋取更大的利益，使地方政府的行为更加规范，使地方政府的积极性得到更好的发挥。

（本文系由马力宏主持完成的 1997 年度国家社科基金项目：《分税制实施过程中的中央和地方关系调整》结题报告的导论　该报告获全国党校系统第三届优秀科研成果二等奖）

论国家宏观调控和地方政府行为

在我国改革开放和社会主义市场经济发展的过程中，有两个相互联系的问题越来越引起了人们的关注，这就是如何既加强国家宏观调控能力，又进一步调动地方政府发展地区经济的积极性。实践中两者之间出现了许多矛盾，迫切需要加以研究解决。

一

市场经济离不开政府的宏观调控，这已被许多市场经济发达国家的实践所证明。市场由于其天生的功能缺陷，自身并没有维护自我生存和使之完善的能力。因此，市场经济的有序发展和市场自由竞争的实现，必须依靠市场以外的力量，即政府的宏观调控。从一般意义上来说，政府的宏观调控主要是针对市场，针对企业的，即政府调控市场，市场引导企业。但是，国家（中央政府）的宏观调控还有一个十分重要的对象，这就是地方政府。离开了对地方政府的有效调控，国家宏观调控的目标就无法实现。这一点在我国当前表现得尤为明显。

与许多市场经济发达国家不同，我国的地方政府在国家的经济生活中，有着特殊的地位，发挥着十分重要的作用。这不仅因为我国是一个地区经济发展水平差异十分显著的大国，光靠中央政府的宏观决策不能有效地解决各地的特殊问题，也不仅因为在我国的经济结构中，公有制占有着举足轻重的地位，这些不同层次的公有经济，光靠中央政府是不可能管理好的。因此，必须依靠地方政府来发展和管理地区经济。更为主要的是，十几年的改革实践证明，我国的市场经济是在政府（当然包括地方政府）积极推动下发展起来的。对于一个相对落后的发展中国家来说，政府对市场的这种推动作用是十分重要的。我国各级地方政府在培育市场、调整地区产业结构、地区开发和吸引外来投资等方面，都表现出了极大的热情。同样，在今后我国市场经济的完善过程中，无论是现代企业制度的建立，还是市场体系的健全，以及社会保障制度的发展，等等，没有地方政府的努力都将是不可能的。

然而，地方政府在推动市场经济和促进我国经济发展的同时，还与国家的宏观调控产生了种种矛盾。这些矛盾主要表现在以下几个方面：

1. 各自为政的"诸侯经济"，严重影响了全国大市场的健康发展。国家宏观经济调控的一个重要任务是建立全国统一的市场。不少地方政府为了保护地方工业，却人为地进行市场封锁，造成了某种程度经济上的割据。这种市场封锁和割据包括两个方面：一是禁止本地资源的外流，从烟叶、蚕茧到羊毛、棉花，不少地方政府都设置了种种关卡，不让资源流出，以便就地消化，搞高附加值加工；二是禁止外地商品的流入，如电视机、电冰箱、烟酒食品等，不少地方政府都曾采取措施不让外地商品进入，以保护本地企业。

2. 地方政府从本地利益出发进行的产业结构调整和组织的生产，具有局部性和盲目性，从而难以避免地区间产业结构雷同，造成全国不少商品生产宏观失控和生产能力过剩，形成全社会性的资源浪费。我国在冰箱、彩电、空调、汽车等行业的发展过程中都有这方面的深刻教训。几年的实践证明，地方政府产业结构调整和投资选择的主要取向是实现本地区收入最大化，决策过程中一般缺乏"比较成本概念"，不会考虑历史形成的分工所具有的比较效益，只要对本地的产值和财税增长有益，就会想方设法投资建厂，从而严重干扰了国家对产业结构的宏观调控。

3. 基建规模过大，投资需求急剧膨胀的一个重要根源是地方政府所为。为了加快地方经济的发展速度，各地都拼命争上项目，大铺摊子，出现了开发区热、房地产热，等等，从而导致了全国基本建设规模严重超越国家资源供给能力。改革以来，我国出现过四次较大规模的投资膨胀高潮，时间分别是 1982 年、1985 年、1988 年和 1992 年。其共同特点是，每次在中央向地方政府下放权力之后就出现投资膨胀高潮，从中可以看出地方政府行为对投资膨胀的影响。据有关资料统计，1993 年 6 月我国基本建设规模膨胀到顶点时，国家预算内资金投入为 154. 05 亿元，在全国固定资产投资中的比例由 1992 年同期的 16.5% 下降至 12.4%。而地方、企事业单位自筹资金投入则为 540.3 亿元，在全国固定资产投资中的比例由 1992 年同期的 34.6%，上升到 43.6%。可见，地方政府不合理的投资行为是我国基建规模失控的重要原因，也是与国家宏观控制和压缩投资需求相悖的力量。

4. 地方政府使用税收减免权的随意性，影响了市场的公平竞争，导致了中央财力资源的大量流失。自改革开放以来，中央在向地方放权让利的过程中制定了一些税收减免政策，而一些地方政府却利用我国转型时期存在法律不健全和政策不配套，随意使用税收减免权。不少地方为了吸引外资，相互攀比竞相提供更为优惠的税收等政策，有的地方主动向外商提出的方案，条件优惠得连外商都不敢相信。因此，减免税漏洞成了我国当前宏观调控中的一大难题。

显然，政府对市场的调控与中央政府对地方政府的调控是紧密地联系在一起的，后者出现了失控或者地方政府失去了活力，那么，前者也不可能健康发展。

二

地方政府是我国经济发展的重要推动力量，但地方政府与国家宏观调控的矛盾又影响和制约着我国经济的进一步发展，因此，必须深入地研究矛盾产生的缘由，在此基础上才能找到解决矛盾的途径。这方面可分析的内容很多，笔者只想就以下三个方面的内容作些剖析。

（一）关于地方政府在国家宏观调控体系中的地位和职能问题

市场经济的发展离不开政府的宏观调控，而政府是一个系统，是由中央政府和各级地方政府共同构成的。这样，就出现了地方政府在国家宏观调控体系中的地位和职能问题。

在我国社会主义市场经济的运行中，地方政府处于一种十分特殊的地位。首先，地方政府是国家宏观调控体系不可缺少的重要组成部分。就国家宏观调控的一般概念而言，它涉及的范围是整个宏观经济，因而宏观经济调控权必须掌握在中央。党的十四届三中全会关于建立社会主义市场经济体制若干问题的决定明确指出："宏观经济调控权，包括货币的发行，基准利率的确定，汇率的调节和重要税种税率的调整等，必须集中在中央。这是保证经济总量平衡、经济结构优化和全国市场统一的需要。"但是对我国这样一个市场经济刚刚起步的发展中大国来说，宏观调控职能又不可能由中央独自包揽下来，中央政府宏观调控的决策必须依靠地方政府来贯彻执行。正是这种决策和执行的关系，使地方政府成为国家宏观调控体系的重要组成部分。

其次，地方政府还是地区经济调控主体。为了保证本地区经济的健康发展，地方政府可就本地经济生活中的各种问题作出调整和控制的决策。这可以称为宏观调控，是地区性的宏观调控。但是，在国家和地区性两种宏观调控活动中，地方政府所处的地位和职能是不同的，追求的目标也不尽相同。在前一种宏观调控活动中，地方政府处于从属的地位，只有贯彻执行国家宏观调控决策的权力，而没有修改和变通的权力，地方政府在这类宏观调控活动中的目标就是准确及时地将中央的宏观调控决策在本地得到有效的落实。在后一种宏观调控活动中，地方政府则处于主导的地位，因为这类宏观调控是建立在中央和地方分权基础上的，目标是求得本地经济的健康发展。当然，后者必须以前者为基础，地方经济调控不能违背和损害国家宏观调控，总目标两者是一致的。但在具体目标上，两者却往往是有差异的。一是受空间影响而产生的差异。例如，在经济发展总量的平衡上，国家的宏观调控考虑的是全国总供给与总需求的平衡，但地方政府的经济调控更多考虑的是本地区市场的稳定；在产业结构的调控上，中央政府追求的是全国范围内的结构协调，而地方政府却把调控的注意力主要放在发挥本地区的产业结构优势上，努力追求本地在产业组织结构、产业技术结构和产品上的优势，在此基础上实现结构优化。二是受时间影响而产生的差异，即在经济周期波动的不同时期，地方政府与中央政府调控的具体目标一致与否是不同的。在经济扩张期，中央政府与地方政府的目标大体是一致的，即都是加快经济发展。但是到了经济扩张高涨期和经济收缩期，中央政府要求经济调整，而地方政府则要求继续经济扩张。为了在国家经济调整期还能求得本地经济的快速增长，不少地方政府就采取"抢坐末班车"的种种对策，从而导致了中央宏观调控和地方政府行为之间的种种矛盾。

因此，为了理顺中央宏观调控和地方经济调控的关系，做到既加强中央宏观调控，又充分调动地方政府发展本地经济的积极性，必须科学地划分中央和地方的经济调控职能，对地方政府的经济调控职能加以规范。

1. 切实理顺中央和地方在财政、税收，金融管理方面的事权。当前，首要的任务是加快新税制的建设，逐步使之完善，这是处理好中央宏观调控和地方政府行为之间矛盾的基本措施。新税制的实行使中央政府可以利用财政收入占大头的优势，通过向地方的财政返还，加强对地方的调控，引导地方政府行为。这里的关键，不仅是分税制的财权划分能否得到顺利的执行，而且中央财政对地方的返还投入，也必须有科学的制度和严格的法规来保证，以防止讨价还价、行政权力滥施等不良现象再度出现。

在金融方面，要加强中央银行的调控职能，逐步使政府，尤其是地方政府和金融组织分离，在银行的管理体制上，要进一步加强中央银行的垂直领导，以减少地方政府从地方利益出发进行的种种干预。

2. 加强投资的宏观控制，正确引导地方政府的投资方向，实现产业结构的合理调整。今后，中央政府要定期发布产业发展要点及主要产业、产品的规模经济指标，对国家限制发展的产业，中央政府要上收地方政府的固定资产投资审批权；对国家鼓励发展的产业，则应进一步赋予地方政府更大的投资审批权。

3. 加快地方政府实现经济职能的方式转变。对于地方政府的经济职能，人们有着不同的看法。不少人根据市场经济发达国家的实践提出要弱化地方政府的经济职能。但笔者以为，由我国的特定历史条件决定，地方政府在相当长一段时间内依然要承担较繁重的经济职能。要有效地防止由于地方政府承担经济职能而带来的副作用，关键的是要加快地方政府实现经济职能的方式转变。在我国，政经不可能分开，但政企必须分开，中央政府下放给企业的权力，地方政府不能再任意截留。地方政府要善于运用经济杠杆、经济政策和经济法规对经济生活进行有效调控，引导市场健康发展。从当前来说，尤其应该采取一些切实的措施，使各级地方政府能够从那些盈利部门和主要产业部门退出来，不再成为生产性企业的投资者。地方政府应该把更多的精力集中于交通、通讯、环境保护和农业等非营利性的基础设施部门和基础产业部门，为地区经济长期健康发展提供良好的外部条件。

（二）关于地方政府的独立利益主体问题

地方利益既是地方积极性得以发挥的动力，也是中央和地方之间引发矛盾的焦点，要正确处理好国家宏观调控和地方政府之间的关系，必须正确认识并采用科学的方式来对待地方利益。

在中央高度集权的计划经济体制下，地方利益没有得到承认，这种状况使地方政府的积极性和作用受到了很大的影响，是我国经济长期停滞不前、缺乏活力的一个重要原因。

党的十一届三中全会之后，我国对中央高度集权的经济体制进行了改革，在权力下放的过程中，地方利益得以公开化和合法化。实际上从国家管理的角度分析，地方利益的存在是一种必然现象，不承认地方利益，简单地用国家的共同利益去拉平地区差别，不仅束缚了发达地区发展经济的积极性，而且使不发达地区也失去了紧迫感，失去竞争的动力，从而导致经济和社会发展在低水平上的平衡。地方利益不仅在我国存在，就是在其他市场经济发达国家也依然存在，比如多数市场经济发达国家实行分税制，设置地方税和共享税显然表明地方有自身的利益。可见，问题不在于地方利益是否存在，而在于中央和地方利益如何分配。我国在改革开放的过程中，向地方政府下放了权力，地方利益合法化了。但我们的利益分配机制没有及时完善，没有适时地制定出科学化、规范化的利益分配制度。结果，地方政府在地方利益的驱使下，利用已获得的自主权，想方设法向中央争财力，使中央财政在国家财政中的比例不断下降，严重影响了中央的宏观调控。

关于导致地方利益过度膨胀，国家宏观调控能力下降的原因，有两个相互联系的问题是必须提及的，一是地方财政包干制，二是政策优惠的随意性。地方财政包干制作为我国改变中央高度集权体制的一种改革尝试，改革初期在发挥地方积极性方面的作用是不可否认的，但其体制上不可克服的缺陷又使地方利益恶性膨胀，引发了诸侯经济等严重问题，因此，地方财政包干制必然要被分税制所取代。与地方财政包干制相联系的另一个问题，是政策优惠的随意性问题。在十几年的改革过程中，政策优惠一直是我们调动各地区各部门积极性的一个重要手段。各式各样各种门类的政策优惠，对调动不同地方政府的积极性起了很大的作用。然而，实践也证明，带有一定随意性的政策优惠，尤其是税收等方面的政策优惠也给中央和地方关系带来了一定的负面影响。

1. 它在财政包干制的条件下使地方政府向中央政府讨价还价成为可能。这些年，许多地方政府总是以自己所处的特殊情况要求中央给予特殊的政策优惠，政策优惠成了竞争的热点。为争取到有利本地发展的优惠政策，各地都设法跑"部"进京，四处游说，讨价还价。

2. 各地为了吸引外来投资，竞相制订了各种越来越优惠的政策，从而造成自我压价，自我拆台，外商从中坐收渔利，使国家利益受到了严重的损害。就是在当前建立新税制的过程中，政策优惠的随意性问题也依然存在。显然，如果不对政策优惠加以规范，新税制的改革也有可能走样变形。

在我国，有不少人对政策优惠存在误解，他们总认为政策放得越开、越优惠，就越显得改革开放。有人甚至认为改革 = 放权让利 = 政策优惠。其实，就社会发展的公平原则而言，国家在社会经济发展的一些基本问题上（如税收等）是不应该随便采用政策优惠的做法的。给一个地区或一部分企业税收优惠，就是对其他地区或其他的企业实施了歧视政策。如我国前一段为了吸引外资，对外资企业普遍实行了优惠性税率，对乡镇企业和个体企业也有一定的税收优惠，相比较而言，对国有企业就实行了歧视性税率，这也是我国国有企业发展不快的一个原因。关贸总协定的一个重要原则是"国民待遇原则"，强调政府规定的政策要公平，所有地区所有企业和个人都享受同一种政策。在复关问题越来越迫近的时候，我们对政策优惠问题也应有一个新的认识，一般情况不应再搞政策优惠，的确情况特殊需要给予政策优惠的，也要经过周密而审慎的科学论证。而在一些税收等基本问题上，政策更不能随便优惠。但中央政府可以根据不同地区的实际情况给予不同的补贴和返还。这样，既解决了地方的困难，又加强了中央的宏观调控，维护了各地利益的公平。

（三）关于地方政府的自主权问题

地方政府的自主权是一个长期引起人们关注的问题，它既影响到中央政府宏观调控的实现，也关系到地方政府积极性的发挥，因此，要处理好国家宏观调控和地方政府的关系，必须对地方政府的自主权问题有个清醒的认识。

在中央高度集权体制下，地方政府没有什么自主权。随着改革的不断深入，地方政府的地位和作用发生了很大的变化，逐步地从中央集权下单纯的行政传递环节转化为具有相对独立性和自主权的一级级政府，他们有自己相对独立的地方利益，有在不违反中央政策规定的范围内发展本地经济、谋取更大的地区利益的决策权和调控权。这是一种历史性的进步。全国各地经济和社会的蓬勃发展就是各级地方政府主动性、创造性的绝好记录。

但是，受地方利益的驱使，地方政府在获得极大的自主权之后，和中央宏观调控的矛盾也变得突出了。不少地方政府不仅在中央规定允许的范围内发挥主动性和创造性，而且还试图在更大的范围内谋取更多的地区利益。为此，他们对中央的政策搞起了各种对策，有利于本地的政策就狠干，不利于本地的政策就不干，有的甚至公开闯红灯，严重影响了国家宏观调控的顺利执行。笔者认为，这里的关键不是地方政府是否有了自主权，而是中央政府对这种自主权有没有合理的刚性约束机制。

放权和限权是一个事物的两个方面，只有两者统一了，权力才能正常运行。任何权力都具有两重性，不受约束的权力是要异化的。权力下放既可以调动地方政府发展地方经济的积极性，但如果没有有效的限权机制，那么，下放的权力难免会被滥用，从而影响中央宏观决策的贯彻落实。因此，当前如何完善与权力下放相适应的对地方政府的限权机制，就显得十分紧迫。这种限权机制，应该包括三个相互关联的内容：一是放权本身的适度性，哪些权力是可以下放的，放到什么程度，必须建立在科学性的基础之上。二是加强行政法制化程度，减少权力下放的随意性。权力下放必须经过法定程序，不能以不同领导人的不同工作方式而随意改变。三是加强监督。在地方自主权扩大之后，中央政府的监督职能必须进一步加强，在技术监督、审计、统计、监察等系统，要变双重领导体制为直接对中央政府负责的体制，以加强中央政府对地方政府监督的力度。同时，还要加强中央对地方制定的法规和规章的监督，以保中央政令的统一。

总之，国家宏观调控能力的加强和地方政府发展本地区经济积极性的发挥都是我国建立市场经济不可少的手段和条件。试图通过削弱地方政府的作用来加强宏观调控是不足取的，同样，为了进一步调动地方政府发展经济的积极性而放弃国家宏观调控的能力也是不行的。两者之间虽然存在一些矛盾和对立，但是从根本上来说，两者应该是统一的。我们的任务就是要找到使两者得以结合的途径。

（本文原发表于《浙江学刊》1995 年第 2 期）

第三编

民营经济发展与地方政府改革

地方政府管理对民营经济发展的影响

——对温州和义乌地方政府管理模式的比较分析[*]

随着我国市场化改革的不断深化，民营经济已成为我国经济发展最重要的增长点之一，因此，各地政府都希望能在推动民营经济发展中发挥更加积极的作用。但是，不同的地区，地方政府在推动民营经济发展中的具体作用和方式是不同的，因此，地方政府都非常关心如何找到适合本地实际的推动民营经济发展的政府管理模式，这就需要对地方政府管理影响民营经济发展的模式进行更加深入和具体地比较分析。本文拟从浙江的温州和义乌两地政府推动民营经济发展模式的比较中，进一步揭示地方政府管理影响民营经济发展的内在规律。

一　温州和义乌地方政府影响民营经济发展的共同特点

温州和义乌的民营经济发展在全国很有影响，它们是浙江民营经济发展的两个典型代表，与民营经济发展相关联的各种要素在这两个地区都可以得到较为典型的揭示和解读。这两个地方的政府在推动民营经济发展中既有许多共性的做法，也有许多各自的特点，比较他们的异同，可以深化人们对民营经济发展与地方政府制度供给相关性的认识。

作为两个以成功地推动民营经济发展而著称的地方政府，他们最基本的共同点是都能够在市场主体自主性要求的基础上，顺应市场发展要求，积极为民营经济发展提供所必需的公共品，从政策和制度上为民营经济发

   * 本文是国家社科基金项目课题"地方政府管理应对入世和市场化挑战研究"的阶段性成果。项目号为02BZZ019。

展创造宽松的环境。温州与义乌民营经济的发展都有一个"得天独厚"的条件，即两地在历史上都有重商的民风，而在改革开放之初，经济发展都面临着较为恶劣的现实条件，老百姓都有着十分强烈的致富愿望。温州农村人多地少，人均耕地不足半亩，劳动力大量过剩，再加上由于地处当时的海防前线，国家在温州投资的工业很少，温州人为了找出路，谋生计，因地制宜"逼"出了一条以家庭经营为主的商品生产的新路子。义乌的自然条件也不好，在很长一个时期里义乌曾是金华地区一个较为落后的穷县，迫于生计，历史上经常有一些义乌的农民在农闲时挑起"货郎担"走村串户，做"鸡毛换糖"的小本生意。到了 20 世纪 70 年代末的时候，在义乌一些城镇摆摊经商的农民越来越多，义乌农村的集市贸易有了很快的发展。面对这些自发的民间经济活动，由于许多做法在当时的国家政策范围内并没有得到肯定和承认，温州和义乌两地的政府曾经感到十分为难。他们也曾按照当时国家政策的规定对这些民间的经济活动进行过一些劝阻、制止甚至驱赶，但是效果并不好。民间为摆脱贫困而自发开展的经济活动有着很强的生命力。事实上，这些民营经济的发展，不仅解决了相当一批人的就业和贫困问题，而且极大地活跃了当地的经济。在这些极有说服力的事实面前，温州和义乌的地方政府很快转变了认识和态度，他们顺应民间对经济发展的愿望，并采取了当时条件下能够采取的各种办法对民营经济的发展加以支持。温州在改革开放之初就提出了多种经济形式一起上，多个轮子一起转，使不同所有制形成平等竞争，共同发展。市委、市政府坚持"扶持、鼓励、引导、管理"的八字方针，连续发表了 4 个文件，特别是《关于鼓励个体、私营经济进一步发展的决定》，明确规定了放宽从业对象，放宽经营范围，放宽经营方式，为民营经济的发展提供了一个宽松的环境，有效地推动了民营经济的发展。[①] 而在义乌，早在小百货市场开放之前，当时的义乌县工商局已经摆脱了"左"的干扰，认可了农民经商，而且还与所在地的镇委镇政府达成了齐抓共管的一致意见。[②] 显然，没有历史上重商的传统民风和现实生活中民间要求摆脱贫穷

---

① 李丁富：《温州之谜——中国脱贫致富的成功模式》，改革出版社 1997 年版，第 176 页。

② 陆立军等著：《义乌市场——从鸡毛换糖到国际商贸》，浙江人民出版社 2003 年版，第 80 页。

的强烈致富冲动，温州和义乌的民营经济不可能在当时形成如此大的影响力和领先优势；同样，如果两地政府不能顺应市场要求，不能为民营经济的发展及时提供宽松的外部环境，两地民营经济也不可能有后来的辉煌发展。

二 温州和义乌地方政府制度供给影响民营经济发展的不同特点

温州和义乌的地方政府的制度供给都对当地民营经济的发展发挥了重要的影响，但是，两地政府在发展民营经济中的制度供给却有着很大的区别。总的来说，温州地方政府采取的是顺应形势和环境，力求通过创造无为而治的制度环境来维护市场机制作用的有效发挥。而义乌地方政府采取的则是顺势造市，通过政府有效的政策和制度措施来主动弥补市场的缺陷，积极引导民营经济快速发展。在民营经济发展的不同时期，两地政府的制度供给都表现出了一些不同的特点。

1. 两地政府在民营经济启动时期的不同特点

温州在改革开放之初面临着较大的政治压力，当时出现了全国性的温州模式姓"资"还是姓"社"的激烈争论，为了减少不必要的麻烦和阻力，温州政府对民营经济的扶植采取了较为含蓄的方式。他们一方面对民营经济采取视而不见的做法，用默认的方式加以保护。面对各种指责，他们默默地承受，尽管没有力量去公开抵制，但也绝不去跟风讨好。另一方面，他们又采取各种迂回的办法，为民营经济寻找各种当时的政策可以接受的理由，为民营经济戴上各种"红帽子"，不让民营经济受到更大的冲击。温州市政府于1987年颁布的《温州市挂户经营管理暂行规定》指出：股份合作企业是一种新型的合作经济组织，它既不同于私营合伙企业，也不同于乡镇办的集体企业，有着集体经济的因素。温州市政府1989年发布的《关于股份合作企业规范化若干政策问题的通知》更进一步强调了股份合作企业是社会主义集体经济的组成部分，规定工商行政管理部门在对股份合作企业核准登记注册时，在经济性质栏核定为集体所有制（合作企业）。①

　　与温州相比，义乌民营经济的发展在当时并没有引起人们太大的关注，因此，地方政府在这个过程中面临的政治压力也要小得多。由于可以不必太多顾虑政治上的因素，可以主要从经济发展的角度考虑问题，因此，义乌政府对推动民营经济（在义乌，主要是小商品市场）的发展采取了较为直接主动的方式。早在1979年初，当时的义乌县革委会就根据义乌经济发展的实际颁布了《关于全县农村集市恢复原来市日的通知》。文件指出：集市贸易是义乌农村进行商品交换的传统习惯，是社会主义经济的必要补充，正当的农村集市贸易不是"资本主义的自由市场"，应当加以恢复。接着，在民间自发形成小商品市场之后的1982年，小商品市场所在地的城阳区工商所、绸城镇政府，直至义乌县政府都相继对小商品市场加以公开的承认。当时的义乌县委书记谢高华在1982年召开的义乌县农村专业户、重点户代表大会上，把"鸡毛换糖"和小商品生产树立为利国利民、有贡献的典型加以表彰。②

2. 两地政府在民营经济快速发展时期的不同特点

　　随着改革开放的深入，国家对民营经济逐步采取了开放和扶持的政策，我国的民营经济步入了一个快速发展时期。在这个时期，温州和义乌政府的制度供给依然表现出了很大的差异。

　　温州模式的本质是市场化和民营化，民营企业的自主制度创新是温州经济发展的根本动力，在温州民营经济的快速发展时期（其实在其启动期也一样），温州地方政府主要是通过事后的调节和补救的制度供给方式，较好地发挥了弥补市场缺陷的作用，有效地保护和激发了民营企业的创新能力。主要表现在：一是对个体工商户进行整顿规范。温州人有着强烈的自主创新意识，改革开放以来，自主创业的个体工商经营者剧增。为了解决个体经济发展中的问题，温州市政府于1980年发布了《关于对个体工商业户进行全面整顿、登记、发证工作的报告》，温州成为我国第一

---

　　①　史晋川等著：《制度变迁与经济发展：温州模式研究》，浙江大学出版社2002年版，第271页。

　　②　陆立军等著：《义乌市场——从鸡毛换糖到国际商贸》，浙江人民出版社2003年版，第158—160页。

个发放个体工商执照的城市。之后的 1981、1982、1983 年温州市政府连续发了《关于加强市区个体手工业管理的通告》《关于加强市区个体商业管理的通告》《关于认真整顿个体客栈的通知》《颁发〈关于加强市场管理取缔无证经营〉的通知》。对个体工商户的整顿规范促进了温州民营经济的健康发展。二是打击假冒伪劣产品，规范和保证本地产品的质量。随着温州个体私人企业的快速发展，在 20 世纪 80 年代温州出现了严重的生产销售假冒伪劣产品现象，从皮鞋、电器到其他各种日用商品，一时间，温州产品成了假冒伪劣商品的代名词，严重影响了消费者的利益，也对温州的经济产生了严重的制约。为此，从 1990 年到 1994 年，温州各级政府痛下决心，大张旗鼓进行打假治劣，终于制止住了区域性生产销售假冒伪劣产品的违法活动。1994 年之后，市政府确立了"质量立市"的战略，还制定了我国第一部质量立市的地方性法规——《温州市质量立市实施办法》，从而使温州民营经济的质量不断得以提高。三是推动基础设施建设。由于长期处于边防前线，以及国家投入少等原因，温州的城市基础设施相当落后，既无铁路又无航空，公路和城市道路交通的条件也很差，严重制约着经济的快速发展。为了扭转这种被动状况，温州各级政府在 20 世纪 90 年代以来齐心协力，在城市改造和基础设施建设等方面精心组织，把市场化措施与政府行为有效结合，使路、电、水、港、城等条件得到很大的改善，保证了温州经济的更快发展。

　　与温州地方政府不同，义乌地方政府制度供给作用的发挥不仅表现在对这个时期市场缺陷的事后弥补，而且，为了营造良好的市场经营环境，义乌地方政府还特别注重发挥制度供给在事前和事中的主动引导作用，政府及时出台有利于市场发展的政策和制度规定，推动市场设施建设，顺势造市，果断争取先发机遇，切实增强竞争优势，积极推动民营经济向更高层次发展。义乌小商品市场从 1982 年开放，至今已发展到了第五代，市场每一代的提升都是在政府的组织和推动下实现的。从露天市场到室内市场，再到市政府控股的"商城集团"，再到建设国际商贸城的战略构想，毫无疑问，义乌市场发展的每一步，都带有鲜明的政府烙印，都是在政府有效的政策和制度推动下发展起来的。国际商贸城二期所有的摊位 260 万平方米，全部由政府投资控股，只租不卖，主要市场资源完全由政府一手控制。与此同时，政府有令在先，市场内的 34 个行业，与市场外的 30 多条专业街，必须划行归市，场街结合。事实证明，适当的政府干预，有效防止了商业欺诈，创造了公平的竞争环境，提高了整个义乌小商品市场的竞争力。[①] 自 1984 年义乌提出"兴商建县"整整 20 年后，义乌的建成区扩大了近 18 倍，使义乌从一个一不靠海、二不靠边的农业县，变成了"以商兴市""连通四海"的经济强县，综合经济实力在 2004 年时已名列全国百强县的第 17 位，国家商务部还将义乌作为中国国际小商品市场博览会永久性会址，这是到目前为止商务部批准的唯一一个在县级城市举办的国家级博览会。这一切，如果没有义乌历届班子一届又一届的共同努力，没有政府有效的制度供给，是不可能实现的。

3. 两地政府在民营经济相对成熟时期的不同特点

经过 20 来年的快速发展，温州和义乌的民营经济都进入了相对成熟期，在这个时期，两地政府的管理和制度供给方式也发生了许多变化，温州政府在发挥维护市场机制，弥补市场缺陷这种传统功能的同时，开始较多地关注起如何在引导温州经济结构调整、规划温州经济发展中发挥更大的影响和作用；而义乌政府在发挥好其一贯的引导民营经济发展的强势作用的同时，也更多地考虑如何从市场经济的主导地位中及时退出，把更多精力用到弥补市场缺陷上来。出现这种变化，是由两地所面临的不同的实际情况决定的。温州无为而治的政府制度供给模式不仅适合温州民营经济发展的实际，有效地保证了温州民营经济的健康发展，而且引起了其他地方的极大关注。但是，在各地经济激烈的竞争中，温州经济发展也面临着许多急需解决的问题。其中一个十分棘手的问题是随着许多温州企业的外迁，温州经济的发展速度受到了很大的影响。据有关资料显示，温州的 GDP 增速 2003 年在浙江省排名倒数第二，2004 年排名倒数第三。因此，温州政府不得不考虑如何更好地发挥积极引导和推动经济发展的作用问题，温州的一些政府官员认为，政府当前最紧迫的任务是扩大吸引外资和实现产业的重化工化，政府必须在规划、组织和推动经济发展中有更大的

[①] 黄平：《魅力市场活力义乌——从一个"永不落幕的博览会"看专业市场发展之路》，《经济日报》2004 年 11 月 25 日。

作为。① 而义乌的强势政府在经过近 20 年对义乌小商品市场的精心培育，在市场机制得到基本完善之后，更多考虑的则是政府如何退出市场，放松管制，在制度供给方式和内容上，如何从过去较多的直接和具体管理向更多的宏观指导和政策引导转变，从更宏观和可持续的角度为经济发展创造更加宽松而有序的外部环境。

三　导致两地政府制度供给模式区别的原因分析

地方政府的政府制度供给模式对民营经济的发展产生了很大的影响，而政府制度供给模式又是受特定的社会因素影响的。温州和义乌地方政府制度供给模式的差异，受到了以下方面因素的影响。

1. 两地政府受当时国家意识形态影响的程度，社会对两地经济社会发展的关注度以及两地政府所受到的压力都不同。温州由于人多地少的矛盾一直较为突出，当地老百姓早就开始尝试通过诸如做小买卖、开家庭作坊、搞长途贩运等各种方式来谋生致富，在"文化大革命"的后期，温州就已经成为全国闻名的"资本主义重灾区"。② 改革开放之后，温州农村的家庭工业得到了更快的发展，而在此基础上形成的"温州模式"的姓"资"姓"社"问题也引起了更大的争议。不仅社会上有议论，理论界有争论，而且，中央高层对这个问题也有担心。从改革开放直至 1992 年邓小平南方谈话的十几年时间里，这种争论和担心一直没有消除。甚至到了 1989 年 4 月、1989 年 10 月、1991 年 7 月中央还三次专门派调查组赴温州调查。尽管三次调查的结果，都对温州民营经济的发展从总体上作了肯定，但是，其间给温州各级政府带来的政治压力是可想而知的。③ 在这种背景下，温州各级政府对民营经济只能采取较为现实的、含蓄的态度和方式。义乌民营经济发展的背景远没有温州这么复杂，当温州民营经济的发展受到全国的关注，引发了姓"资"姓"社"大讨论的时候，义乌地方政府却基本上可以从本地经济社会发展的实际需要来处理民营经济问

---

① 车海刚：《温州模式转型中的民企生态》，《中国经济时报》2005 年 6 月 13 日。

② 胡宏伟、吴晓波：《温州悬念》，浙江人民出版社 2002 年版，第 17 页。

③ 同上书，第 4—13 页。

题。由于当时义乌农村有大量剩余劳动力要求转移，义乌农村又有着长期"货郎担"的民风，因此，在当时的义乌，部分农民"弃农经商"已是一个既成事实。出于当时国家的政策规定以及对维护交通和市容的考虑，政府工商部门也曾对农民自发形成的交易市场进行过劝阻和制止。但是，在禁止无效的情况下，基层工商所和镇政府转变了认识，他们一方面看到了农民经商的巨大生命力；另一方面他们看到小商品市场发展并没有给社会带来太大的危害，反而带来了许多实实在在的好处，因此，他们首先认同了小商品市场。之后，义乌县政府从更理性的角度认识到，小商品市场发展的关键在于正确的引导，于是，县里于1982年9月正式开放了两个小百货市场，从而使小商品市场在义乌得以合法化。小商品市场的合法化不仅促进了市场本身的繁荣，还带动了家庭工业的迅速发展。义乌县委县政府从中看到了潜伏在这股经商潮流之下的巨大经济动力。到了1984年10月，义乌县委县政府正式提出了兴商建县的目标，从此开始了义乌小商品市场一代又一代的发展。可以看出，义乌政府对待民营经济的管理方式是符合义乌当地经济社会发展的内在要求而做出的一种理性选择，并没有受到当时特定的政治环境和意识形态的过多影响。

2. 两地所处的经济发展环境和区位特点不同。政府制度供给模式的形成，与当地的经济发展环境和区位特点有着很大的联系。温州是浙江较大的一个地级市，其发展经历尽管也很曲折坎坷，但毕竟曾经一度商贸繁荣，颇有影响。到了改革开放初期，温州的经济在当时已经自发地形成了自己的鲜明特点：小而散的家庭工业遍地开花，十几万推销员开辟了温州与全国各地特殊的商贸联系，十大专业市场形成了温州"小商品，大市场"的农村商品流通格局。这些经济发展中的特点，既是温州过去人多地少，国家投资的工业基础差而民间具有较浓厚的商贸传统等历史原因造成的结果，又是温州未来发展的现实基础和前提条件。处于这样一种经济格局中的地方政府，当然要充分利用好民营经济活跃的优势，尊重市场机制，并因势利导，运用政府手段及时调节和弥补市场缺陷，保护民营经济主体的积极性和创造性。而义乌在当时还只是浙中一个较为落后的农业县，虽然在历史上有"货郎担"的民风，但在改革开放之初，由于当时国家政策的影响，义乌全县还没有一个真正有影响的市场。就经济发展的自然条件而言，义乌在浙中诸县市中并没有太优越的自然禀赋。而小商品市场的迅猛发展，不仅使政府的市场管理费收入和税收得到了迅速的增长，也催发了物流、人流、土地、房产，尤其是小商品市场摊位等相关资源领域的需求和竞争，使义乌在浙中经济发展中具有了一定的区位优势。为了保证义乌小商品市场能够健康有序地发展，防止出现欺行霸市等恶性竞争，当地政府一方面让工商局通过市场摊位的有序合法流转和交易区的"划行归市"等许多有效措施，将小商品市场的管理纳入了规范化的管理体制之中；另一方面，政府又及时对小商品市场的发展进行了有效的规划，引导小商品市场从露天市场、室内市场、到组建成"商城集团"，再到规划建设国际性商贸城。显然，正是小商品市场在义乌经济发展中的特殊地位，使得义乌历届党委和政府对小商品市场的发展倾注了更多的精力。而正是政府的这种有力保护和规划，使得义乌能够超越周边县市，在小商品市场发展中脱颖而出。

3. 两地经济发展模式不同。政府制度供给模式的形成还受到当地经济发展特点和模式的影响。温州由于长期以来人多地少，每年都有大量的人员外出谋生，因此，温州经济的发展不仅受到温州区域内的各种因素的影响，还受到这些人数众多的在外创业的温州人的影响，从而形成了温州经济发展中的一个十分鲜明的特点：温州人经济。在改革开放之初就有号称十万之众的销售大军在各地活动，而后，走南闯北的温州人更是走遍全国，到处都可以听到所谓"高山峡谷有小城，有城就有温州人"的说法。据统计，在2001年，温州全市有160万人在全国各地经商办企业，在外个体工商户达37万户，创办企业3万多家。在外企业及个体工商户年销售额达1 600亿元，相当于在温州之外又再造了一个温州。与此同时，有40多万温州籍华侨、华人遍布世界100多个国家和地区。这200多万在外生活、创业的温州人，是温州经济发展巨大的可利用资源。有人统计，在外的温州人每年约有2 000亿元的销售收入，他们会把大量的存款带回温州，这无形中形成了巨大的资金回流，积累了充裕的民间资本。[①] 因此，要发展温州经济，政府不仅要利用好温州辖区内的各种资源，利用好温州模式的影响力，还必须把遍布世界各地的与温州人相联系的各种资源利用好。义乌的情况则不同，无论是历史上走四方的"货郎担"，还是后来的集市贸易和小商品市场，义乌经济主要的优势和特点都离不开义乌小

---

① 张志勇、叶正积：《关于温州与温州人的思考》，《中华工商时报》2004年7月16日。

商品市场，正是小商品市场独特的发展历程，影响和决定了义乌地方政府制度供给的特点。从开放小百货市场到提出兴商建县；从规范市场摊位的租赁和转让，做好管理的基础工作，到"划行归市"规范市场行业布局，形成行业集聚优势；从露天市场到室内市场；从组建义乌市政府控股的"商城集团"，到义乌市委市政府重新定位小商品市场的发展方向，提出建设国际商贸城市的战略构想，义乌地方政府许多有特点的制度供给都是针对义乌小商品市场的发展而展开的。可以说，没有义乌的小商品市场，也就没有有义乌特点的政府制度供给模式。

四　不同模式比较的启迪和思考

比较温州和义乌地方政府制度供给模式对民营经济发展的影响和作用，可以给人们许多的启迪和思考：

1. 地方政府推动民营经济发展没有统一的制度供给模式，各地政府只能根据本地的实际顺势而为、因地制宜。温州和义乌民营经济发展的实践共同提供和论证了一个无可争议的事实和结论，即地方政府制度供给模式是影响民营经济发展的重要因素。无论温州还是义乌，没有地方政府制度供给在整个发展过程中的积极影响和作用，都不可能有今天这样发达的民营经济。但是，温州和义乌民营经济发展的实践，也引起了人们对政府制度供给模式的许多争议，究竟是政府无为而治的温州模式好，还是政府顺势造市的义乌模式好？显然，笼统和抽象地讨论温州和义乌的模式孰好孰劣，并没有什么实际意义。不仅因为温州和义乌的做法并非十全十美，各有自己的优势和劣势，而且，这两种政府制度供给模式都是在各自特定的社会历史环境下产生出来的，温州政府的做法既不可能在义乌形成，显然也不完全适合于义乌，反之亦然。由此可见，不可能有政府推动民营经济发展的最优制度供给模式，只有最适宜的模式。当然，没有最优模式不是说就没有相互借鉴的意义了，相反，正因为没有最优模式，不可能去盲目照搬照抄，所以更需要相互比较借鉴，吸取对方有价值的，而且可以为己所用的优点。

2. 不管采取哪一种政府制度供给模式，都要以有利于民营经济发展为出发点，而不能以地方政府自身的需要为出发点。这里涉及政府推动民营经济发展的动机和目的问题。戴维·奥斯本和特德·盖布勒在《改革政府》中提出的政府改革的重要目标之一，是把受机构驱使的政府改变成受顾客驱使的政府，政府要更多考虑满足顾客的需要，而不是官僚政治自身的需要。[①] 在我国政府管理中，这也是一个亟待解决的大问题。政府管理为了什么？是为了体现政府自己的政绩还是为了有效满足社会公众的客观需要？这两者有时是统一的，有时却相去甚远。有些地方政府行为的功利性十分明显，做任何一件事，包括发展民营经济，只有在有利于体现政绩时才去做，因此，政府的制度供给表现得十分急功近利。眼前政绩明显的，它们会大张旗鼓去做，眼前政绩不明显的，哪怕是对这个地方今后长远发展有利的，地方政府的积极性也不高。当追求政绩成为目的时，发展民营经济反而变成了实现政绩的手段，因此，这种情况下地方政府所采取的措施和方法往往是非理性的，而由此形成的政府制度供给模式也往往是不科学的。可见，只有真正以民营经济发展为出发点，地方政府才能不断地去尝试和完善推动民营经济发展的有效途径，才能逐步形成适合本地实际的推动民营经济发展的制度供给模式。而要使地方政府能够真正以民营经济发展而不是自身的政绩为出发点，我们需要对现行地方政府的政绩考核指标体系和考核方法进行有效的改革和完善，用最终是否有利于民营经济的发展作为评估地方政府政绩的标准，从而使地方政府的政绩与民营经济，以及整个地方经济社会的可持续发展能够有机地统一在一起。

3. 地方政府在民营经济发展的微观市场领域要尽可能退出，实行无为而治，但是在民营经济发展的外部环境的建设方面，地方政府必须有所作为。在我国早期市场经济的发展进程中，温州模式曾与苏南模式作为两种有代表性的经济发展模式引起人们的广泛关注和深入的比较。人们一般认为，温州模式与苏南模式的核心区别在于政府在经济发展中的功能和角色定位差异。在苏南模式中，社区政府是充当企业的创办者、投资者的重要角色，事实上成为经济发展的主导性推动力。而在温州模式中，企业创办者和投资者主要是个人或者是家庭，市场化和工业化的主导推动力主要来自民间。这不仅成为温州模式，而且成为后来整个浙江模式的一个重要特点。义乌作为浙江模式的重要组成部分，当然也有这个特点。但是，在

---

① ［美］戴维·奥斯本、特德·盖布勒：《改革政府》，上海译文出版社1996年版，第149页。

民营经济发展的微观领域同样都不过多介入、都能较好遵循市场规则的温州和义乌，在政府如何对待民营经济发展的外部环境建设的问题上却出现了很大的差异，义乌一直强调在民营经济发展的外部环境的建设方面，政府要有所作为。从义乌小商品市场的八次搬迁、五次新建到组建"商城集团"、提出建设国际商贸城市的战略构想，再到义乌工业化、城市化规划和框架的逐步实施，义乌经济的每一步发展，政府在发展规划和发展环境的建设方面，都发挥了十分积极的作用。而温州受市场经济发展初期政府无为而治成功模式的影响，形成了一定的路径依赖，在后来对影响民营经济进一步发展的外部环境的建设方面，长期以来也更多采用的是无为而治的模式，经济社会的发展，主要依赖市场机制，政府很少有大的举措和作为，从产业结构的布局和升级，城市框架的拓展和开发区作用的发挥，高等教育的发展和投资环境的改善，企业的外流和大量民间资本的引导等方面，政府积极引导的作用都发挥得较为有限。[1]

由此形成的弱势政府，对温州经济的健康发展无疑带来了一定的影响。当然，温州经济当前遇到的困难，有着许多复杂的原因，不能都归咎于地方政府。但是，温州有这么好的民营经济的基础，如果地方政府在制度供给上能够发挥更加积极的作用，能够为民营经济的发展创造更好一些的外部环境，可以肯定，温州的经济将会发展得更好。这几年发展的事实证明，温州政府正在进行这方面的努力，在为民营经济创造良好的外部环境方面，温州各级政府在制度供给上正变得越来越有作为，发挥着越来越积极的作用。

（本文原发表于《中国行政管理》2006 年第 2 期
获浙江省第十四届哲学社会科学优秀成果二等奖）

---

① 张仁寿：《温州模式：盛名之下，其实难副?》，《浙江社会科学》2004 年第 2 期。

制度供给与经济发展

——兼论"浙江现象"中的政府因素[*]

中国经济自 1978 年改革开放以来的快速发展，已成为引起世界关注的奇迹，导致这个奇迹得以产生的因素很多，其中一个不可忽视的重要因素，是政府管理对经济发展的推动。在中国这样的从计划经济向市场经济转型的国家，政府对市场经济的发展有着不可替代的作用。这种作用不再是政府对经济的直接干预，而是政府为市场经济的发展提供有效的制度供给。在中国的不同地区，地方政府对经济的发展采取了不同的方式，在制度供给和制度创新方面发挥了不同的作用，因而，不同地区市场经济的发展出现了很大的差异。浙江各级政府在经济和社会管理，政府层级管理以及机关自我管理等方面进行了大量的制度创新，有效的制度供给为降低市场交易成本、激发基层活力和规范约束政府行为发挥了十分积极的作用，成为推动浙江经济快速健康发展的重要因素。探究浙江经济快速发展进程中的政府因素，将从更典型的意义上揭示政府的制度供给与经济发展之间的相互关系和内在规律。

一 经济发展的政府因素

政府在经济发展中应该可以起到什么样的作用？这个古老的话题引发了人类社会数百年经久不衰的研究热潮。从古典经济学家的自由放任理论到凯恩斯的国家干预理论，从传统社会主义的计划经济理论到改革开放背

　　* 本文是浙江省哲学社会科学规划重大招标课题"博弈与互补：浙江政府与市场关系 30 年"（批准号：07GGKF13ZD）的阶段性成果。

景下的社会主义市场经济理论，不同的学科、不同的学术流派、不同的经济发展时期、不同历史文化背景的国家和地区对此提出了各种各样的答案和看法。在长期的讨论和探索中，人类的认识在一些基本问题上逐渐走向了共识。"对政府与市场，人们不是从它们的作用，而是从它们的'缺陷'中才得到较为深刻的认识。从市场的'缺陷'想到政府的作用；从政府的'缺陷'，又想到市场的作用，最终经过数次往返来回的实践，人们才逐渐认识到'两只手'作用并存的重要性，指望依靠'两只手'的作用推动社会前进。"① 这种共识为人们正确处理政府与市场的关系提供了一个可以广泛接受的共同框架。但是，实践证明，这种普遍的通则和共同的框架并不能充分解释和有效解决现实生活中政府与市场各种各样的复杂关系，尤其是在中国，在长期计划经济基础上开始市场化改革的国家，政府与市场的关系具有哪些特殊性？中国各级政府在市场经济发展中的作用哪些是积极的？哪些是消极的？政府在推动经济发展中如何才能发挥更加积极的作用？本文试图从制度变迁与制度供给的角度回答以上问题。因为笔者以为，从制度变迁与制度供给的角度分析政府在经济发展中的作用问题，不仅是对中国在近 40 年计划经济强有力的影响之后，能够出现持续 20 多年经济快速发展现象的一个很有说服力的原因解释，也是解决中国当前经济发展中遇到的许多棘手问题，即中国经济的市场化改革如何进一步深入的关键。

　　所谓制度，就是一个社会的游戏规则。制度作为一种游戏规则在经济生活中的作用在于它能够通过降低交易成本来促进交换的发展和市场的扩大。它是为决定人们相互经济和社会关系而人为设定的一些制约。"制度提供了一种经济的激励结构；随着激励结构的演进，制度决定经济变化的走向，是增长、停滞、还是衰退"② "制度在社会中起着更为根本性的作用，他们是决定长期经济绩效的基本因素。"③ 诺斯把国家视为一种组织和制度安排，运用现代产权理论揭示了国家在制度变迁和制度创新中的作

---

① 曹沛霖：《政府与市场》，浙江人民出版社 1998 年版，第 7 页。

② 转引自李兴耕、李宗禹、荣敬本主编《当代国外经济学家论市场经济》，中共中央党校出版社 1994 年版，第 49 页。

③ ［美］道格拉斯·C. 诺斯：《制度、制度变迁与经济绩效》，上海三联书店 1994 年版，第 143 页。

用。诺斯认为，制度变迁可以在政府（国家）、集团和个人三个层面上进行，但最适宜的制度变迁是政府（国家）来组织。政府之所以承担起保护和实现所有权的责任，是因为它能够以比民间组织更低的成本达到目的。国家在产权制度形成中的作用主要表现在：一是国家凭借其暴力潜能和权威在全社会实现所有权。没有政府的权威，很难想象所有权会普遍地实现。二是国家组织制度变迁有利于降低产权界定和转让中的交易费用。国家的标准化有利于降低交易成本，在缺乏有组织的市场的情况下，人们将花很多时间与费用去搜寻信息。三是国家权力介入产权安排的方式和程度直接决定一个国家经济的发展状况。当年法国与西班牙的竞争失败和荷兰与英国的经济成功，从正反两方面论证了国家对产权制度和经济发展的密切联系。[①] 然而，正是这种两重性，又必然引出了著名的诺斯悖论。国家作为一种强制性的制度安排，一方面，国家权利是保护个人权利的最有效的工具，因为它具有规模效益，国家的出现及其存在的合理性，也正是为了保护个人权利和节约交易费用之需要；另一方面，国家权力又是个人权利的最大和最危险的侵害者，因为国家权力不仅具有扩张的性质，而且其扩张总是依靠侵蚀个人权利来实现的，在国家的侵权面前，个人是无能为力的。诺斯悖论引起了人们对国家在经济发展中作用的更大关注。因此，如何通过有效的制度安排发挥政府（国家）在经济发展中的积极作用，尽可能降低和减少政府（国家）对经济发展可能带来的麻烦，就成了世人关注的焦点。

在市场经济不发达的发展中国家，经济发展面临的最根本问题是缺乏市场经济发展的制度背景，如法律和秩序、稳定的道德、产权的界定、人力资本的供给、公共物品的提供、支配交易和分担风险的法规，等等。由于缺乏公平合理的市场竞争环境，市场的发育和经济的增长遇到了难以逾越的障碍，成为这些国家经济长期落后的重要根源。因此，在发展中国家，如何发挥政府在制度供给中的主导作用，既制定出公开平等的市场竞争规则体系，又能建立起防止政府寻租、以权谋私的政府行为规范体系，为市场经济运作制造出公平合理的制度环境，才是实现市场经济顺利转型并高速运作的必不可少的条件。对于经济落后的国家来说，从不发达的市

---

① 　唐兴霖：《公共行政学：历史与思想》，中山大学出版社 2000 年版，第 494—498 页。

场过渡到发达市场经济的首要前提就是实现合理的制度变迁和制度创新。因此，政府的制度供给对发展中国家经济发展的影响更值得重视。

二　市场化改革与地方政府的制度创新

对政府的制度供给与经济发展之间关系的研究，深入到地方政府管理的层面会更加有效。有不少人认为，中国的地方政府管理是个谜，成绩和问题同样突出，积极的影响和引发的争议同样引人注目。[①]从 20 世纪 70 年代末中国开始改革开放以来，地方政府管理就一直成为人们关注的一个焦点，在 2002 年中国加入世贸组织之后，中国的各级地方政府面临了更大的挑战。他们既是中国逐步深入的市场化改革的重要对象，同时又是中国市场经济快速发展的重要动力。在传统与现实、制度与观念、利益与秩序、规则与特例、国际化与地方性之间，中国的各级地方政府通过不断的管理创新，逐步实现着从改革对象向发展动力的角色转换。中国经济发展的事实证明，地方政府作用的发挥和市场化改革已成为推动中国经济长期持续快速发展的两个十分重要的影响因素。正是市场化改革，使得中国经济的各种资源得到了合理的配置，经济发展的效率明显提高，中国经济从而充满了活力；正是地方政府作用的有效发挥，使得中国经济的发展从只有中央一个积极性变成了中央和地方两个积极性，各个地区之间你追我赶，中国经济的发展获得了前所未有的动力。

但是，中国市场化改革与地方政府作用的发挥并不是一个并行不悖的过程，两者之间不仅有着内在的联系和相互的促进，同时还存在着明显的冲突和矛盾。首先，从市场经济发展的经历来看，与西方国家市场经济自然演进的发展经历迥然不同，中国的经济市场化不可能是一个自发的过程，而是一个自觉的过程，即是由政府自觉推动的经济体制的转型过程。作为一个长期实行高度集中计划经济体制的国家，要在较短的时间内实现向市场经济的转型，只是通过经济的自然演进，仅靠社会自发的力量显然

---

① 学界对地方政府的作用有着不同的评价，肯定者认为地方政府是推动中国经济发展的重要推动力量，否定者认为中国经济发展中的大量负面的问题，都与地方政府的变异行为有关。参见王绍光、胡鞍钢《中国国家能力报告》，辽宁人民出版社 1993 年版；周伟林《中国地方政府经济行为分析》，复旦大学出版社 1997 年版。

是不够的。因此，在中国市场经济发展的初始阶段，政府对改革高度集中的计划经济体制的认识及其作用的发挥，必然地成为了影响中国经济市场化进程的重要因素。在中国，正是通过强有力的政府推动，才使得市场经济在短短的十几年里得到了飞速的发展。事实上，在中国的各个地区，由于地方政府积极作用发挥的程度不同，市场经济的发展出现了很大的差异。地方政府积极作用发挥得好的地区，经济市场化改革的进程就顺利，市场经济发展的速度就快；反之亦然。但是，另一方面又必须看到，政府与市场是一对天生的矛盾，政府的组织性计划性与市场的自发性之间存在着巨大的差异。过多地依赖政府的力量来推动市场经济的发展，不可避免地会产生许多副作用，从而影响市场机制的正常运行。而在我国，至今仍有不少地方政府依然采用了许多计划经济时期的方式、途径和手段在发展市场经济，因而，随着市场化改革的进一步深入，市场经济与地方政府作用之间的矛盾会不断增加，冲突会进一步加剧。

其次，从中国地方政府肩负的特殊使命来看，在中国，历史赋予了各级地方政府一种特殊的职责与功能，即组织和推动当地经济的快速发展。在大多数西方市场经济发达国家，地方政府承担的经济职能都十分有限，他们的主要职能是搞好地方公共事务的管理，有效提供各类地方公共产品。但是，在中国，特定的历史条件使得地方政府不可避免地把组织和推动当地经济发展作为了自己的重要职能，这种状况的形成，主要受到了以下因素的影响：一是新中国成立之后，中国面临着如何把贫穷落后的旧中国尽快改造成为繁荣强大的新中国的历史性任务，为此，经济发展必然地成为了政府关注的重点；二是由于中国幅员辽阔，各地区之间经济社会发展差距巨大，在这样的国度里发展经济，只靠中央政府自身的作用是远远不够的，必然要求各级地方政府在本地经济的发展上发挥积极的作用；三是中国在建国后经历了很长一个时期的高度集中的计划经济和"左"的思想路线的影响，在遭受了经济长期停滞不前的煎熬之后，"发展是硬道理"已在中国深入人心。因此，能否把一个地方的经济搞上去，不仅成了中央和上级政府，也成了当地老百姓评价一届地方政府工作成效的关键性指标。在这种社会背景下，地方政府必然会把当地经济发展和地方利益作为追求的重要目标。为此，他们不仅会从制度和政策上努力创造有利于地方经济发展的宏观和外部环境，而且，还往往会更具体、更直接地介入到经济活动之中。因为就全国而言，对地方政府绩效加以科学评估的机制尚在探索之中，现行的评估机制还存在着许多缺陷，这些缺陷往往导致地方政府产生直接介入经济活动，甚至直接参与各种竞争性领域经济活动的冲动，促使地方政府自觉不自觉地承担起了许多企业的功能，从而与市场机制、与市场化改革的要求出现背离。

　　一方面，市场化改革和地方政府积极作用的发挥都是推动中国经济发展不可或缺的重要因素；另一方面，两者在实际的经济发展中又出现了诸多的矛盾，因此，要保证中国经济能够继续快速健康地发展，一个十分现实的重要课题，就是如何寻找到有效的途径和措施来妥善地处理和协调好这两者之间的冲突。市场化改革和地方政府作用的发挥如果只就中国经济发展中出现的现实问题而言，可以看成是一对具体的矛盾，两者之间既有联系，又存在冲突。然而，从对经济发展产生的更加广泛的影响因素来分析，这两者显然又不在一个层面上。与地方政府发挥的作用相比，市场机制的运行更带有普遍性和共同的规律性，市场经济的影响和作用毫无疑问更带有基础性，它提供了与计划经济完全不同的经济发展背景。它要求任何其他与市场活动相关联的要素，包括地方政府管理，必须与这些规律性相适应，否则，经济就不能健康发展。我国当前许多地方政府之所以能够在推动各地经济发展中发挥了积极的作用，毫无疑问都是在遵循市场经济规律的基础上实现的，是地方政府管理顺应了市场机制的要求之后出现的积极效应。离开了市场机制正常有效的运行，地方政府推动经济发展的积极作用就不可能实现。在我国不少地方至今依然存在着这么一种矛盾的现象，一方面，政府的力量可以呼风唤雨地左右经济和社会生活的各个方面；另一方面，这些地方的经济依然没有活力和生气。可见，用传统计划经济的方式，依赖政府的力量来发展市场经济是不可能的。因此，要有效解决市场化改革与地方政府作用发挥之间的矛盾，不可能要求市场机制去适应地方政府管理的需要，恰恰相反，只能要求地方政府管理不断地去适应市场机制的要求，即地方政府管理必须不断进行顺应市场经济发展要求的制度创新，不断满足市场经济发展对制度供给的需求。

　　在市场经济和地方政府作用的发挥这两个方面，浙江都很有特色。浙江是全国有名的市场大省，改革开放以来，浙江的市场化程度一直领先于全国。① 无论是当时争论不休的"温州模式",还是后来在全国影响越来越大的"浙江模式",其特点首先都是活跃的市场经济。人们一讲起浙江,首先想到的也是浙江活跃的市场表现,正所谓"看市场,到浙江"。但是,受整个国情的影响,浙江市场经济的发展也不可能是完全自发的过程,浙江各级地方政府为培育和推动市场经济的发展作出了巨大的努力,发挥了非常积极的作用。这种努力和作用主要表现为通过对传统政府管理体制和管理方式的有效改革,解除对市场经济发展的束缚,为市场经济的发展创造良好的外部环境。因此,浙江各级地方政府推动市场经济发展的过程,就是浙江各级政府管理制度创新和制度供给不断完善的过程。

三 "浙江现象"的成因分析

所谓"浙江现象",是 20 世纪 90 年代中期以来人们对浙江经济发展状况的一种概括和一种关注,"浙江现象"至少包含了以下几层含义:一是表示了浙江经济的发展水平和发达程度。浙江 GDP 总量已连续 6 年稳居全国第四位;人均 GDP 高出全国平均数近一倍,名列全国各省、区第一;农民人均收入连续 18 年居全国各省区第一位;城镇居民年均可支配收入也已超过广东,居于首位;浙江经济发展整体处于全国领先地位。二是展示了浙江经济的发展速度和变化程度。浙江是一个资源小省,历史上由于位于东南前线,国家在浙江的投资很少,工业基础很差,在改革开放之初,浙江的 GDP 总量只排在全国的第 12 位。改革开放 40 来年浙江的巨变,是在所谓"无特殊政策、无独特地理区位条件、无经济基础优势"的情况下实现的,浙江快速的经济和社会发展速度是"浙江现象"所蕴含的重要内容之一。三是揭示了浙江经济的发展模式。浙江是全国经济市场化程度最高的省份,浙江的民营经济最发达,浙商遍布全国甚至全世界,全国百强县中浙江占据了 30 席,数量最多②。总之,个私和民营企业、专业市场、块状经济、县域经济,等等,浙江经济的发展方式和运行

---

① 参见中央党校浙江经济调研组《社会主义市场经济的成功实践》,中央党校《理论动态》1551—1552 期。

② 参见 2005—2006 年《中国百强县(市)发展年鉴》,中国统计出版社。

机制有着自己的许多优势和特点。

对浙江现象的成因，学界有许多分析。有从市场化改革领先角度、从所有制结构，从轻小集加的经济结构和区域块状经济角度的解释，也有从文化角度，从区域和地缘角度的解释。[①] 这些分析有着各自特定的视角，都在一定的层面上对浙江现象产生的原因进行了揭示。但是，本文认为，浙江现象得以产生的更有影响力、更为直接的原因，是浙江各级政府在制度供给方面发挥出来的积极作用。有效的制度供给对浙江现象的形成产生着更大的影响。

首先，有效的制度供给创造了经济发展的基本环境，这种环境对浙江经济的发展发挥了基础性的作用。从我国改革开放以来的经济发展来看，在"文化大革命"的后期，尽管我国各地经济发展水平和历史文化传统有着很大的差异，但是，全国各地对"文化大革命"这种政治斗争的厌恶、对发展经济的期盼是共同的。然而，在改革开放开始之后，各地经济发展却出现了很大的差异。有的地方在经济发展上率先有了突破，有的地方经济依然毫无生机；在经济活跃的地区，又形成了"温州模式""苏南模式"等不同的经济发展特色。这里一个十分重要的影响因素，就是不同地区的政府在制度供给上发挥了不同的作用。"温州模式"得以形成的一个重要条件，是温州政府提供的对个体私营企业采取的视而不见的默认的政策和制度环境，而苏南模式得以形成，显然与苏南各地政府对集体经济采取特殊的扶持和保护的政策措施相联系。作为一个长期实行高度集中计划经济体制的国家，在向市场经济转轨的过程中，政府在制度供给方面的作用更加重要。浙江经济在自身的发展过程中，已经形成了一些很有特色的发展模式，如股份合作制、民营经济、产业集群、专业市场、县域经济，等等。然而，这些有特色的发展模式之所以能够形成，其中一个非常重要的影响因素就是政府的制度供给状况。"在中国这样一个有效率所有权结构尚未成型，市场发育不完善的社会中，个人和团体创新成本之大足以扼杀所有发自他们的创新冲动。只有在国家保护和推动下，才有可能实

---

① 罗卫东、许彬：《"浙江现象"的再解密——加里·贝克尔的视角》，《浙江经济》2002年第18期。

现创新成功。"① 而且，从发展的角度来分析，我国的改革是由易到难逐步推开的，改革越深入，遇到的制度性阻力就越大，因此，政府的制度变革和制度供给对经济发展产生的影响就越明显。

其次，影响浙江现象得以形成的其他各种因素能否真正发挥作用，在很大程度上要取决于这些影响因素能否与制度因素实现有机结合。从某种程度来说，其他的许多影响因素正是通过对制度供给因素的影响来实现对经济发展的积极影响的。如果其他因素未能对制度供给因素产生积极的影响，那么，他们只能是影响经济发展的潜在因素，而不能成为推动经济发展的现实力量。比如文化因素，浙江经济的发展和浙江现象的形成，与浙江的历史文化毫无疑问有着十分密切的关联。浙江的历史文化传统是浙江经济发展和浙江现象得以形成的不可缺少的基因，浙江经济发展的特色和路径选择，在许多方面都受到了浙江历史文化的明显影响。但是，文化作为基础因素往往难以单独、直接对经济发展产生作用，文化因素对经济发展的影响主要是通过影响人、影响社会制度和社会环境来实现的。文化的价值在于可以影响人、影响政府的决策和制度设计，文化也只有当它能够对人、对政府决策和政府制度产生影响之后才成为影响经济发展的现实因素。再比如，市场化改革的领先及民间力量的自发创新无疑是改革开放20 多年来推动浙江经济社会快速、持续、健康发展的主导性力量，这也是与全国其他地区相比较，浙江省在发展动力和发展路径上所体现出来的最为明显的特征。但"我国的改革开放过程，是一个包含政治、经济和文化等内容的整体性社会变迁过程"②。回顾浙江省过去 20 多年的发展轨迹，不仅是经济、社会、文化的进步过程，也是政治变革与政治进步的过程。伴随着改革开放的进程和经济体制改革的一步步深入，浙江省的政府管理体制也在进行着自觉的、持续的调整和变革，而这种政府管理上的改革与创新，是浙江经济得以持续快速发展，各项社会事业得以迅速发展，并进而实现浙江经济社会全面发展和进步的重要保证。如果浙江市场化改革和民间力量的自发创新不能引起和推动政府管理制度同时改革创新，那么，可以肯定，市场化改革的领先及民间力量的自发创新也不可能持久。

---

① 唐兴霖：《公共行政学：历史与思想》，中山大学出版社 2000 年版，第 505 页。

② 俞可平：《中国地方政府的改革与创新》，《经济社会体制比较》2003 年第 4 期。

最后，政府作为制度的主要供给者，其权力的行使具有明显的两重性，既可行善，也可以作恶，政府行善与作恶对经济发展产生的作用是天差地别的，因此，防止政府作恶，保证其行善的制度设计和制度供给，对经济的健康发展毫无疑问会产生巨大的影响。诺斯认为："国家的存在是经济增长的关键，然而国家又是人为经济衰退的根源。"①"没有国家办不成事，有了国家又会有许多麻烦。"② 在诺斯看来，因为是国家界定产权结构，因而国家是根本性的。最终是国家要对造成经济增长、停滞和衰退的产权结构的效率负责。因此，采取有效措施让国家和政府更多地发挥推动经济发展的积极作用，尽可能减少和阻止国家和政府对经济发展带来的负面影响，必然成为影响经济发展的关键。浙江各级政府在这方面进行了很好的制度设计和制度创新，如领先于全国的浙江金华的政务公开、温州的效能革命、嘉兴的预算外资金"四统一"管理、杭州的"满意不满意单位"评选，尤其是浙江省委省政府提出并努力实施的"信用浙江"和"法治浙江"建设，这一系列有效的政府管理自律的制度供给为浙江经济长期快速发展提供了坚实的保证。

（本文原发表于《经济社会体制比较》2007 年第 6 期
获全国党校系统第七届优秀科研成果二等奖）

---

① ［美］道格拉斯·C. 诺斯：《制度、制度变迁与经济绩效》，上海三联书店 1994 年版，第 143 页。

② 见《经济学消息报》，1995 年 4 月 8 日第 4 版。

民营经济成长过程中的地方政府行为调整

中华人民共和国成立之后，经过社会主义改造，我国的私营企业已基本不复存在。改革开放以来一个重大的变化，是民营经济的快速发展。民营经济是市场经济的典型形态，是我国经济市场化的主力。但是在我国，民营经济的发展不可能是自发和单向的，既受到了政府行为的很大影响，又影响着政府行为的调整和变化。

一 民营经济与政府合作的基础

民营经济的发展对我国整个经济的发展和政府与市场关系的演变都产生了十分重大的影响。要从政府与市场关系的角度讨论民营经济的发展，首先需要认识民营经济与政府合作的基础。

作为发展中国家，我国各级政府要履行好发展经济的艰巨任务，推动民营经济发展是必然的选择。我国对民营经济作用的认识，首先是从对计划经济存在的弊端开始的。正是"文化大革命"后期出现的大锅饭和低效率，使人们认识到了改革高度集中的计划体制的紧迫性，在经过激烈的思想理论交锋之后，改革高度集中的计划经济，建立社会主义市场经济体制成为了全党的共识。而要搞市场经济，就必然要加快发展民营经济。因为发展民营经济不仅可以有效激发蕴藏在广大人民群众中要求改变贫穷状态的强烈愿望，可以调动和发挥社会各个方面发展经济的积极性，可以有效解决政府面临的严重的就业问题，而且，由于民营经济的自发性和民间性，无须政府提供多少资金和其他资源，只要政府能够提供允许民营经济发展的政策和环境。因此，发展民营经济必然地成为了各级政府的政策选择。尤其对各级地方政府来说，发展民营经济更成为影响当地经济发展，影响政府政绩和声誉的关键。因为自改革开放以来，随着中央权力下放改革的逐步推进，中央政府不仅下放了更多的权力和利益，同时也下放了更多的责任。在地方政府要履行的各种责任中，经济发展无疑是最基本和最主要的，没有经济的发展，不能尽快摆脱贫穷落后的状态，一个地区任何其他方面的发展都将难以真正实现。而在地方经济的发展中，地方政府最希望推动发展，也最能够发挥作用的，就是民营经济。因为一些在地方存在的大型的国有企业，由于税收和管理体制等问题，他们对当地经济的贡献和作用是有限的。地方经济社会发展和地方政府管理中面临的许多问题，无论是就业压力的减轻，地方财政收入的增加，地区经济总量的扩张和经济实力的提高，以及一个地区城市化进程的加快和地方公共基础设施的改善，很大程度上都需要通过加快民营经济发展来加以解决。可见，民营经济能否健康发展在很大程度上与一个地方经济的繁荣，与这个地方政府的政绩息息相关。因此，地方政府必然会尽其所能去推动民营经济的发展。

民营经济要获得健康发展，同样离不开政府的有力支持。民营经济是市场机制的产物，自发自生和自组织是其主要的特点。因此，民营经济难以在计划经济和行政性力量影响深厚的环境中发展。我国的实践也证明，民营经济总是在国有经济相对比较薄弱的环节，在政府控制不是非常强大的地区首先发展起来。但是，这并不说明民营经济和政府力量是对立的，不说明民营经济可以不需要政府的支持。关键是看政府如何制订经济发展的宏观政策，如何定位自己的职能，看政府在经济发展中发挥什么样的作用。

民营经济的特性使其对自身的产生环境提出了一些基本条件和要求，不具备这些条件，民营经济就难以健康发展。一是当地民众要有自发的发展经济的强烈愿望和要求。这是民营经济发展所需要的最基本的人文基础。经济发展涉及多方面的资源，人力资源在其中起着决定性作用。任何其他潜在的资源只有在人力资源的主导下才能成为对经济发展有用的现实资源。我国自20世纪80年代末国家提出建立社会主义市场经济的要求之后，市场经济在各地的发展并不一致。一些地区市场经济发展得快，另一些地区的市场经济发展得慢，其中的一个重要原因，是这些地区存在明显的人文差距。我国东南沿海一些地区，尤其像浙江的温州等地区，一直以来人们有着强烈的致富愿望，为此他们可以"想尽千方百计、讲尽千言万语、走遍千山万水、吃尽千辛万苦"。哪里有钱可赚，哪里就有温州人、浙江人。因此，这些地区的民营经济的发展相对就快一些。但是，在另外一些地区，民风保守，安于现状，小富即安。这些地区发展民营经济的难度就大一些。二是一个地区民营经济发展的历史传统和现实基础的影响。我国东南沿海不少地区，在历史上曾经有各自特定的工业、手工业传统和商业基础，尽管建国之后，各地的工商业都进行了社会主义改造，但是，一旦国家的政策允许，这些地方的民营经济就会得到迅速发展。三是一个地区市场竞争氛围的影响。这种市场竞争的氛围，既包括在一个地区形成的，能够为大多数参与者接受的竞争规则、意识和环境，也包括人们敢于竞争的心态和善于竞争的能力。四是政府的经济政策及其对自身在经济发展中的职能定位的影响。在一定情况下，政府宏观经济政策及其职能定位起着关键的作用。采用计划经济的政策，政府就必然要用行政性的力量来直接管理经济，要排斥民营经济。相反，采用市场经济的政策，政府就必然会允许民营经济存在，而且要创造条件使其健康发展。

在我国民营经济的发展过程中，政府的这种支持尤其重要，因为在长期的计划经济时期，民营经济实际上是被禁止的。在转型过程中，一个弱势的经济成分要得到发展，必须要有相应的成长发展环境。这种环境的营造和形成，离不开政府的大力支持。在我国，政府对民营经济的支持主要表现在以下方面：一是通过营造良好的政治环境来支持民营经济发展。这对当年处于"文化大革命"刚结束不久，左的思想路线和意识形态还起着重要影响的我国来说，显得更为重要。在我国一些地区，民营经济刚有一些萌芽，就遭到了当地政府的打击，民间自发的经济活动被当成资本主义受到了批判。而在我国的另一些地区，地方政府采取了完全不同的方式。他们对民营经济不是进行批判和打击，而是采取了同情的态度，通过默认的方式，使这些地区的民营经济的发展获得了其他地区所没有的政治环境。正是这种政治环境的不同，使得不同地区的民营经济，以及整个经济的发展出现了巨大的差异。因此，当民营经济发展的先发效应体现出来之后，各地政府普遍重视了民营经济的积极作用，积极为民营经济发展营造良好的政治环境和社会舆论环境。二是通过建设公平竞争的市场环境来推动民营经济发展。民营经济的自发性对市场公平竞争的环境提出了很高的要求，如果不能对假冒伪劣商品进行有效的监督检查，不能对欺行霸市的垄断现象给予有力的制裁约束，不能对只顾企业利润不管社会利益的污染行为作出严格的治理处罚，民营经济的发展就会出现问题。同时，如果不能对各种经济成分一视同仁，在市场准入、项目审批、金融信贷等环节对民营经济设置障碍，民营经济也不可能健康发展。这种公平竞争市场环境的建设，需要政府动员和整合全社会的力量来实现。三是通过创造有效服务的社会环境来扶持民营经济发展。我国的民营经济是在对计划经济改革的基础上逐步发展起来的，相对当时庞大的国有经济，民营经济十分弱小，不仅涉及的行业有限，大部分民营企业的规模也十分有限。即使经过多年发展，民营经济的规模和涉及行业已大大扩展，但是，在信息收集、技术创新、人才培养等许多领域，民营经济仍有着先天的不足，需要政府组织起有效的公共服务平台。

二　民营经济发展对政府管理提出的挑战

受长期制度环境的制约，民营经济在我国一直难以得到健康的发展。为了在全国营造更好的民营经济发展环境，国务院在 2005 年和 2010 年分别颁布了《关于鼓励支持和引导个体私营等非公有制经济发展的若干意见》和《国务院关于鼓励和引导民间投资健康发展的若干意见》，各地政府也分别出台了一系列鼓励民营经济发展的政策措施。在各级政府的大力推动下，我国民营经济在各地终于形成了较好的发展基础，外部环境也已大为改善。但是，从我国经济发展的全局，以及民营经济应该具有的发展趋势和作用地位来分析，我国民营经济的发展依然受到一系列因素的制约，其中最主要的是来自地方政府管理方面的影响和制约。民营经济的发展对政府管理，尤其是地方政府管理提出了许多新的要求，能否尽快适应这种新要求，对政府管理无疑是一种严峻的挑战和考验。

1. 政府职能定位不科学，政府对具体企业行为的过多干预影响了民营企业的健康发展。发展经济是我国政府工作的重中之重，这使得我国政府官员的政绩评判标准十分强调官员在发展经济上的成绩，尽快发展辖区内经济成为政府官员提升自己政绩的最有效手段。再加上地方政府的财力与民营经济的发展密切相关，地方政府为达到财政收入最大化，必然要保障本地企业尤其是民营企业利润目标的最大化。这样一来，地方政府的利益就开始与具体经济主体的利润挂钩。这就使它不仅仅是纵向上的一级行政组织，而且也逐渐成为一个具有特定经济目标的经济组织。为了更好地实现自己的经济利益，这些地方政府必须想尽千方百计，利用各种行政手段来保护本地企业。一方面，地方政府利用自己政策资源来尽力扶植本地企业，另一方面，地方政府又会通过行政手段对外地企业和外地产品的进入设置各种障碍。这种做法从短期来看，可以促进本地企业和本地经济的发展，能够增加地方政府的财政收入。然而，从长期发展来看，这种拔苗助长、急功近利的"非正当"手段只能使得本地企业因丧失市场竞争能力而无法可持续发展，更重要的是"地方保护主义"严重阻碍了国家统一市场的形成，这就使得民营企业失去了其赖以存在的成熟市场平台，这对民营企业的发展来说是非常不利的，在破坏了市场规则的同时，也违背了企业成长规律，严重影响了民营经济的健康发展。

2. 政府管理和政策的不规范性，使得民营企业面临不公平的政策环境。经过长期的思想理论交锋，我国社会公众对民营经济的作用和地位逐渐有了正确的认识，在此基础上，国家还专门修改了宪法法律，民营经济逐渐有了合法地位。但是，与国有企业，甚至与外资企业相比，民营企业在市场准入方面长期以来受到明显的歧视。我国加入世界贸易组织以后，从理论上讲，所有企业都应该平等的，可以由国有企业进入的领域，也应该同时允许外资企业和民营企业进入。但是，在很长一段时间，不仅国有企业能够进入的领域民营企业无法进入，就是允许外资投资进入的许多领域，民营企业也不能进入。这种不合理的政策规定严重影响了我国民营经济的健康发展，打击了民营经济投资主体的投资积极性，使得许多民营企业家对未来市场发展缺乏信心。由于长期以来政策缺乏应有的程序规定，缺乏透明度，存在许多暗箱操作，从而造成企业之间的不平等待遇。在许多重要的经济领域，如银行、保险、证券、通信、石化、电力等行业，民间资本一直难以进入。有些领域虽然民间资本被允许进入了，但又会受到许多资质要求等方面的歧视和苛刻的要求，要经历许多严格而烦琐的审批环节和审批手续。

在我国民营经济发展中受到国家政策严重影响的另一制约因素是民营企业融资难问题。许多研究成果显示，我国民营企业在创业阶段几乎完全依靠自筹资金，90%以上的初始资金都是由业主、创业团队成员及其家庭提供的，民间金融在我国民营经济发展的初创阶段发挥了不可替代的作用，而银行在民营企业融资方面，尤其是在民营经济的创业阶段，所起的作用并不大。虽然一些大型的民营企业在发展壮大之后，融资环境有了较大的改观。但是，大量的中小企业，尤其是民营的小微企业，融资难的问题一直持续到现在仍然未能得到有效解决。造成这种状况的主要因素就是国家政策的不合理。一方面，从间接融资方面来看，民营企业从银行获得贷款相当困难，尤其是那些正处于发展起始阶段的小微企业更是如此。出于无奈，我国一些历史上具有一定民间金融传统的地区，如浙江和广东等省份，民营经济就只好采取民间金融的方式来筹集企业的发展资金。这种处于地下的不合法的民间金融实际上就是高利贷，民营企业要筹集到这些资金，不仅利率很高，而且不受国家法律保护，具有很大的风险。但是，在我国民营经济发展起步的很长一段时间里，在银行对民营经济不予支持的情况下，如果没有这些民间金融，就不会有这些地区民营经济的快速发展。另一方面，从直接融资方面来看，直接融资渠道不畅是制约民营经济发展壮大的另一原因。我国长期实行的是"额度管理"的股票发行制，而国家对于企业上市的"门槛"设得过高，使得民营企业很难在这种股票发行体制下通过公司上市直接融资。同时，我国证券市场规定，发行债券的股份有限公司要有较高的净资产底限，而且还要有实力雄厚、信誉良好的单位作担保，等等，因此，很长一段时间里，民营企业也很难通过证券市场进行直接融资。

3. 政府未能为民营经济发展提供完善的法律保障体系。法律是社会管理的基本规则，对社会发展起着最基本的保障作用。在我国经济体制转型的特殊时期，法律的缺失和不健全严重制约着改革的健康深入。因此，尽快完善与市场经济运行密切相关的法律体系，是发展我国社会主义市场经济的必然要求。市场经济从根本上来说，必然是法制经济，由经济个体根据市场规则所要求的法律规定开展活动，展开竞争。竞争越激烈，越需要具体明确的法律来规范，法律规则的制定越重要。但是，我国民营经济的发展却在很长时间里受到了缺乏完善的法制环境的严重制约。首先是对民营经济地位及其活动的法律规定，经历了一个逐步发展完善的较长过程。尽管在理论界和意识形态领域，随着思想解放的深入，民营经济已从传统认识中的异己力量，逐步上升为社会主义市场经济的必要补充、重要组成部分和主体力量之一，成为促进社会生产力发展的重要力量。但是，这些认识要真正成为可以具体执行的法律规定，不可能一步到位。法律对民营经济的组织形式、政府与民营经济的关系、民营经济运营中的权利、义务，民营企业的社会保障等等方面的规定，都是在实践的基础上逐步从法律层面得以确认的。在这个过程中的相当长一个时期，民营经济的发展不可避免地在一些领域出现缺乏法律保障的状态，对民营经济的健康发展形成了严重的制约。其次是与民营经济发展相关的各类法律的实际执行，也经历了一个从不严格到逐步严格的过程。在民营经济发展的相当长的一个历史阶段，有关民营经济发展的法律在实际中并未能得到严格的执行。由于我国长期缺乏严格的法制环境，不仅长期存在无法可依的现象，更为糟糕的是，即使建立了相关的法律，在很长一段时间里，这些法律由于未能引起社会的足够重视，因而也不可能得到有效的执行。不少地方政府常常会出台一些与这些法律规定相左的政策，而在不少地方的实践中，这些政策的作用常常又是大于法律的。在这种法律环境下，民营经济发展面临的困难是可想而知的。

　　尽管随着改革开放的不断深入，我国许多地方政府都已经为民营经济的发展作出了很多努力，我国不少地方的民营经济得到了快速发展，民营经济已成为这些地方经济增长的重要力量，但是，就全国而言，我国民营经济的发展环境依然不容乐观。我国现实存在的种种体制性障碍使得政府在许多方面难以为民营经济发展提供足够的支持，在某些地区、某些领域，政府过多的干预和过于强势的管理，依然是阻碍民营经济进一步快速发展的瓶颈。民营经济要健康发展，这些瓶颈就必须打破，政府必须深化自身改革，对自身管理行为进行不断的规范和创新。

三　从有利于民营经济发展的角度加快政府自身行为调整

　　我国改革开放之后，各地经济发展出现了明显的地区差异，东部沿海地区率先得到了较快发展。这些地区经济较快发展的原因很多，其中一个很重要的原因，是这些地区的政府善于运用市场机制推动民营经济发展。为了缩小各地民营经济的发展差距，推动民营经济在全国各地的共同发展，国务院专门在 2005 年和 2010 年分别颁布了两个关于鼓励支持和引导民营经济和民间投资健康发展的文件，对各级政府如何鼓励和支持民营经济发展提出了许多具体要求。在此之后，民营企业和社会各个方面对地方政府如何落实国务院文件精神，更好地推动民营经济健康快速发展有了更高的要求和更多的期待，各级政府也尝试从观念、方法、机制等方面进行改革和调整，努力为民营经济发展营造良好的外部环境。

1. 深化政府改革，转变政府职能，真正处理好政府与民营经济的关系。我国各地民营经济发展在现实遭遇到的困难中，最主要的问题，是地方政府未能正确认识和处理好与民营经济的关系。我国改革开放以来的实践证明，凡是地方政府能正确认识和对待民营经济的地区，民营经济一般都能得到较快发展。否则，即使这些地区有其他的一些优势，也难以有效发挥。因此，必须更加重视政府改革和政府职能转变，使地方政府能够理顺自己与民营经济的关系。首先是各级政府的认识和理念还需要进一步作出大的调整，能够从经济长远发展的角度认识推动民营经济发展的重大意义。我国长期实行计划经济，在许多地区，经济的主要基础还是过去国有企业的老底子，政府领导大多是从国有企业成长起来的，老百姓也很少有从事民营经济的经历。因此，这些地区的政府更熟悉传统国有经济的发展模式和发展思路。再加上民营经济在发展的初期，必然会出现诸如规模小、家族色彩浓、技术水平低、产品质量不高等问题。因此，在许多地区，民营经济的发展长期无法得到当地政府的应有重视，甚至在许多领域受到了不同形式的歧视。这些地区的政府必须尽快转变观念，否则，这些地区不仅民营经济不可能得到正常发展，而且这些地区的整个经济也不可能健康发展。因为随着我国市场经济的不断发展，国有经济从一般竞争性领域退出是必然的趋势。那些传统国有经济基础较好的地区，政府必须下大力气尽快采取有效措施扶持民营经济的发展，如果只是按照传统思维，固守原有的产业基础和经济模式，这些地区的经济发展后劲就会出现大的问题。在国家不断强调市场导向的背景下，民营经济在各地的发展空间必然是十分巨大的，无论是民营经济在地区经济总量中的份额，还是民营经济技术水平的提高和产品质量的提升，以及在吸收就业方面的贡献，等等。因此，各级政府必须转变传统观念，把推动民营经济发展放到更加重要的位置上。其次是地方政府的职能定位和管理方式必须尽快调整。要用市场手段，而不是用传统的行政手段去发展民营经济。市场经济条件下经济运行的基本要求，是保证市场机制在资源配置中起主导作用，如果我们不改变目前经济和社会资源的相当部分依然主要依靠行政手段来配置的格局，市场经济就不可能健康发展。因此，必须尽快转变政府职能，尽量减少对民营经济发展的直接干预职能，把市场自己能解决的事情交由市场自身去解决。

2. 营造平等竞争的法制环境。民营经济发展壮大迫切需要有效的法制保障，要推动我国民营经济更加健康发展，必须使其能够像其他所有制经济一样受到同等的法律保护。民营经济在我国社会主义市场经济体系建立的过程中有着巨大的发展空间，这个理论上的发展空间能否成为民营经济实际的繁荣，重要的基础条件是能否尽快建立和营造平等竞争的法律环境。因此，从国家层面到各级政府，都应该更加重视保证民营经济健康发展的法制环境的营造。首先要全面清理和修改一切歧视民营经济的政策法规，逐步建立和完善能够维护平等竞争的法律基础。到目前为止，我国有关民营经济的利益和权益保护的法律还相当零散，法律制度不健全不完善。有关民营企业维权的制度不成系统，缺乏统一性且不同地区执行的力度相差很大，许多好的政策到基层往往被扭曲或难以执行，一些纠纷的异地处理更是十分困难。各级政府必须对修改和完善法律制度给予高度的重视，切实保护民营企业合法权益和作为市场主体的合法地位，进一步完善保障民营企业合法权益的法规和政策体系，旗帜鲜明地维护民营企业和民营企业家的合法权益。在修改完善涉及民营经济的政策法规的时候，不仅要看到制约民营经济发展的现实弊端，还要对未来可能影响民营经济发展的潜在制约因素作出有效的分析；不仅要集中政府管理部门和法律界专家的智慧，还应该有针对性地听取有关商会和民营企业的意见，充分反映民营企业的合理要求，进一步增强民营企业发展的信心和社会责任感。其次，要花力气打造严格依法行政的执法政务环境，维护市场主体平等权利，对市场主体实施平等、有效的保护。我国长期以来存在重政策、轻法律的传统，使得许多法律即使已经修改完善，也难以得到有效的执行。必须加强执法队伍建设，在整个政府系统加强严格的依法行政的教育培训，并且要通过有效的奖惩措施，褒奖依法行政的公务人员，惩戒无视法律、有法不依者，努力提高政府公务人员的依法行政水平。从而使各级政府公务员都能统一执法尺度，严格依法对民营经济实行引导、监督、管理。只有理顺行政执法体制，真正依法管理，才能形成符合法制要求的市场秩序，为民营经济发展创造良好的法制环境。同时，还要为民营经济发展提供公平有力的司法保障。司法机关要进一步转变观念，树立市场主体在财产保护上一律平等的司法理念，对民营经济提供平等的司法保护。加大对民营企业法律风险防范服务，引导民营企业建立危机处理机制，为民营经济主体依法经营、化解法律纠纷提供法律指引。

3. 建立良好的民营经济投融资保障体制。投融资是企业发展的关键，可是，我国民营企业在投资和融资问题上却长期面临着相当程度的困境。投资禁区的大量存在以及融资上的种种障碍，使得民营经济在狭窄的投资领域里和有限的资金支持下很难有更大作为。要想进一步发展壮大民营经济，政府就必须为民营企业营造优越的投资环境并有效解决民营企业的融资难问题。

从投资体制来说，关键是要采取措施使各级政府能够理解并落实国务院关于鼓励非公经济发展的两个36条提出的原则，对民营经济在行业准入方面真正实行"非禁即入"，除去法律中明确禁止民营资本进入的领域之外，民营资本都可以进入。为此，相关部门设置的各种障碍必须逐步拆除，不断深化垄断行业改革，逐步消除行政性壁垒，通过监管体制及监管方式改革、资本多元化改造、可竞争性环节的分离等途径，推进垄断行业的开放。同时，应积极推进民营企业在投资审批、土地、外贸、财税扶持等方面待遇的公平化，放开并创造条件积极引导民间资本进入新能源、环保产业、生物医药、电子信息等新兴产业，还应鼓励民间资本以多种形式参与公共服务、社会事业、公用设施等领域的建设。只有通过更加市场化投资体制的建立，才能为民营经济营造更加公平的投资环境。

在融资方面，我国需要加大金融改革的力度，为民营企业融资的社会化创造条件。我国民营经济发展中，融资难是一个长期未能解决的老问题，这一问题迟迟不能得到解决，不仅影响到了民营经济的成长和发展，而且影响到了国家经济和金融的稳定。比如一直以来对民营经济发展发挥了积极作用的民间金融，长期以来得不到国家的法律保护，一直被认为是地下的非法金融活动，因此存在着很大的风险。在亚洲金融风暴和 2008 年国际金融危机等宏观经济发展形势面临困难的时期，民间金融就会出现许多问题，民间借贷和集资中诈骗事件屡屡发生。往往一个大的民间金融案子，会造成一个地区的经济和社会地震，影响到大批老百姓，对经济发展和社会稳定都造成了严重影响。另一个是企业互保的做法。所谓"互保"，就是指互相担保，也就是企业之间对等为对方保证贷款，当对方还不出钱时需承担还款连带责任。在经济发展的上升时期，企业互保可以减低企业的贷款成本，充分发挥和放大资金的利用效率，加快企业的发展速度。而随着互保贷款所牵涉的企业数量和资金规模屡攀新高，这一融资工具制度设计中的某些缺陷也被快速放大。当经济出现一些问题之后，个别企业发展中的问题，就会牵扯影响到所有互保企业，使个别企业的问题迅速扩大演变为许多企业的共同问题，于是，一系列令人匪夷所思的互保乱象也随之出现，导致大批企业受到牵连。因此，必须加快民营经济发展过程中融资体制改革。关键是理顺政府与市场关系，合力创建符合我国实际的金融机制。政府要为创建这种融资体制营造良好的外部环境，银行要在具体的金融机制、技术、品种等方面有更多的创新，民营企业必须增强规则意识，逐步提高自身在规范有序的市场环境下的竞争能力。

4. 逐步建立完善社会服务体系，加强对民营经济全方位的服务工作。在我国整体经济发展中，民营经济尽管有着无限的发展前景，但是，由于我国民营经济总体来说发展起步晚，基础相对薄弱，许多体制不健全，发展进程中的困难更多，更需要全社会给予关心和爱护。政府应该加快社会服务体系的建设，在信息共享、技术援助、人才开发、项目合作、企业维权等方面为民营经济提供有效服务。其中，行业协会在服务民营经济发展中的积极作用应该给予更多的关注。行业协会作为政府与企业之间的桥梁和纽带，是实施行业管理，维护企业合法权益，推进行业健康发展的重要力量。在我国政府面临转变职能的特殊时期，行业协会更应发挥积极作用，为企业提供完善的行业服务。但从现实来看，我国的行业协会大多是随着政府职能转变，自上而下从政府部门分离出部分职能和部分人员组建的，具有较浓的官方、半官方色彩，因而很难扮演好其应该扮演的角色。从这一点上看，国外政府在本国行业协会成立发展过程中的具体行为对我国政府有着极大的借鉴意义。行业协会作为行业企业法人组成的自我协调和自我约束机制，理应由企业法人自发自愿建立，而不是由政府进行支配。政府要做的只是加快本身职能的转变以给行业协会留出生存空间，因为政企不分，行业协会根本就不可能发挥其应有的作用。在我国民营经济的发展中，各地的工商联和商会发挥了十分积极的作用，成为地方政府与民营企业联系协调的重要渠道，为民营经济的发展发挥了特殊作用。今后要进一步从制度上加强工商联和商会的作用，积极探索构建"商会调解＋仲裁"、"商会调解＋诉讼"的民商事纠纷解决机制，不断拓宽民营企业平息民商事纠纷、维护自身合法权益的救济渠道。充分发挥各级民营企业投诉中心的作用，畅通民营企业反映诉求的渠道。鉴于目前侵犯民营企业合法权益时有发生，成立维护民营企业合法权益专项基金，有利于探索建立一条政府支持、社会认可、企业满意的民企合法权益维护的途径。维护民营企业合法权益专项基金可由民企自愿捐款和政府财政投入共同组成，由社会组织专业委员会负责其运作和监督。其工作内容要普法与维权并重，一方面通过专业法律人士为民营企业维权提供专业支持；另一方面对民营企业进行普法教育，增强其遵守法律法规的自觉性。

总而言之，政府与民营经济主体之间并不存在利益上的冲突，相反两者之间具有极大的利益共荣性。良好的政府管理有利于民营经济的健康快速发展，而民营经济的繁荣有利于社会的稳定与昌盛，从而有利于政府管理合法性的加强。因此，我国政府必须加快自身管理理念及方式的转变和创新，以适应现代经济的发展要求，从而为民营经济发展提供更优质的服务，推动民营经济的不断发展。

（本文系由马力宏主持完成的 2010 年度国家社科基金项目：
《中国特色的政府与市场关系研究》结题报告的一部分）

市场大省与服务型政府建设

改革开放以来，浙江的市场经济得到了快速的发展，浙江已被国人公认为市场大省。在各种全国性的统计中，浙江市场因素的指标多数处于全国领先的地位。但是，市场大省的形象并不能说明我省市场经济的发展环境已经完美无瑕。事实上，与市场经济的快速发展相比，我省各级政府在提供公共服务，为经济发展创造良好的外部环境方面还存在着诸多问题。要保证我省市场经济能够持续健康发展，当前的一项重要工作，是加快服务型政府的建设。

一　市场大省更迫切需要加快服务型政府建设

政府要为社会公众和纳税人服务，这是现代国家对政府的普遍要求。但是，我国当前的服务型政府建设，却有着许多新的特定的背景和含义。一方面，这是我国市场经济发展的逻辑结果。我国市场经济的启动期是典型的政府主导型市场经济，但是，长期的政府主导型模式逐步积累起了相当多的经济矛盾和社会风险，迫切需要推行以政府转型为重点的结构性改革；另一方面，近几年来抗击 SARS 等突发公共危机的实践和全社会对科学发展观问题与日俱增的关注，使建设服务型政府的问题变得更为紧迫。有各种意向表明，以政府转型为重点的结构性改革将是我国"十一五"规划的中心环节。[①]

而在浙江，由于市场经济发展的速度更快，对政府管理提出的要求也

---

① 高尚全：《建议把政府改革作为"十一五"的中心》，http：//www.chinanews.com/news/2004/2004 - 09 - 16/26/484508.shtml。

更高，各种矛盾也比其他地区得到更早、更为充分地暴露，更早地感受到了经济社会发展和成长中的各种烦恼，因而，公共服务型政府的建设也显得更为紧迫。

（一）我省现代化进程面临许多深刻的结构性失衡，迫切要求政府拿出更加积极有效的对策

许多国家的实践证明，现代化的过程将伴随一系列社会的结构性失衡。① 许多国家在现代化进程中，都经历了如何应对经济发展所带来的结构性失衡的考验。随着我国经济的快速发展，我们也不可避免地要经受这种结构性失衡带来的考验。我省的现代化进程在许多方面要快于全国，因此，各种结构性矛盾也更有分析的价值。近年来，虽然我省经济，包括农村经济发展都较快，农民收入在全国领先，但社会成员贫富差距、发达与不发达地区差距、城乡发展差距依然在继续拉大，这些矛盾已成为影响我省经济社会健康发展的重要制约因素。1983 年时，我国城乡居民收入差距为 1.70：1，而到 2003 年时，浙江这一差距已达到 2.43：1。② 尽管其幅度要小于全国平均水平，但反映出来的结构性矛盾，更加使人焦虑。经济发展到了浙江这样的程度，城乡差距依然在扩大，可见解决城乡差距问题的艰巨性和长期性。从表面上看，是农民收入增长较慢拉大了城乡差距，然而，造成农民收入增长不快的原因并不在农民本身，影响农民增收的最大制约因素是将城乡人为地划分为"两个世界"的城乡二元结构的管理体制。因此，政府如何从根本上破解这些体制性、结构性矛盾，有效实现城乡统筹发展，无疑将成为推动我省经济社会发展的关键。

（二）快速发展的经济面临生产要素供给日趋紧张的巨大压力，需要政府通过有效的办法加以缓解

自改革开放以来，浙江与全国大多数地区一样，经济发展主要采取的是粗放型的增长方式，力求以更大的规模、更多的投入、更高的资源消耗

---

① ［美］塞缪尔·亨廷顿：《变革社会中的政治秩序》，生活·读书·新知三联书店 1989 年版，第 4 页。

② 卓勇良：《浙江经济国际竞争力现状及其技术支撑因素》，《改革与发展研究》2004 年第 4 期。

来换取更快的速度，因此，在经济高速发展的同时，不可避免地出现了资源的严重浪费。近几年，我省生产要素的供给变得越来越紧张。首先是土地问题，浙江历来面临人多地少的环境压力，这几年企业雨后春笋般地建立和大规模的城市化进程，使我省的土地供需矛盾更为突出。电力、油、煤等能源的供应也出现前所未有的紧张状况，电力供应已从局部性、阶段性紧张转变为全面型、持续性紧张。2003 年下半年以来，又相继出现柴油、煤炭等能源的供不应求。水资源的短缺也变得十分明显。而铁路、水运、公路和城市交通运输方面的问题，也越来越引起了人们的焦虑。不仅这些基础性物质要素出现严重短缺，而且，我省经济发展所需要的资金要素、技术要素和人才要素也十分紧张。中小企业融资难，企业技术创新动力不足，更为令人焦虑的是，浙江经济发展的人才资源供不应求。据省委组织部和省人事厅 2003 年的一个调研报告介绍，我省人才的总量、素质、结构与经济大省的要求有着相当大的差距。[①]

经济的发展需要各种生产要素的合理组合，在这些生产要素的供给方面，企业自身是无能为力的。政府的作用，就是帮助企业解决他们自身解决不了的问题，设计出一种机制，营造一种环境，保证企业发展所需要的各种生产要素得到有效供应。浙江经济发展的现状，迫切需要浙江各级政府在各类生产要素供应方面提供更好的服务，发挥更加积极的作用。

（三）生态环境问题更加突出，急需政府发挥好弥补市场缺陷的特殊作用

经济发展与生态环境之间有着十分微妙的关系，一方面，几乎无人不知两者的正相关关系，要实现经济的可持续发展，必须防止污染，保护环境。但是，当生态环境与自身的直接经济利益发生矛盾时，不少人却又采取了相反的做法。从企业来说，在市场机制的作用下，为了追求自身的利益最大化，往往采取逃避治理污染责任的做法。从政府来说，保护生态环境防止污染本应是政府的天职，但是，不少地方政府为了快速发展本地经济，却容忍甚至鼓励和引进污染企业。在这种情况下，环境问题必然会成

---

① 浙江省委组织部、浙江省人事厅课题组：《浙江省人才队伍建设专题调研报告集》，第 9 页。

为经济健康发展的严重隐患。浙江的经济发展受粗放型经济增长方式的影响，高消耗、高排放的状况依然严重存在，部分地区的环境污染问题十分突出。有的地方甚至已找不到一条没有污染的河流。尤其是农村，不少地方的工业污水、农业污水和生活污水"三污合流"已大大超过水体的环境容量。在不少农村，垃圾的污染已不堪重负。另外，近些年，洪涝、干旱、台风、山体滑坡等自然灾害发生的频率也在增加，对企业和人民群众的生命和财产造成了重大损害。

生态环境是经济发展的基础，生态环境一旦受到破坏，经济的发展就无从谈起。世界各国在这方面有着大量惨痛的教训。但是，生态环境问题的确无法依靠市场机制去解决，各级政府在生态保护方面有着不可推卸的责任。对于地少人多、经济快速发展的浙江来说，迫切要求各级政府在这方面有更大的作为，发挥出更加积极的作用。

（四）社会发展相对滞后，要求政府采取有效措施实现经济社会的协调发展

浙江的经济自改革开放以来得到了较快的增长，但是，相对于快速增长的经济，我省的社会发展却相对滞后。不少地方政府以 GDP 为中心，片面地追求经济增长指标，对应当解决的市场环境、就业、收入分配、社会保障、教育、医疗等问题缺乏足够的关注。由于基本的公共服务和公共产品的供给不够充分，造成了经济社会发展一定程度的失衡，其中，医疗卫生和教育等问题最为突出。就全国来说，与改革开放 25 年来经济的快速发展相比，国家财政对公共医疗投资增长的幅度相对缓慢，有的方面甚至出现了倒退。1978 年时，全国农村合作医疗的覆盖面已达 85%，到了 2003 年时却连 20% 都不到。[1] 我省的情况也一样，公共医疗方面的财政投资增长远低于经济的增长速度。宁波是全省实施合作医疗制度历史较长的地区，但是农村合作医疗的覆盖面也逐年呈下降趋势，到 2003 年，宁波全市实际参加合作医疗的人数只占农业人口的 24.1%，并呈逐年下降趋势。[2] 农

---

① 迟福林：《谈以政府转型为重点的结构性改革》，《中国经济时报》2004 年 8 月 5 日第 5 版。

② 方剑乔：《建立和完善我省新型农村医疗体制迫切性和对策》，载于《全面、协调可持续》，当代中国出版社 2004 年版，第 301 页。

村医疗制度的缺失，直接的后果是导致农民健康水平下降，农村因病致贫、因病返贫的人数不断增加。浙江的教育问题更应该引起重视。从全国各地财政性教育经费占国内生产总值的比例来看，2002 年，全国平均为3.19%，而浙江只有 3.0%，竟低于全国 0.19 个百分点。中国的义务教育投入本身是处于低水平的，我国是以占世界 1.5% 的教育经费支撑着占世界 20% 的教育人口。就是这种低水平的投入，在过去有近一半是由农民承担的。当时的农村教育费附加和农民捐资集资对保证农村义务教育的正常运转发挥了重要作用。2001 年以来，全国已有 20 多个省市实行了农村税费改革。根据方案，教育费附加、教育集资等直接与义务教育相关的收费被取消，农村义务教育的投入渠道相对减少。按浙江省的改革方案，教育投入减少了近 11 亿元，虽然省财政安排了专项体制转移支付资金 4亿元和专项补助 4 000 万元，但缺口仍有近 6.5 亿元①。农村的义务教育是我们整个国家教育的重要基础，事关整个民族的整体素质，是政府义不容辞要提供好的公共产品。对于经济走在全国前列的浙江来说，卫生、教育、社会保障等各项社会事业的发展没有理由落在后面。把政府工作的重心从主要关注经济发展本身转到重视经济和社会并重发展，是服务型政府的基本要求，我们浙江各级政府在这方面面临着艰巨的转型任务。

（五）社会矛盾增加，政府保障社会稳定的职能面临更加严峻的考验

国际上许多国家的经验证明，在人均 GDP 处于 1 000—3 000 美元这一阶段，是社会发展的多事之秋。无疑，我们浙江已经进入了这个发展阶段。随着工业化和城市化的不断推进，我省各地的开放性和流动性在明显增强。社会生活变化的加速，必然会导致许多不稳定因素的出现。一方面，由于区域发展不平衡和人们收入差距的扩大，各种社会矛盾和摩擦将不可避免会有所增加，有些人会出现心态失衡，从而引发各种类型的纠纷甚至群体性事件。在此基础上，各种恶性犯罪案件也在不断增加，使社会安全面临严重挑战。另一方面，由于经济的高速发展和市场机制对利益最大化的追求，各种生产的安全隐患也越来越多。浙江

---

① 汪华瑛：《城乡结构下浙江义务教育发展对策》，载于《全面、协调可持续》，当代中国出版社 2004 年版，第 356 页。

作为我国民营经济最为活跃的地区，在这方面面临着巨大的压力。民营经济一方面由于它的灵活机制，极大地推动着浙江经济的快速发展，但是，大量的事实证明，确有一些民营企业为了实现利润最大化而无视安全生产。我省近几年接连有民营企业发生重大安全生产事故，人民生命和企业财产遭受了巨大损失，从中足以看到我省在安全生产方面面临的严重挑战。社会稳定和社会安全是经济发展的基础，保持社会稳定和社会安全是政府义不容辞的职责，因此，必须加快服务型政府的建设，为我省经济发展提供安全的社会环境。

二　我省服务型政府建设的路径选择

服务型政府建设的实质是政府管理类型的转变，这种转变涉及政府管理的方方面面，需要政府管理进行全面的改革。

（一）加快政府职能转变，加快政府主导型经济的转型

自改革开放以来，我省各级政府的职能转变取得了很大的成绩，初步摒弃了计划经济时期政府无所不管的做法，在推动我省经济发展中发挥了十分积极的作用。但是，与全国许多地方一样，我省不少地方政府在微观经济活动中依然介入过多，政府对经济的直接影响过大，形成了政府主导型的经济发展模式。这方面较为典型的表现，一是在土地等重要生产要素的供给中，政府依然起着主导的作用。土地事实上已经成为地方各级政府的重要收入来源。因此，各地土地违规行为中，其背后大都与地方政府有着一定程度的瓜葛和联系。地方政府对土地利益的过分追求，使中央对土地的宏观调控难以有效落实。二是一些地方政府在全社会固定资产投资方面仍然充当着主要的投资主体的角色。尽管我省民资充裕，民间资本已成为我省经济建设和投资的重要主体，但是，由于投资体制改革相对滞后，民间资本的投资作用并未能得到充分的发挥。再加上近几年由于实施积极的财政政策，地方政府的投资审批权有所扩大，而且，通过负债进行投资扩张，地方政府投资主体的角色实际上得到了加强。

地方政府既通过经营土地资产、经营城市，又通过负债进行投资扩张，在地方经济中发挥了不可替代的主导作用。这种政府主导型经济在我

国市场经济发展的起始阶段还是有积极意义的，我国从计划经济向市场经济转型的启动，需要借助政府的力量。但是，在我国市场经济体制框架初步形成的大背景下，继续让政府在经济发展中起主导的作用，既不利于加快推进国有企业的改革，也不利于民营经济的发展。政府在经济发展中起主导的作用意味着政府依然直接掌握着大量的经济资源和干预微观经济活动的权力，这也使制约经济发展的许多体制性问题难以得到有效解决，不利于市场经济体制的健康发展。因此，我省各级地方政府应当尽快从市场经济和经济建设的主导地位中转换出来，转向为市场主体和经济建设服务。这里的关键，不仅仅是对政府主导型经济的弊端要有深刻的认识，更重要的是要加快政府绩效评估体制、干部人事管理体制尤其是政府对经济社会事务的审批制度等重要制度的改革力度。由于经济发展状况较好，浙江在这些重要制度的改革方面可以采取一些更有力度的措施，从而为经济的长期健康发展创造更加有利的外部环境。

（二）改革财政模式，加快建立公共财政体制

政府职能在经济活动中的越位，往往是与公共服务中的缺位相联系的。因此，在要求政府从经济活动的主导地位中退出的同时，政府如何把弥补市场缺陷的功能更好地承担起来，必然成为服务性政府建设的另一个重要内容。这里的关键是如何尽快建立公共财政体制。公共财政是适应市场经济的要求而形成的一种财政类型。在市场经济条件下，市场有着种种不可避免的先天缺陷，因此，政府的各种公共服务和公共产品成为弥补市场缺陷、保证市场经济健康发展的必需品，而为这些公共服务和公共产品提供的各种财力，就是公共财政。公共财政是用来提供公共产品的，它的活动边界以市场失效与否为依据，凡是市场有效运行的范围和领域，公共财政不应再去介入，在市场失效的范围和领域，政府的公共财政必须有效介入，及时弥补市场缺陷。

显然，我国当前的财政模式并不是公共财政。在我国当前，政府的政权组织和资产所有者两重身份在分配上尚未分开。这就使得我国财政公共服务性质的非生产性活动，与国有资本性质的市场性活动，通过统一的政府分配活动而混淆在一起。财政学家叶振鹏先生提出了建立双元财政模式的设想，即将我国财政公共性质的收支和国有资本性质的收支区分开来，

分别形成公共财政和国有资本财政。从而使我国的公共财政只承担弥补市场失效的任务，而发展壮大营利性国有经济的任务，则留给国有资本财政去解决。[①] 双元财政模式的设想为在我国建立公共财政体制提供了很有价值的思路。

在具有我国特点的公共财政体制建立的过程中，浙江可以发挥非常积极的作用。浙江经济较为发达，民资充裕，国有经济所占比重相对较小。这些特点，使我们在把公共财政与国有资产财政加以分离时面临的阻力和压力会相对较小，从而有可能首先从当前生产投资型财政中走出来，在全国率先进行建立公共财政的探索。当然，公共财政体制的建立是一个复杂的过程，有着极强的政策性，任何一个地区都不可能在这方面独自走得太远。但是，浙江毫无疑问应该在我国公共财政体制建立的过程中发挥更加积极的作用。从当前来说，应更多地考虑采取具体措施，逐步建立财政硬约束制度，切实降低政府用于竞争性领域的财政支出，将政府财政支出的重点真正转向公共安全、公共卫生、公共教育和社会保障等公共服务领域。

（三）构建符合浙江实际的社会保障服务模式

服务型政府建设是市场经济的普遍要求，但是，不同的国家和地区由于所处的条件不同，必然会采取不同特色的公共服务模式。探索符合本地特点的公共服务模式是建设合格的服务型政府的关键。

服务型政府的一项核心任务就是为公民提供社会保障，即向公民提供维持基本生活所需的养老保险、医疗保险、失业保险、伤残保险、社会救济以及食物住宅等社会福利服务。目前，世界上有各种类型的社会保障模式，有的把公平作为首要的价值理念，强调以国家为主体，实行对全民的普遍保障；有的强调"效率主导型"或"自主积累型"，通过国家立法等强制手段，以个人或家庭的储蓄来进行自我保障。各国和各地都有自己的特殊性，社会保障模式不可能照搬。在我国社会保障体制改革的总体框架下，我省在构建社会保障模式时，以下方面应该给予更多的关注。

---

① 叶振鹏、张馨：《公共财政论》，经济科学出版社 1999 年版，第 14 页。

第一，社会保障服务要以救援为主，强化并全面推进最低生活保障制度建设。根据我省的现实，尽管改革开放以来经济有了长足的发展，但是，仍然有相当多的人口处于贫困状态，且很多劳动者在短期内难以进入制度化社会保障体系，因此，必须将最低生活保障制度建设作为整个社会保障体系的重点，强化并全面推进最低生活保障制度建设。我省的城镇居民最低生活保障制度，尤其是农村居民最低生活保障制度的建设一直走在全国前列，随着我省经济的进一步发展，这些制度也需要进一步完善，可以考虑将基础养老金与最低生活保障线统一起来，使每个人最基本的生存权利得到有效保障。

第二，节制水平、规范制度、突出重点、循序渐进。2004 年我省人均 GDP 已接近 3 000 美元，按照世界银行的标准，已进入中等发达水平。但实际上仅仅是进入中下等水平的门槛。与发达国家之间仍然有着很大的差距。这个时候进行社会保障制度设计，一定要务实，既要借鉴发达国家的成功经验，也要吸取他们的教训，尤其是欧洲福利国家的教训。欧洲发达国家的社会保障制度从高福利开始，多年的运行使社会对福利要求形成了惯性，由此造成了各国的高税收和生产的高成本、社会的高失业率以及企业和国家竞争力的降低。统计研究表明，国家福利型不利于国民经济的良性运行。[①] 因此，我省在设计社会保障服务时一定要注意吸取国外的教训，避免重蹈国家福利型的覆辙，量力而行，节制水平，循序渐进，为社会保障制度的良性发展打下基础。

第三，在发挥政府主导作用的同时，社会保障服务体系要发挥好社会和市场的作用。一方面要按照以自助为主、互助为辅的原则引导社会性自助与互助保险事业的发展。随着我省人均收入的不断提高，公民自助保险的空间将越来越大，可以尝试像新加坡那样建立以个人账户为主导，以鼓励高收入人群购买额外的商业保险为辅的社会保险体系。另一方面，要采取措施让社会保险金的管理逐步走向市场化，在建立严格和规范的保险基金管理公司准入的基础上，让保险基金管理公司参与市场竞争，实现效益最大化。

---

① 　穆怀中主编：《社会保障国际比较》，中国劳动社会保障出版社 2002 年版，第 80 页。

（四）逐步健全公共服务的各项制度和方式，不断提高公共服务的质量

公共服务有许多制度和方式上的要求，要建设服务型政府，必须逐步健全这些与公共服务有关的制度和方式。

首先，要合理划分各级政府在公共服务领域的职责权限，发挥各个层级政府在公共服务中的积极性。中央以及省市县乡各级政府都是公共服务的主体，既有共同的任务，又有着不同的职责权限。不同层级政府在公共服务体系中的职责权限要加以科学界定，否则，既影响各级政府的积极性，又必然影响公共服务的质量。我省当前在农村教育、农村医疗卫生、外来人口的社会保障等方面出现的问题，都与各级政府公共服务的职责权限划分不科学有关联。公共产品和公共服务的一个基本原则是属地原则，是全国性或影响全省范围的公共产品和公共服务，就得由中央或省级政府来提供，只影响乡镇或县域范围的公共产品和公共服务，只能由乡镇或县级政府来提供。因此，当前急需做的一项基础性工作，是尽快对各级政府在公共产品和公共服务方面的具体职责权限加以科学的划分。

其次，要积极妥善推进公共服务主体的多元化和公共服务方式的市场化。我国政府要从经济建设型向公共服务型转变，但是，这并不意味着政府要包揽公共服务的全部事务，政府只是公共服务的重要主体，但不是唯一的主体。因此，公共服务也要从政府全能型、统包型转向有限型。政府要从公共服务的直接提供者转向公共服务的促进者、指导者和合作者。当然，公共服务主体的多元化和公共服务方式的市场化是一个渐进的过程，要与我国和我省经济、政治、法律和文化的发展相适应，不可操之过急。

最后，要适时而合理地制定公共服务的最低标准，依据公共服务的最低标准，合理、公平地分配公共资源，逐步缩小城乡之间和地区之间公共服务上的差距，克服公共服务资源分配不公现象。对于我们浙江来说，随着经济的不断发展，要注意适时地调整和提高公共服务的最低标准，要不断加大对不发达地区的转移支付力度。只有这样，才能不断缩小发达地区与不发达地区的贫富差距。

在这个问题上，当前关于"农民工"与市民新二元结构的问题应该引起政府，尤其是像浙江这样较为发达地区政府的重视。在我国城市化的进程中，农民工已成了城市工业化和城市建设不可缺少的重要力量，特别是在浙江等一些经济较为发达的地区，大量廉价农民工的涌入，为这些地区的经济和社会发展提供了极为重要的劳动力资源。他们在城市干的是最苦最累的工作，收入最低，社会保障最差，医疗卫生、子女教育等都无法与城市居民相比。这实际上是一种很不公平、很不正常的现象，是计划经济时期城乡二元结构问题的遗留。在市场经济体制初步建立的今天，不应该再允许"农民工"与市民这种新二元结构长期存在。我们浙江应该在这方面作出新的探索。服务型政府不仅要为本地居民服务，而且要为外来的农民工服务。只有在这些农民工的子女教育、医疗卫生等后顾之忧得到了解决之后，他们才能在当地经济发展中作出更大的贡献。这是一种双赢的选择，因为城市和发达地区的发展需要外来劳动力的加入。

第四，要提高公共服务的透明度和公开化程度，加大对公共服务的监督力度，严格禁止和杜绝公共服务中的乱收费、乱涨价现象，保证公共服务的质量。在我省经济社会快速发展的过程中，由于某些公共产品或准公共产品供求失衡和管理不规范，导致在某些公共服务领域出现了腐败和混乱现象。如教育乱收费、计划生育乱罚款、公立医院乱开药，等等，在公众中造成了极坏的影响。因此，要加大监督和打击的力度。对于某些确实需要适当收费的准公共产品，各级政府要依据国家法律，确定收费的最高限额，公开、规范、依法收取。服务型政府的建设是一个长期的任务，市场越活跃、经济越发达，对政府在公共服务方面的要求就越高，国外市场经济发达国家在这方面为我们作出了许多很好的榜样。浙江的服务型政府建设依然任重道远。

（本文原发表于《浙江社会科学》2005 年第 3 期）

第四编

城镇化的进程和模式选择

农村城镇化：浙江的模式和特点

农村城镇化是我国农村社会实现现代化的基本途径之一，是当前我国农村社会共同的发展趋势。但是，由于不同的地区具有不同的自然条件和不同的人文历史传统，所处的经济与社会发展水平也不尽相同。因此，各地在农村城镇化进程中也必然表现出各自不同的特点，形成各自不同的发展模式。只有了解这些不同的特点和不同的发展模式，才能把握农村城镇化发展的全貌。

浙江的农村城镇化在全国很有影响，其原因不仅在于浙江农村城镇化发展较快，在不少方面走在全国的前列，更主要的是因为浙江农村城镇化具有许多鲜明的特点，创造了不少影响深远的发展模式，正是这些特点和模式才构成了具有浙江特色的农村城镇化之路。

一 浙江农村城镇化的主要特点

浙江农村城镇化是以浙江历史和现实的经济社会条件为背景的。这种背景条件最主要的内容包括以下三个方面：一是人多地少、自然资源匮乏。浙江人均自然资源拥有量仅相当于全国平均水平的 11.5%，人均耕地只有 0.5 亩，仅为全国平均水平的 1/2。二是浙江地处海防前线，长期以来国家投资较少。1952—1978 年，浙江的国有投资人均只有 410 元，也只相当于全国平均水平的 1/2。三是浙江人在长期艰苦创业的历程中，尤其是在 20 年的改革开放中逐渐形成了"自强不息、坚忍不拔、勇于创新、讲求实效"的精神风貌。正是在以上这些经济社会条件的基础上，浙江的农村城镇化形成了自己的诸多特点。

（一）依靠农村工业来推动城镇化

在第一章的论述中我们已经提到，整个中国的农村城镇化就是建立在农村工业化的基础之上的。因此，在我国的所有地区，农村工业都是农村城镇发展的基本动力。而在浙江，由于历史和现实条件的制约和影响，城镇化在更多的方面需要借助农村工业的力量。因此，农村工业对农村城镇发展的推动作用更为明显。

首先，从历史和现实条件的对比来看，新中国建立以来，浙江省所形成的经济发展格局，使浙江只能更多地依靠农村工业来推动整个经济和社会的发展，包括农村城镇的发展。在长期的计划经济时期，浙江的经济主要是依靠农业的发展，当时的城市工业明显落后于全国的平均水平。到1978年，浙江的工业总产值在社会总产值中的比重只有 54.4%，比当时全国 61.9% 的平均水平还低 7.4 个百分点。城市工业的滞后使浙江经济包括城镇建设受到了严重的制约，无法按常规方式发展，只能通过新的途径。这种新的途径就是 70 年代末在浙江等地首先发展起来的乡镇企业。到了 80 年代，在改革开放的形势下，浙江人长期被压抑的通过艰苦创业来追求富裕的热情，在乡镇企业的发展中进一步得到了充分的发挥。浙江的乡镇企业很快就走在了全国的前列。正是由于乡镇企业的快速发展，整个浙江的经济增长速度也走在了全国的前列。可见，在浙江改革开放 20 年来的经济和社会发展中，农村工业已成为最重要的推动力量。农村城镇化作为整个经济和社会发展的重要组成部分，当然也不能例外，农村工业也必然地成为浙江农村城镇化最重要的推动力量。

其次，从农村工业化发展的内在规律来看，农村工业的发展与农村城镇化存在相互依存关系，农村工业的逐步发展和升级，本身就会推动农村城镇化的发展。乡镇企业在发展之初之所以大量分散在农村，主要是由于农村廉价的劳动力和廉价的土地资源。但是，随着市场竞争的日趋激烈，企业生存的社区环境变得越来越重要。交通运输、邮政设施、信息服务、宾馆餐饮，以及教育、卫生等方面的条件制约和影响着乡镇企业的进一步发展。为了在竞争中取胜，乡镇企业必然会关心和投资所在地的城镇建设，从而推动城镇的发展。乡镇企业从小到大升级发展的每一步，事实上都对当时的农村城镇发展起到了推动作用。以村村冒烟为基本特征的初始时期的乡镇企业，虽然由于它的分散性而导致了小城镇建设的遍地开花，但在当时的社会历史条件下，它们毕竟有效地启动了农村经济发展和农村城镇建设。如果没有当时乡镇企业和小城镇的发展，我们后来的调整和提高也就无从谈起。事物总是不断进步、不断发展的，我们不能割断历史，不能用今日的眼光和标准来全盘否定当时条件下的做法。当后来乡镇企业为了提高规模效益和企业质量而逐步向小城镇集聚时，无疑更直接、更有效地提高了农村城镇的质量。即使是近几年出现的一些著名乡镇企业向大城市的"迁都"，实际上也对农村城镇化的发展起到了积极的推动作用。因为一方面，向大城市输送更多的城市因素本身就是农村城镇化的题中之义；另一方面，"迁都"行为还会对各地城镇发展起到警示作用，促使各地城镇政府更加重视城镇建设，以更优美的环境和更优质的服务留住企业。

（二）依靠专业市场来带动城镇化

浙江是一个市场大省，尤其是专业市场的发展在全国很有影响。浙江的专业市场无论是数量还是质量都在全国名列前茅。专业市场的繁荣，不仅有力地推动了浙江经济的快速增长，也有效地带动了浙江农村城镇化的发展。在浙江，专业市场、农村工业和小城镇建设，都是20年来促进经济发展的几个重要因素，这几者之间实际上不可能各自孤立，而是相互影响、互为条件的。因此，浙江农村城镇化的另一个重要特点，是城镇化与专业市场的发展相联系，依靠专业市场来带动城镇化。这种联系和带动主要表现在以下方面。

首先，专业市场的发展充分而有效地激发了浙江经济的市场活力，从而为浙江农村城镇化打下了坚实的基础。浙江在历史上手工业、商业比较发达，老百姓素有经商习惯，商品经济意识较强，不少地方长期以来都有民间集市的传统。这些习惯和传统为专业市场的发展提供了良好的前提条件。而专业市场的发展，又使这些经商习惯和集市贸易传统的市场因素得到了充分的扩张，使之成为一种现代意义上的市场力量。专业市场的兴起，不仅使大量的经营者较快地富裕了起来，使这些传统的集市贸易变成交易额在全国领先、对全国市场交易有重大影响的现代专业市场，更主要的是，它使市场经济意识和市场机制成为当地经济和社会发展的最基本的观念和制度基础，从而使其他经济活动，包括农村城镇化，都有了按市场机制发展的可能。

其次，由于市场与城镇有着内在的联系，专业市场发展了，必然会带动城镇的发展和繁荣。任何一个城市，包括任何一个城镇的兴起和发展，都必须有社会各个方面条件的配合。在世界上，绝大多数城市的兴起都是起因于工商业的发展。只有极个别的城市，是由于政治原因发展起来的。就大多数城市或城镇而言，离开了工商业，该城市就失去了存在的基础。我国改革开放 20 年来，一些地方也出现过由政府出面开展的造城运动，企图通过造城来活跃市场、发展经济。但是，由于没有首先培育好市场，缺乏必要的市场基础，因此，如此造出的只能是一座座空城、死城，不可能持久发展。显然，有城无市不是真正的城市。相反，在浙江，各级政府首先关注的是专业市场，在市场发展的基础上再去带动城镇建设。事实证明，这样做才符合城镇发展的规律。把专业市场办兴旺了，城镇就有了发展和成长的基础。"办一个市场，兴一群产业，活一片经济，富一方百姓，建一个城镇。"这是一个逻辑的过程，是一个相互影响的结果，这已被浙江各地大量的经验所反复证明。

（三）充分依靠民营经济来发展农村城镇

浙江的经济发展，民营经济发挥了非常积极的作用。同样，浙江农村的城镇化，民营经济也发挥了特殊的作用。充分依靠民营经济，是浙江农村城镇能够快速发展的一条成功经验。

我们在前面的论述中已提到，城镇的发展是以工商业为基础的。但是，在我国实行市场经济之后，国有资产不可能有多大的份额能够投入到小城镇的工商业中去。因为与计划经济时期的做法不同，在市场经济条件下，政府不会再过多地介入竞争性领域，即使在国有经济需要介入的领域，一般也大多集中在大中城市。因此，小城镇工商业的发展只能更多地依靠非国有经济。

浙江历史上形成的经济格局，使浙江在一开初就自觉地意识到了要充分依靠民营经济来发展农村城镇。在新中国建立后前 30 年的计划经济时期，浙江不是国家投资的重点，其间浙江国有人均投资排在全国各省的最后一位。1978 年以来，情况虽有所好转，但是，浙江的国有投

资人均水平依然排在全国的二十几位。面对国有投资的匮乏，浙江只能
更多地依靠民间投资来发展工业，来推进小城镇发展。浙江省较早就实
行了"公有制为主体、多种所有制经济共同发展"的方针，非国有经
济特别是个体私营经济和自愿组合的各种股份制经济在整个经济中占有
很大的比重。截至 1999 年，浙江的工业总产值中，非国有工业已占
89%。这些非国有工业，有很大一部分是在原先农村乡镇企业的基础上
发展起来的，他们在当时的条件下不可能直接迈入高门槛的大中城市，
而只能利用农村城镇的条件求得自身的发展。因此，这些民营企业从小
到大不断嬗变、重组、壮大的发展历程，在一定程度上也就是浙江农村
城镇化的发展历程。

为了依靠民营经济来发展农村城镇，浙江各地采取了许多吸引民营经
济的扶植措施，从降低入镇的费用、减少手续，到专辟工业小区；从积极
兴办教育、卫生等公共设施到创造条件提供各种信息服务。正是在民营经
济不断发展壮大之中，浙江各地的农村城镇也日新月异地成长起来了。

（四）实行市场化运作

我国农村城镇化发展是和我国社会主义市场经济体制的建立同步展开
的。因此，农村城镇化与计划经济时期的城市化完全不同，它不是国家指
令性计划的结果，而是一个市场化的过程，是市场竞争的结果。在市场化
程度较高的浙江省，农村城镇化的市场化运作主要表现在以下两个方面。

1. 城镇化热点区域及其地位的确定是市场选择的结果

在浙江农村城镇化过程中，不仅涌现出了一批新兴的城镇，扩大和提
高了一批原有城镇的规模和影响，还使一部分城镇发展成为小城市。但
是，这些农村城镇化过程中的热点区域及其地位并不是由哪一级政府指令
性计划安排的，而是农村经济发展对城镇化作出的市场选择。比如龙港镇
在苍南县的地位，柯桥在绍兴市的地位，义乌在金华市的地位，等等，在
一定意义上都是市场选择的结果。

2. 城镇建设资金通过市场化方式筹集

在我国农村城镇化发展过程中，各地遇到的最直接的困难是投入建设
资金不足。无论是新城镇的建设，还是老城镇的扩建，无论是道路、供
水、排污等基础设施，还是保证该城镇经济发展的基础产业，都离不开大

量资金的投入。在政府资金有限的情况下，广泛吸纳民间资金成了浙江农村城镇化的必然选择。

浙江能够有效地通过市场化方式筹集民间资金来进行城镇建设，得益于两个方面的优势，一是民资殷富，而且老百姓具有较强的市场投资意识。改革开放以来，成千上万的浙江人发扬"千方百计、千山万水、千言万语、千辛万苦"的"四千"精神，走南闯北、开拓市场，既积累了一定的资本，又提高了对市场机会的把握能力，具有较强的市场投资意识。当家乡开始进行大规模农村城镇化建设时，他们看到了其中的投资价值和商机，有意识也有能力进行投资。二是浙江各级政府能够自觉地遵循市场经济规律，敢于打破陈规，率先制订了土地的有偿使用政策，利用政府的宏观调控手段，引导社会资金投向城镇基础设施建设和基础产业，有效地推动了农村城镇化进程。

（五）政府进行积极的调控和指导

浙江农村城镇化遵循了市场机制，但农村城镇化不是一种民间的自发行动，而是政府指导下的有组织的经济和社会活动。因此，各级政府在农村城镇化的过程中发挥了非常积极的作用。当然，这种作用与计划经济时期的政府作用不同，不是由政府来包办各种事务，而是政府在市场机制基础上对农村城镇化的有效调控和指导。

组织制定规划的功能受到了浙江各级政府的重视。尤其是前期由于规划不力引发了各种矛盾之后，更使各级政府看到了自己在农村城镇化进程中的主要职责，在 20 世纪 90 年代中后期，各级政府有效地发挥了组织制定规划的功能，保证了农村城镇化的健康发展。

组织筹措城镇建设资金也是浙江各地城镇政府在城镇化过程中较为重视的一个职能。小城镇与大中城市发展不同的一个重要方面是，大城市的建设资金是纳入国家预算的，由国家拨款或由国家出面筹措。而小城镇则不同，主要以本级政府自筹资金为主。正因为如此，浙江各地城镇政府对组织筹措城镇建设资金都十分重视，并在这方面发挥了十分积极的作用。

户籍和人口管理也是城镇政府的重要职能，浙江各级政府在这一方面的改革，有效地推进了浙江的农村城镇化。我国传统的户籍制度是计划经济条件下二元结构的产物，正是这种制度长期把农民束缚在农村。要推进农村城镇化，增强小城镇对农民的吸引力，就必须改革传统的户籍制度，实施有利于促进人口集中居住的户籍制度。浙江省有许多城镇政府对小城镇户籍制度进行了有效的改革，在许多方面进行了有益的探索和尝试。有的城镇明确提出，只要在城镇建成区有固定住房、有稳定的收入，就允许在小城镇落户。这些措施有效地吸引了农民进城。

浙江各地城镇政府在培育和管理市场，在指导农村城镇精神文明建设，培育良好的城镇社会风气方面也都投入了很大的力量，为浙江农村城镇化的健康发展发挥了十分积极的作用。

二　浙江农村城镇化的多样化模式

浙江省虽然地域不大，但是经济和社会发展状况的差异却较大。在农村城镇化的进程中，浙江各地区八仙过海、各显神通，充分发挥和运用本地优势，从而形成了农村城镇化的多样化模式。

（一）以工兴镇

这是浙江农村城镇化最主要最基本的一种模式。据测算，在浙江，至少有近一半以上的小城镇，是近 20 年以来在乡镇企业发展的基础上成长起来的。浙江各地的乡镇企业对农村城镇发展的推动，主要是通过以下途径实现的。

一是通过一镇一品、一乡一业的块状特色经济，带动农村城镇发展。比如苍南县金乡镇的发展，就深受当地几乎家家户户都参与的标牌工业的影响，而乐清市柳市镇的崛起，则显然是和其具有全国影响的低压电器工业的发展相联系。依托这些一镇一品、一乡一业的块状经济优势，不仅使资金和技术等生产要素得到了有效的配置，使这些产业得以兴旺，同时也使城镇建成区得以不断扩张，使非农业人口得以大量集聚。在不少地方，一个产业，甚至一个产品，就支撑起了一个小城镇。在浙江农村城镇化的早期，这类现象较为普遍。

二是由几个龙头产业带动整个区域工业的发展，从而推动该区域的城镇化。随着农村工业规模的不断扩大和农村城镇区域的逐步扩张，一镇一品、一乡一业的发展模式逐渐淡出，更多地出现了由几个龙头产业带动整个区域工业和城镇发展的格局。在浙江农村城镇化的中后期，大多数城镇都是以这种模式发展的。

三是建工业小区，通过工业企业的集聚来推动城镇发展。浙江农村城镇化的历史，是从追求量的扩张逐步向追求质的提高转变的历史。因此，随着农村城镇化的不断发展，各级政府越来越注重城镇的规划，不少地区都专门规划出工业小区让农村工业来开发和发展。工业小区的建设既节约了土地，降低了工业污染治理的成本，促进了农村工业的繁荣，又有效地扩大了城镇的人口和建成区域，提高了农村城镇的质量。

在浙江，依靠农村工业发展起来的城镇很多，但是最典型、在全国影响最大的可以算是东阳市的横店镇。这个昔日以贫穷落后闻名的农村之所以能成为"全国小城镇建设试点镇"，成为浙江省，甚至全国有名的富裕镇（1999 年该镇人均年收入达 6 418 元），就是得益于横店集团这个跻身于"中国 500 家最大工业企业"的乡镇企业。横店集团最初的发展，起因于 1975 年供销社停止收购蚕茧，致使横店农民 1 000 多担蚕茧积压。为避免损失，由现任集团总裁徐文荣领头筹资 2 000 元办起了横店丝厂。之后，他们以丝厂为母体，衍生出子厂，又逐步在发展中构成轻纺集团。80 年代，横店集团开始把企业开发的触角伸向了磁性材料、机电和化工等行业，并提出"非高科技项目不上"的企业开发原则。"八五"期间，横店集团技改投入高达 7 亿多元，实施技改项目 60 多个，其中属全国首创的高科技项目达 10 项之多。科技含量的提高带来了巨大的经济效益，其工业产值以年递增 70% 以上的速度超常发展，1999 年，横店集团实现工业产值 55 亿元。

在条件落后的农村，企业要发展，就必须改造交通、水电、城建等设施。横店集团一开始就承担起了这一类社会公益建设的义务。但其初衷，仅是为了引进和留住科技人才或客户，但随之而来的效益，使他们看到了城镇社会环境对企业发展的意义。因此，从不自觉到自觉，他们把"办社会"和城镇建设列为企业发展的战略工程。从办教育、建医院、发展社会事业，到建影视旅游区和商业区，以万盛街、沿江大道、开发路为中心向周边扩散，逐步把建成区扩大到了 12 平方公里。围绕横店集团的发展，一座新型的工业城拔地而起，横店成了全国著名的"江南一镇"。

（二）　以商兴镇

浙江人有经商的传统，改革开放以来浙江的市场又得到了飞速的发展，因此，通过繁荣市场来发展农村城镇，是浙江实现农村城镇化的又一个重要模式。

浙江各地市场和商业的发展对农村城镇化的推动主要表现在以下方面。

一是随着商业的发展，作为商品流通基地的各类市场必然会成为该区域的经济活动中心，从而从区位影响上为该地区的发展打下了好的基础。一般来说，随着商业的兴旺，这个地区的人气也逐渐趋旺，地价也随之上扬，随着投资人的不断增加，房地产业和基础设施建设都被带动了起来。在浙江，凡是市场名声大的城镇地价都较高。

二是市场的发展将促进当地各类产业的发展。浙江的农村市场主要包括三大类：（1）农村集贸市场；（2）专业市场；（3）综合市场。这些市场里的产品档次不一定很高，一般是价廉物美，花色品种多，适合农村群众口味的各类商品。通常，生产这些商品的难度也不大。当一个地区形成市场优势之后，就地生产就地出售就成了厂家和商家的最佳选择。在浙江各地，都有大量前店后厂式的企业。不仅市场所在地的人开店办厂，不少外地人也在市场所在地买地开店盖厂。所以，一般来说，随着市场的发展，当地的工业也将发展起来。在浙江，纯粹的商业城镇并不多，大多是在商业兴旺的基础上又发展了工业，从而成为工贸结合型的城镇。

三是市场的发展推动了整个相关的第三产业的发展。市场发展了，南来北往的客人和流通的货物增加了，必然会带动整个城镇第三产业的发展，从旅馆住宿、饭店餐饮到运输、仓储、金融，以及旅游、文化等各种服务行业都会随之兴旺起来，从而使小城镇的生活更方便，生意更好做。第三产业的发展既完善了小城镇的市场功能，又提高了小城镇的城市建设档次。而且第三产业中的交通、邮电、通信等项目本身就是城镇基础设施的重要组成部分。因而，第三产业的发展是和城镇发展紧密相连、融为一体的。市场是商业活动的场所，它与城镇有着必然的联系，千百年来，市场与城镇结下了不解之缘，城镇是市场的载体，市场赋予了城镇活力和生命，二者相互依存，相互促进。因此以商兴镇不仅仅是浙江实现农村城镇化的重要模式，而且是人类社会发展的一个普遍规律。只不过浙江人由于经商意识强，办的市场多，所以，市场对浙江农村城镇化的影响更为明显罢了。

在浙江20年农村城镇化的进程中，一大批新兴城镇就是在各类市场发展的基础上形成的。湖州织里原来是个贫穷小镇，仅有一条狭窄的石板小街，自20世纪80年代开发绣品市场以来，小镇发生了巨大的变化。现在的织里镇新街宽阔，两旁高楼林立，还新建了自来水厂、变电所、煤气站等，成为新兴的商业集镇。这类以商兴镇的例子在浙江不胜枚举，其中最为典型的是义乌稠城的发展。在义乌小商品市场这个全国著名市场的带动下，稠城的城镇建设得到了飞速发展，稠城从一个一般的县城很快发展成为一个生机勃勃的小城市，并开始实施向中等城市发展的规划，很有希望成为浙江中部的一个区域中心城市。

（三）以资源兴镇

除了以工兴镇和以商兴镇两种主要的城镇化模式之外，以资源兴镇也是浙江农村城镇化的一种基本模式。这里的资源主要是指城镇所处的地理区位优势和历史影响优势所形成的一种特有资源，比如处于交通枢纽、大型企业、旅游景点所在地或处于大城市周边这样一些特殊的区位资源，以及历史上有过较大影响的古镇所特有的声望资源。这些独特资源的有效开发利用极大地促进了农村城镇化的发展。对不同资源的利用又形成了各自不同的发展模式。

1. 利用大中城市的辐射作用来发展农村城镇

在浙江各大中城市周围，都有一批很有发展潜质的卫星城镇，如杭州、宁波、温州的周边，近20年成长起了一大批经济实力很强的小城镇。在中小城市周围也是如此，如台州市椒江区的洪家镇、瑞安市的飞云镇等。这些城镇更多地接受了中心城市或发达县城的辐射，利用近郊信息灵通、交通方便、产品扩散便捷的优势，把中心城市闲置的装备、技术、资金等充分地加以利用，建立起自己的特色加工业与城市工业配套，在此基础上，这些卫星城镇都得到了较充分的发展。

2. 以交通枢纽为依托发展小城镇

在现代化进程中，道路交通是基础。"要致富，先修路"已为各级政府和老百姓所认同。改革开放20年以来，浙江的交通发生了很大的变化，无论是公路、铁路还是航运都有了很大的发展。在交通发展的同时，依托这种得天独厚的沟通资源，一大批小城镇得到了发展。这里既有沿公路主干线的线状城镇带，也有随着海洋和江河的开发而形成的港口城镇，如平湖县的乍浦镇和鳌江流龙港镇、鳌江镇等。浙江省这一类小城镇的发展曾有过规划滞后的教训，致使有的地方的城镇发展只有沿交通线的线状一条街，而没有向纵深发展，形不成真正的城镇规模，发挥不了城镇应有的功能。在后来的发展中，各级政府及时纠正了这类现象，使以交通枢纽为依托的小城镇得到了健康的发展。

3. 依托旅游胜地来发展小城镇

浙江历史上就有不少著名的旅游胜地，最近十几年又开发了一些景点和风景区。这些地方游客多、知名度高、影响大，是城镇发展可以利用的不可多得的资源。浙江各地20多年的城镇化进程中，普遍重视了旅游景点的城镇建设，使不少景点变成了颇具规模的城镇，既丰富了旅游胜地的景点和内涵，又加快了城镇化的步伐。比如温州的雁荡镇，嘉兴海宁的盐官镇，宁波奉化的溪口镇等，依靠这些著名历史景点的影响，这些小城镇近20年来都有了长足的发展，可谓古镇新生的典型。同时，随着千岛湖、嵊泗等旅游风景区的开发，又形成了一批新的以旅游为基础发展起来的小城镇。

另外，浙江在以资源兴镇中，还有效地利用了长广煤矿、巨化公司、镇海石化等大型工矿企业以及青田等侨乡的资源优势。

（四）农民建镇

从严格意义上讲，不应该把农民建镇单独看成是一种农村城镇化的模式，因为农民建镇与以企兴镇、以工兴镇和以资源兴镇不是一种平行系列的划分，农民建镇只是体现了农村城镇建设的投资体制方面的特点。但是由于浙江平阳县龙港镇的发展在全国产生了十分积极的影响，在论述浙江农村城镇化的模式时，农民建镇是不能不提到的。

党的十一届三中全会以后，温州各地的农民从土地中解脱出来，他们务工经商，走南闯北，率先富了起来。为了进一步发展，他们迫切要求选择一个集天时、地利、人和为一身的工业城作为他们生产、生活的基地。

1983年8月，龙港获准建镇。龙港位于浙江省八大水系之一的鳌江入海口南岸，当时只是仅有5 000多人口的5个小渔村。经过十几年的建设，如今龙港总面积达58平方公里，城区面积达8平方公里，总人口达14万人，城区人口达8万人，1998年实现国内生产总值52.68亿元，成为"浙江省综合实力百强镇"，1995年被国家13个部委列为全国小城镇综合改革试点镇。在龙港镇一系列的称号中，人们印象最深、最能体现龙港特点的是"中国第一座农民城"的称号。这个称号是对龙港镇与众不同的发展模式的充分肯定。

龙港的城镇发展模式主要体现在以下三个方面：

一是在全国率先突破了土地使用红线，推出了土地有偿使用政策，成功地走出了一条不依靠国家投资，主要依靠农民自身力量建设现代化城镇的新路子。建镇初期，百业待兴，一切都需用钱。但是，不可能依靠国家来投资。镇领导顺应时势，提出了"人民城市人民建"的方针，"敞开大门建设，联合农民建镇"，实行了"谁投资谁受益，谁出钱谁建房"的优惠政策。他们把级差地租理论引入实践，按不同地段分等级征收土地使用费和公用设施费，依靠土地搞城市建设，成功地解决了小城镇建设的资金问题。

二是在全国率先进行户籍管理制度改革，有效地解决了小城镇发展中人口的集聚问题。户籍问题一直是制约小城镇发展的大问题，当时流行的观点是农民离土不离乡。但龙港在建镇之初就提出了"地不分东西，人不分南北"，鼓励农民离乡离土到龙港来安家落户，于是出现了农民自理口粮进城，自建住宅落户，自办企业发展的新格局。1995年龙港被确定为全国小城镇综合改革试点镇之后，又进一步对户籍制度进行了改革。他们实行按常住地登记原则，规定在龙港城镇建成区内有合法固定住所、稳定职业和生活来源等条件的，就可以将原有的农业户口、自理口粮户口以及其他类型的户口统一登记为常住户口，即城镇居民户口，其待遇和义务与原城镇非农业户口等同，可正常迁移。经过改革之后，进一步吸引了更多的农民入住龙港，使龙港经济发展的人才更多地得以集聚。

三是鼓励农民进城务工经商，并逐步探索建立了股份合作企业制度，成功地解决了龙港镇的经济发展问题。过去的龙港一穷二白，工业产值、工商税收几乎等于零。龙港要发展，经济是关键。在实践中，龙港人逐步探索建立了股份合作企业制度来发展工商业。十几年来全镇工商业发展迅速，工商企业从几家发展到几十家，其中80%以上是股份合作企业。工业产值平均每年递增55%以上。

龙港城镇发展的模式，其实质就是各种生产要素的集聚，其中最重要的就是能人，用政策吸引各地能人，以能人带动经济发展，以经济发展带动城镇建设，以城镇建设促进市场繁荣。而市场繁荣了，又会吸引来更多的能人，从而形成了经济发展和城镇发展的良性循环。

（五）培育强镇

在浙江农村城镇化的进程中，尽管早期曾存在过"村村像城镇"这种过于分散的问题，但是，随着农村城镇化进程的深入，各级政府越来越认识到了农村城镇遍地开花的弊端，越来越注重在规划的基础上努力培育强镇。自20世纪90年代以来，培育强镇已成为浙江农村城镇化的一个重要模式。

城镇体系是一个由大中小城市、重点镇和一般建制镇等不同层次构成的有机体系。在这个体系中，重点镇是一个关键环节。抓住了重点镇建设，既可以改变过去遍地开花的粗放式城镇发展模式，使城镇化发展的各种有限资源得到合理有效的配置，又可以为大中小城市的发展奠定坚实的基础。因为重点镇中必然会成长起一批中小城市，从而使整个城市化形成自下而上逐级成长的机制。浙江各地在这几年的城镇发展规划中，各县市一般都选择县城和1—2个区位优势明显，有发展潜力的城镇为重点镇加以重点扶持，通过政府的政策导向，集中县域范围内的各种生产要素优势，尽快使这些城镇成为基础设施完备、辐射功能强、产业与人口集聚度高、功能齐全的现代化城镇。并在此基础上，努力促进这些城镇逐步发展成为人口在10万人以上的小城市。就浙江全省而言，目前被列入重点建设的城镇已达100个。这些重点城镇的建成，将大大提高浙江省农村城镇化的质量。

培育重点镇并不是要在城镇发展中另起炉灶，相反，培育重点镇必须面对我省过去城镇建设过于分散的现实。对此，浙江各地一般采取了两种发展重点镇的做法。一是对原先各方面条件较好的城镇重新加以规划，扩大建成区面积，增加城镇人口，有条件的一般都专辟工业区，采取一定的扶持政策，促使周边的企业向城镇的工业区集中，使其较快地形成一个有较大城区规模、工业相对集中、功能较为完善的现代城镇。二是对目前工业化程度较高，而企业布局又较为分散的地区，则采取相应的开放式城镇结构，即城镇中心以服务设施为主，强化必要的城镇功能，工业企业在城镇周边多点式分布，再以高标准的交通网络把各工业点连接起来。以后新建的企业则必须根据现有的工业布局统一规划。这样既可以减少由于大量搬迁企业带来的损失和浪费，又可以逐步扩大城镇的区域和功能。

（本文原发表于《面向 21 世纪的浙江现代化建设》，
国家行政学院出版社 2001 年出版）

户籍制度改革与我国的城镇化发展

改革开放 37 年来，我国经济社会快速发展，在创造经济奇迹的同时，迅速从一个传统型社会向现代型社会转型，我国城镇化率已超过 50%，城镇化建设成就斐然。然而，现代化对传统社会的解构所导致的新旧价值观念冲突、发展失衡、体制磨合、文化冲突碰撞等矛盾，对城镇化发展形成了很大的制约。在这一系列因素中，现行的户籍制度的影响尤其明显。现行的户籍制度不仅直接阻碍了农村劳动力的有效流转，影响了人力资本的优化配置，而且使社会结构固化、社会不公制度化，对经济社会发展与社会稳定和谐产生了诸多负面影响，是导致我国当前社会失衡发展、城镇化发展滞后的重要体制性根源之一。因此，亟待深入研究户籍制度改革与城镇化发展的相互影响，探讨如何从深化户籍制度改革的角度更有效推进我国的城镇化发展。

一 户籍制度的结构功能及其历史变迁

人口是经济社会发展的重要影响因素，自国家产生之后，如何管理人口就成为政府面临的一个重要职能。不同的历史时期，不同的经济发展状况，政府的人口管理体制和方式有着不同的变化。因此，研究我国当前的户籍制度改革，首先需要对户籍制度及其演变的一般经济社会历史条件作出分析。

1. 户籍制度的产生及其属性

户籍制度是随着国家的产生而形成的一项基本的国家管理制度，是一个国家一定时期经济、社会、历史、文化等各种因素的综合结果，国家当时所处的国际环境、国家面临的特定形势和确定的发展目标，都在一定程度上影响着户籍制度的形成及其演变。我国历史上早期的户籍制度往往与土地直接联系，以家庭、家族、宗族为本位的人口管理方式。现代户籍制度是国家依法收集、确认、登记公民出生、死亡、亲属关系、法定地址等公民人口基本信息的法律制度，以保障公民在就业、教育、社会福利等方面的权益，是以个人为本位的人口管理方式。

户籍制度是政府制度体系中的一个重要组成部分，是特定时期的政府实现对现实的人口进行有效管理的基本规则和依据。在不同国家的不同时期，有着不同的户籍管理制度，户籍制度的发展和演变本身就是经济社会发展状况影响的结果和产物。同时，户籍制度又对一个国家的经济社会发展产生了重要的影响，合理的户籍制度能够维护社会稳定，推动经济健康发展；相反，不合时宜的户籍制度会严重影响社会稳定和经济的发展。

户籍制度的最基本功能是国家的人口登记功能。代表国家采集并确认涉及每个公民的人口基本信息是户籍制度的本质。一个地区和国家有多少人口，老中青的年龄状况、男女的性别状况，以及不同地区人口的流动状况，等等，只有通过有效的人口登记才能得到全面的统计。人口是国家经济社会发展的重要影响因素，因此，任何国家和地区的政府都重视人口登记职能。户籍登记在中国很早就出现了。据甲骨文记载，商王朝已开始实行人口登记制度，有"登人"或"登众"，即临时征集兵员的记载。如殷墟甲骨卜辞"辛巳卜，贞，登帚好三千，登旅万呼伐""登人三千呼战"等等皆是。《尚书·多士》篇说："惟殷先人，有册有典。"可见当时已有了人头统计。这可以视为我国户籍登记制度的萌芽。随着社会的发展户籍制度的内容不断增加，但是，登记功能一直作为户籍制度的基础存在。

户籍制度的管理功能在社会发展中更引起了人们的关注。户籍制度的管理功能不仅指的是对人口登记本身的管理，更重要的是在人口登记信息的基础上，对人口的迁徙流动进行与国家经济社会发展要求相适应的管理。我国古代历代王朝都重视户籍管理，因为户籍管理直接影响朝廷的征调赋役。到了现代社会，无论是工业发展、资源分配，还是城市规模、城市供给，以及国防力量和公共安全，都与人口管理密切相关，因此，户籍制度的管理功能变得更加重要。

2. 城乡二元户籍制度的由来和演变

我国现行户籍管理的基础是城乡二元户籍制度，我国户籍管理中的种种问题，都与城乡二元户籍制度有关，我国户籍制度改革的主要任务是突破城乡二元户籍制度的束缚。但是，城乡二元户籍制度是历史地产生和发展的，为此，需要对城乡户籍二元制度的由来、演变和发展进行深入的了解，在此基础上，才有可能对这个制度进行有效的改革。

新中国建立之初直至1958年，我国还没有严格的户籍管理制度，尽管那时候人口的流动性并不大，但是人们基本可以自由迁徙流动。1958年我国正式颁布了《中华人民共和国户口登记条例》，这是我国第一次确立的较完善的户口管理制度，对人口常住、暂住、出生、死亡、迁出、迁入、变更等内容作出了明确的规定。从此，我国的户籍管理进入新的阶段，即严格控制期。《中华人民共和国户口登记条例》以法律形式对农民进入城市进行了严格限制，不允许农村人口随意流向城市，从而在农村和城市间出现了一道难以跨越的鸿沟，以城乡二元户籍制度为基础，城乡分离的"二元经济模式"因此而生成。

城乡二元户籍制度是特定历史背景下由多重因素影响而形成的一种制度安排。从当时客观历史背景分析，城乡二元户籍制度有其特定的政策目的，也有其合理性和客观必然性，其形成的社会结构秩序和功能，在历史上也曾发挥过积极的作用。评判一项具体制度的成败得失，须放到客观的历史背景，而既定制度的变迁则是经济要素、政治要素、社会要素、文化要素和社会沟通技术在历史演变过程中系统作用的过程。

城乡二元户籍制度是我国在当时特定的国际国内环境下不得已而采取的人口管理。新中国建立之后，我国面临严峻的国际形势，处于敌对势力的包围之中。新生的共和国要想自立于世界民族之林，必须要有强大的国防。但是，建国初期，我国的经济一穷二白，几乎没有任何工业基础，不仅没有像样的重工业，连生产日常生活用品的轻工业也十分有限。国家经济的基础主要是自然状态的落后农业。按一般经济发展的梯度规律，农业的充分发展，有助于轻工业的发展，轻工业的充分发展，可以推动和帮助重工业发展，而国防工业，只有在国家重工业充分发展的基础上才可能得到发展。显然，我国当时并不具备这样的条件。要按常规的梯度发展，我们不知要等到什么时候才有可能。于是，为了让新生的共和国能够独立自主的生存，我国采取了超常规的发展模式，即在农业经济为主的基础上开始发展重工业和国防工业。国家为此不得不采取了一系列特殊的政策和措施，其中，就包括二元户籍制度和工农业价格剪刀差，通过这种方式，把农民固定在农村，使农业成为重工业发展所需资本的积累来源。这些措施和政策在一定程度上剥夺了农民的许多权利，所以，我国广大的农民为国家的工业化和国防的发展作出了重大牺牲，我国工业化的快速推进和国防的发展有着广大农民的特殊贡献。

在计划经济体制下，户籍制度与粮油供给制度、医疗和养老保险制度、教育制度、就业制度等其他社会经济管理制度紧密挂钩，相互强化，最终构筑成一套完备的以户口为载体的制度体系，虽然这套制度体系在推进工业化发展、保障国家重大计划实施、稳定社会秩序等方面发挥了积极作用，但是，这种以户籍权益化为核心内容的二元制度体系，在成为国家维护社会秩序主要工具的同时，也成为国家进行资源配置和权益分配的基本标准，导致户籍制度的功能异化。

我国的户籍制度是计划经济时期国家为推行重工业发展的赶超战略而建立起来的一系列制度安排。在经历了初期的酝酿和中期的固化后，改革开放以来户籍制度逐渐走向改革。从管制内容来看，户籍制度具有限定身份、控制社会成员流动和资源差别分配的显著特征；从变迁历程来看，户籍制度的变迁呈现出政府的强制性制度变迁逐渐弱化和市场的诱致性变迁逐渐强化的趋势。

户籍制度的结构性特征和所发挥的功能表明，户籍制度不仅直接或间接造成个人权益获得的不平等和个人发展机会的不平等，还造成事实上的城乡二元分割等级结构。直至 1978 年改革开放，随着农村联产承包责任制的实行，农民从被束缚的土地上解放出来，要求改变对人口加以严格控制的城乡二元户籍制度的呼声日益高涨，于是，我国人口管理进入第三个阶段，即户籍制度的逐步改革开放阶段。这一阶段是伴随着我国整个改革开放的进程逐步展开的，我国经济的快速发展对劳动力资源的合理配置和人才的交流提出了越来越强烈的要求。为实现公民的择业、居住以及迁徙自由，国家对原有的户籍制度和人口管理方式进行了一系列的调整和改革，鼓励、支持和引导人口的正常、合理流动。而改革开放以来对户籍制度的改革、调整和户籍制度续存所面临的困境显示，在加快城镇化建设、统筹城乡发展的社会变革趋势下，城乡分割的二元户籍制度的改革依然会受到既得利益的抵制等种种因素的阻碍。对二元户籍制度的改革不可能一蹴而就，将是一个相当长的过程。对户籍制度改革的艰巨性和长期性要有充分的思想准备。

二　城镇化背景下户籍制度改革的紧迫性

城镇化是当前和今后相当长一个历史时期我国经济社会发展的重要推动力量，因此，如何保证城镇化能够健康发展，已成为我国当前社会关注的重要热点问题。城镇化是指农村人口转化为城镇人口的过程，在我国，这种转化首先受到了原有户籍制度的制约，要推动城镇化发展，就必须改革原有的户籍制度。

1. 户籍制度改革对城镇化发展产生重大影响

深化户籍制度改革和机制体制创新，有助于解除户籍制度对农村劳动力流动的束缚，有助于建立城乡统一的户籍管理和社会福利体制，保障所有公民的平等权利，而且对加快我国城镇化建设步伐，保障经济社会的持续健康发展皆具有十分重要的意义。它既是当前我国快速城镇化的重要组成部分，也是在温饱型小康基础上实现全面小康的主要内容，还是保障中国经济长期可持续发展的持久动力。

一是户籍制度改革有助于形成人人平等、城乡一体的现代户籍管理方式，强化公民权益的平等保障。现行户籍制度及其改革存在的问题之一即是户籍的"粘附性"福利太多，城乡二元的户籍管理体制人为地把农民划分为"二等公民"，致使占人口绝大多数的农民被城市边缘化、被排挤、被剥夺，城乡居民收入比基本呈快速分化趋势，收入不平等、不公平问题也日益凸显，社会冲突、社会矛盾激增。因此，以建立人人平等、城乡一体的现代户籍制度为改革目标，采取渐进但坚决的改革策略，逐渐建立并完善人人平等、城乡一体的现代户籍管理制度，不仅是对公民权益切实而平等的保障，而且也是遵循天赋人权理念、主权在民的契约精神和法治精神的必然要求。户籍制度改革必然要求政府从政策协同的视角考虑问题，更好地探寻保障公众权益体系的出路和改革创新思路，致力于建构人人平等、城乡一体的现代户籍管理制度，致力于公民平等权、自由权的实现。

二是有助于社会融合与和谐社会的建构，妥善应对转型期的各种社会矛盾和冲突。公平正义是社会主义社会的首要价值，也是和谐社会的首要价值，缺乏公平正义支撑的社会制度是无法实现协调均衡发展和包容性增长的，也无法实现社会和谐或长治久安。深化户籍制度改革就必须从社会剥夺、社会排挤和社会融合等理论出发，探讨新型城镇化背景下，现行户籍制度对农村流动劳动力的社会排斥，以及社会融合所面临的障碍和农村流动劳动力在城市的社会融合问题，进而探讨整个社会融合与和谐稳定问题。从而有效推进农民工市民化进程，促进农村流动人口在城市社区的融入和融合。

三是助推城镇化建设，促进经济社会健康快速发展。改革当前户籍制度，打破农村劳动力流动的城乡藩篱，大力促进社会融合，既是当前加强和创新社会管理的重点领域之一，同时也是我国当前加快城镇化发展的主要动力之一。但我们也清楚地意识到，户籍制度对农村劳动力流动和社会融合的阻碍，如制度性阻碍、结构性阻碍、行政型阻碍和市场型阻碍等，其负面影响不仅导致农民的权利贫困和社会排挤，引发社会冲突，而且还制约着我国城镇化和经济社会的健康快速发展。因此，户籍制度改革的深入，将从根本上瓦解当前户籍制度对城镇化和经济建设的束缚，助推城镇化建设，并促进经济的协调、均衡、可持续发展，从而推动全面小康社会建设。

城镇化发展是一个不以人的意志为转移的客观趋势。积极探索和认识这一发展中的规律和机制，深化户籍制度改革体制机制创新，对保障经济社会的持续健康发展具有十分重要的意义。解除户籍制度对农村劳动力流动的束缚，既是城镇化的重要组成部分，也是在温饱型小康基础上实现全面小康的主要内容，还是保障中国经济长期可持续发展的根本动力。户籍制度对城镇化发展的影响和制约主要表现在以下方面：一是宏观影响。现行的户籍制度使农民收入提高缓慢，抑制国内消费增长，不利于缩小城乡居民收入差距和地区经济差距。一些地方开展的局部的户籍制度改革只能是小修小补，没有彻底进行制度性变革，本质上制约劳动力自由流动的问题未能得到根本解决，短期内使宏观经济增长不能充分利用廉价劳动力优势，长期来看不利于扩大国内需求和经济发展方式转变。二是中观影响。从以工业经济为主要推动力的经济发展方式转变为以城镇经济为主要推动力的经济发展方式需要人力资本积累和人力资源优化，需要农民工及后代由农民转变为产业技术工人，从两栖式、低端技能农民工转变为依靠高级专业技术水平就业的城市居民，这些都要依靠户籍制度改革作为支撑。三是微观影响。从企业方面来说，由于外来农民工工资较低导致外来工不能安心在所在企业工作，因而造成较高的流动率，造成劳工短缺即"用工荒"。企业一方面承受劳动力成本和培训费用上升压力，另一方面影响生产经营和产品竞争力。城乡二元户籍制度是农民工高流动率和不能转化为真正的职业工人的根本原因。从农村和农民方面来说，一方面存在劳动力市场户籍歧视，包括城市外来务工人员就业差异问题和工资差异问题。其本质是在于控制社会资源的分配，把农民工排除在各种福利待遇之外。另一方面表现在教育、医疗、社会保障等领域，户籍制度造成城乡之间长期隔离，城乡之间长期缺乏流动性，各种基础设施、教育投入、医疗和社会保障方面都显著偏好城市。

2. 城乡户籍中权利的不平等分配严重影响了城镇化的健康发展

我国现行传统户籍制度将全国人口划分为"农业户口"和"非农业户口"两大群体，并以"二元"户籍制度的登记作为依据，分割了城乡之间的义务教育、劳动就业、医疗卫生、社会保障等基本公共服务，导致出现城乡基本公共服务非均等化。换言之，即农村"农业户口"和城镇"非农业户口"间享有不平等的权利。而这种不平等的根本原因就是户籍性质与多种不合理的社会福利、待遇相挂钩，致使户籍本身承载了太多的附加功能。在这种情况下，户籍的性质不仅仅是个人身份的一种体现，而且更是个人获得资源享有权的一种确认。城乡户籍中权利与资源的不平等分配主要体现在两个方面：一是长期以来政府只负责和保障了城镇居民的基本公共服务，而不负责和保障农民的基本公共服务；二是长期以来城市政府只负责了本市户籍人口的公共服务，外来农业转移人口的公共服务供给则被排除在政府的政策之外。应当说，传统的城乡二元户籍制度，强化了城镇居民与农村村民之间社会身份的不同与差异，这种身份上的不同与差异又形成了两者社会地位的不同与差异，而又更进一步的导致了两者享有、配置的各种资源也完全不同。从我国多年来的现实情况看，城镇中拥有"非农业"户籍的居民在"义务教育""医疗卫生服务""住房保障""社会保障""劳动就业"等多个方面，享有许多优厚的权利和优越的待遇；而与此同时，农村中拥有"农业户口"的广大农民则无法获得与城镇居民同等、同质的优厚权利与优质资源。其中最为突出的体现在了"义务教育""医疗卫生服务"和"社会保障"上。例如，长期以来，由于"户籍制度"导致不能平等接受义务教育的权利的案例比比皆是：持有"农业户口"的农业转移人口，其子女随父母转移到城镇后，由于无法取得所在城镇的"非农业户口"，而不得不交纳一定额度的借读费，从而获取城镇提供的义务教育服务。从以上分析不难看出，我国现行传统户籍制度的最大弊端是城乡居民不能享受均等化的基本公共服务，这种对农村居民的歧视导致城乡相互封闭，城乡无法有机融合，严重影响了城镇化发展。要加快推进我国城镇化进程，必须加快户籍制度改革，消除附着在户籍上的各种不合理的利益差别，使城乡居民真正能够平等享受基本公共服务。

3. 解决农民工市民化是我国城镇化的关键

我国改革开放以来城镇化的实践证明，农民工群体是我国城镇化发展进程中的关键，起到了举足轻重的作用，为我国城市的建设与发展作出了巨大贡献。然而，伴随着我国城镇化进程的加快，转型期的许多社会问题不断涌现，农民工的社会融合问题变得越来越突出。城镇化的核心是人口和产业的集聚，农民变市民是城镇化过程中的必然现象。但是当前我国城镇化进程中人口城镇化的速度却在实际上大大落后于土地城镇化的速度。现阶段，加速我国城镇化进程最便捷的途径就是促进农民工群体的市民化，这同时也是我国城镇化健康发展的道路上迫切需要解决的问题。城镇化最重要的人口变动就是农村人口向城镇的迁移，所以，城镇化进程中的一个无法回避的问题就是农村人口迁移到城镇之后的生存境遇问题，也就是一个新的城市共同体组成之后的社会融合的问题。城镇化的过程需要农村劳动力向城镇流动，城镇化成果的巩固和进一步发展需要涌入城镇的农民工顺利转变为市民，促进农民工的社会融合对推进我国的城镇化进程具有重要的意义。

农民工的社会融合，是我国城市化进程中的重要推动力。现行户籍制度对于农民工的社会融合，存在两方面的阻碍。从显性的角度来看，户籍制度本身是一种行政型、制度性的障碍，而从隐性的角度来看，户籍制度背后隐藏的，则是一种市场型、非制度性障碍。这些障碍共同对农民工的城市生活带来了社会排斥，具体体现在政治排斥、经济排斥、文化排斥、社会排斥以及代际之间的排斥。要促进农民工的社会融合，同步推进我国的工业化城市化和农村现代化进程，必须从户籍制度入手，通过各种政策，如保障农民工的基本权利、加强就业保险、社会保障、维护农民工合法权益、引导和培育工会和社会组织等，逐步破除对农民工社会融合的障碍，解决农民工的社会排斥问题。为此，需要加强以下内容的研究：（1）农民工的基本状况研究。主要研究农民工问题的由来、演变的历史、目前的特征、未来的发展趋势等，以及促进农民工的社会融合对于我国推进工业化、城市化和农村现代化、加强和创新社会管理、构建社会主义和谐社会的意义。（2）农民工社会排斥问题的表现。主要是从定性的角度，研究农民工社会排斥问题。在城市化过程中，农民工虽然工作、生活于城市，但是在政治、经济、文化、社会以及代际之间，都存在着严重的社会排斥，阻碍了农民工的市民化进程。（3）农民工社会排斥问题对社会融合的影响。主要是从定量的角度，研究农民工社会排斥问题。根据国家人口和计划生育委员会流动人口服务管理司在 2010 年确立的社会融合指数，通过大量的调研和数据统计，进一步分析当前我国农民工社会排斥和社会融合的一般特征。（4）农民工社会排斥问题的原因。户籍制度本身对于农民工融入城市生活，是一种行政型、制度性的障碍，但是，在此背后，随着城市化进程的发展，又带来了深层次的市场型和非制度性障碍。这些社会融合的障碍，共同导致了农民工的社会排斥问题。（5）农民工社会融合的地方经验。研究地方政府在推动农民工社会融合方面进行的积极探索，并总结出相关的经验，如多中心的社会融合体制、多元化的社会融合方式以及多样性的服务管理内容等。（6）农民工社会融合的路径探讨。根据农民工社会排斥的具体表现，以及地方政府的经验总结，有针对性地提出推动户籍制度改革、构建多元化的服务管理体制和机制、鼓励和培育社会组织、建立社会资本等具体措施，促进农民工的社会融合。

从农民自发进城到"引农进镇",是被动城镇化向主动城镇化的重要转变。为此,要继续深化户籍制度改革,在解决进入城镇农民就业稳定性、降低迁徙成本、优化生活环境等方面进行新一轮政策创新。1. 放开农村小城镇的户口迁移限制,允许农村人口自由地进入小城镇务工经商。2. 消除就业制度上的歧视政策,增加进城农民的就业稳定性,尽可能规避就业风险和经营风险。3. 建立健全进镇农民的社会保障制度,逐步减少"两栖人口"的数量。4. 通过降低城镇增容费、减少农民转为城镇户口的各种规费,降低农民迁徙成本。5. 将进城镇农民的居住、生活纳入城镇的规划、建设和管理的总体考虑之中,明确改善进城镇农民生活环境,包括农民子女教育等方面的责任,为进城农民提供正常的生活环境。6. 抓好农村"就地城镇化"与新农村建设相结合,因地制宜,不盲目把所有农民集中到镇,充分利用地区资源优势,实现新农村建设社区化,让留村农民也能够易地维生、安居乐业。7. 对迁徙到小城镇定居的农民,给予适当的补贴。8. 鉴于现在交通、通讯越来越便利的情况,还可以采取措施鼓励有条件的农民到小城镇购买商品房,促进农民居住、生活在小城镇,生产经营在田间地头。

4. 户籍制度改革的核心是实现基本公共服务均等化

我国当前推进户籍制度改革主要从两个方面协同推进:一方面是要调整当前的户口迁移政策,进一步创新人口管理;另一方面是要稳步推进城镇基本公共服务常住人口覆盖全部,从而最终实现城乡基本公共服务均等化。但由于我国现行户籍制度本身附加了许多福利待遇与公共服务属性,导致城乡居民社会地位和享有、配置的各种权利、资源完全不同。而户籍制度改革的真正目的就是要消除"城乡二元"户籍中对于"农业人口"的社会歧视,使城镇"非农业户口"居民与农村"农业户口"农民两者都能够享受到无差别的基本公共服务。所以说,推进户籍制度改革就不仅是户口迁移和更改户口本问题,而是要将改革的重点放到剥离附着在户籍制度上的各种不平等的基本公共服务上面来,即要推进改革户籍制度本身所涉及的教育、医疗、就业、住房、社会保险等众多基本公共服务的内容。因此,户籍制度改革的核心与实质,就是要打破传统户籍制度的弊端,就是要打破"城乡二元"户籍制度结构、取消附加于户籍制度上的福利待遇与公共服务属性，最终实现城乡不同群体都能够平等的、较为均衡的享有政府提供的基本公共服务。一言以蔽之，户籍制度改革从根本上说，就是推进实现基本公共服务均等化的问题。而其中城乡基本公共服务均等化的核心问题又在于要"实现公共资源配置由行政配置向人口配置转变，实现大中小城市公共资源配置的均等化"①。因此，一方面，从短期看要推动义务教育、公共卫生和基本医疗、公共文化、社会保障以及保障住房、就业服务等基本公共服务由城镇户籍人口向城镇常住人口扩展，实现城镇常住人口基本公共服务全覆盖；另一方面，从长时期看则要逐步完善符合我国国情的、比较完整的、覆盖城乡的、可持续的基本公共服务体系，从而逐步实现城乡基本公共服务的统一与服务水平的总体均衡。

三　深化我国户籍制度改革的对策思考

针对目前我国人口管理中暴露出来的问题，我们要立足国情正确看待这些问题，并采取积极有效措施来解决这些问题，化解传统人口管理制度带来的负面影响。要采取稳妥的方式推进户籍管理制度改革，创新综合社会保障制度。政府要切实转变职能，实现协调无缝隙的人口服务管理。通过优化管理运行模式，调整财政支付方式，来不断推进基本公共服务均等化。通过培育和规范社会力量，积极发挥社区在人口管理中的作用，不断提升多元化的协同共治能力。

1. 完善人口管理基本制度

一是加快推进户籍管理制度改革。在我国社会主义市场经济转型的过程中，现行的户籍制度对经济社会发展、人口管理、社会稳定起到了一定的积极作用。但是，随着改革开放不断向纵深推进，现行户籍制度导致的人户分离，以及附带的社会福利、权益保障等社会矛盾也日益显露。尽管公安部门曾经试图推进全国范围的户籍制度改革，地方政府也在进行实验

---

① 委员热议户籍制度改革：抓住基本公共服务均等化［EB/OL］．人民政协网，2014年11月18日。http://www.rmzxb.com.cn/zxxs/zzx/2014/11/18/408014.shtml

性的地方户籍制度改革，并取得了一些进展；但是，这些改革成效与公众的需求还有一定的距离，还不能满足我国保持经济社会健康可持续发展的需要。我们也看到，在既往的户籍制度改革中，由于受改革生态的制约，部门利益、地方利益等造成较大的改革阻力，加之改革政策缝隙较大，户籍制度改革没有实质性突破。当前，在全面推进国家治理体系和治理能力现代化的背景下，国家宏观层面启动了新一轮户籍制度改革，国务院颁布了《关于进一步推进户籍制度改革的意见》，从调整户口迁移政策、创新人口管理、保障农业转移人口及其他常住人口合法权益、组织领导等方面做了新的设计。① 为实现新的改革目标，从府际纵向关系来看，首先国家层面要进一步充分做好制度顶层设计的优化，并且出台相应的户籍制度改革配套政策。因为制度在社会中具有更为基础性的作用，它们是决定长期经济绩效的根本因素。② 地方政府要依据国家宏观政策，结合地方实际情况，细化户籍制度改革的配套方案，做好与国家宏观政策的衔接，避免政策缝隙的出现，切实保障公众的合法权益。从府际横向关系来看，相关职能部门要去部门利益化，以整体性改革绩效为目标，调整或优化户籍制度相关配套政策。因此，只有在国家宏观改革制度引导下，相关职能部门统筹配合，地方政府执行到位，户籍制度改革才能有实质性的新突破，才能全面实现小康社会的建设目标。

二是创新综合社会保障制度。社会保障制度作为一项经济社会制度，具有基础性的作用。尤其在当前我国全面深化改革的关键时期，不断优化社会保障制度将会促进经济社会可持续发展，体现社会公平性。由于受传统城乡二元体制的影响，我国社会保障制度也体现出二元差异化的结构特征。二元化制度的非衔接性和社会保障的二元差异化，很难满足社会流动性的需要。所以，创新综合社会保障制度对促进全面深化改革，推进户籍制度改革，实现社会公平构建和谐社会，具有重要的现实意义。首先，以国民待遇为理念，整合城乡二元社会保障制度。将现行的城乡二元社会保障制度整合为平等共享的国民综合社会保障制度。国民综合社会保障制度

---

① 《国务院关于进一步推进户籍制度改革的意见》，国发〔2014〕25 号，2014 年 7 月 24 日。

② ［美］道格拉斯·C. 诺斯：《制度、制度变迁与经济绩效》，格致出版社 2012 年版，第 147 页。

体现了普惠性，即每位公民都能平等、公平的享受各种社会权益和待遇。其次，在现有社会保障制度体系基础上，整合为综合社会保障体系框架。当前我国社会保障制度包括内容体系、结构体系、层次体系；在实践中，这三个体系还有很多不合理、不协调之处。基于此，在内容体系方面要衔接好社会保险、社会救助、社会福利等之间的政策缝隙；在结构体系方面要消除身份导致的社会保障制度的差异化；在层次体系方面要形成国家、单位、个人三者紧密结合、国家兜底的统筹保障体系；从总体来看，应该建立起消除身份和区域差异的综合社会保障体系框架。再次，以身份证号码为基础，建立社会保障事务管理机制。可以借鉴西方国家社会保险号制度的经验，在我国实行以公民身份号码为基础的社会保障事务管理机制。利用大数据技术，建立社会保障电子信息系统。以大部制改革为契机，整合碎片化的社会保障职能，建立综合的社会保障事务管理机构。

2. 构建整体性的服务管理机制

一是政府职能转变：走向公共服务型。在较长的一段时间，政府在流动人口管理中扮演着管控者的角色，往往过多地考虑流动人口对城市负面的影响，而轻视了流动人口对城市建设的贡献和公民平等权益保障，由此政府在流动人口管理方面遇到了一些社会性的难题。鉴于这种境况，必须要反思流动人口管控机制的种种弊端，创新流动人口管理模式，由管控型政府转向公共服务型政府。在城镇化进程中，城乡之间、区域之间人口流动已经成为常态；在这种常态下，政府再试图去管控流动人口的规模、流向，政府的行政行为都将失灵；如果政府再以歧视性、偏见性的眼光对待流动人口，很有可能引发社会性事件。所以，政府要切实树立以人为本的行政理念，转变政府职能，注重倾听流动人口的诉求表达。各级政府要统筹考虑常住人口与非常住人口的公共服务平等化供给，在公共服务供给过程中要尊重流动人口的需求偏好，否则政府的公共服务供给可能就不会到位，甚至出现缺位现象。就目前我国政府的层级结构来看，区（县）和街道（乡）两级政府既是国家宏观公共政策的执行者，也是流动人口管理工作的具体承担者；作为执行者的地方政府要切实增强公共政策执行力，做到依法行政；作为具体工作的承担者，尤其是具体部门和公务员在面对流动人口服务客体提供公共服务时，要运用法治思维将管理寓服务之中。

二是服务管理机制：走向协调无缝隙。目前流动人口管理机制是党委政府领导，公安、卫生计生、劳动就业、城建等职能部门共同参与的分工合作机制。但是在实际运行中，各个职能部门碎片化的各管一面，协同合作效能不高，制约着流动人口的管理绩效。针对当前流动人口管理机制暴露出来的各种问题，要通过理顺服务管理机制，创新服务方式和管理手段，通过优化各职能部门在流动人口服务与管理的耦合作用，使流动人口服务管理走向协调无缝隙机制。流动人口服务管理机制是相关管理制度的有机化、系统化，只有在运行机制顺畅的情况下，流动人口管理制度才能产生正向的制度绩效。根据《国务院关于进一步推进户籍制度改革的意见》的制度设计，创新人口管理，要建立城乡统一的户口登记制度和居住证制度，健全人口信息管理制度，完善农村产权制度，各项保障制度，以及基本公共服务财力保障制度等；[①] 这些制度设计进一步明确了人口管理改革的方向。若要发挥出这些制度的绩效，建立健全相应的运行机制尤为必要。在户口登记方面，人口登记管理机制要与社保、卫生计生、土地等登记机制相衔接；居住证申领与管理机制要与居住地基本公共服务供给机制相衔接；人口信息管理机制要实现条块结合的跨部门、跨区域综合信息的共建共享；要建立健全农村产权机制，切实保障农民合法权益；要完善财政转移支付机制，理顺事权关系。只有将各种机制理顺，各种机制之间协调到位，达到无缝隙衔接并润滑运转，流动人口的服务和管理机制才能实现整体性治理的绩效。

3. 培育协同共治中的社会力量

一要规范流动人口治理中的社会组织。近年来，诸多社会组织在流动人口中开展了一些具体活动，例如维权援助、调节社会关系、公益宣传与咨询、扶贫救助等。社会组织参与到流动人口治理中，能有效弥补政府失灵或缺位，形成政府与社会的协同共治结构。社会组织的健康发展既可以吸引流动人口形成自治合力，还可以向社会提供公共服务，从而消除流动

---

① 《国务院关于进一步推进户籍制度改革的意见》，国发〔2014〕25 号，2014 年 7 月 24 日。

人口因地缘、亲缘、业缘、利益纽带等为基础建立起来的自发性组织的社会负功能。此时，社会组织不仅是流动人口公共服务的供给者，而且也是政府公共政策制定的参谋者和倡导者。从社会组织的角色实践来看，社会组织在现实中的发展面临着许多制约性的因素，其中最为主要的是社会组织的自身能动性有待发挥，行动力也多有不足，由此导致社会组织的角色功能难以实现。[①] 为能有效发挥社会组织在流动人口治理中的能动作用，政府应从政策层面引导和推动社会组织的发展，使社会组织身份合法化、运行机制透明化；通过政策工具让追求社会公益性或互益性的社会组织得到健康发展。从社会组织自身角度，应当加强自律规范，不断优化管理和运行流程，才能提高组织的社会服务能力；尤其在人员管理、财务管理等方面，要秉持透明性原则，主动接受社会监督，提高社会公信力，才能使自身更具活力。总之，通过建立健全现代社会组织制度，优化治理结构，社会组织在流动人口治理中才能发挥出更为积极的作用。

二要努力提升流动人口的社区化治理水平。在目前的流动人口管理与服务实践中，社区往往成了地方政府落实各项具体工作的"腿"，承担了流动人口信息采集、计生卫生管理、维护社区治安等烦琐的任务。社区在流动人口治理中确实具有较强的作用，但是也不难发现存在着诸如体制机制等方面的问题。若要提升流动人口的社区化治理水平，首先要明确社区在流动人口治理中的独立地位。推进社区流动人口服务管理体制改革，按照"党委领导、政府负责、社会协同、公众参与、法治保障"的要求，使社区复位到社会共同体，切实发挥社区在政府与流动人口之间的桥梁作用，实现社区的善治功能。其次要释放社区在流动人口治理中的活力。以社区为载体，建立政府、居委会、社会组织、企事业组织、志愿者组织、业委会、物业管理组织、社区居民等方面的合作、协同、伙伴关系，形成以流动人口治理为目标的综合多元共治机制。通过多元共治机制收集流动人口的诉求表达，与此同时发挥各个协同伙伴组织在人力、资金、场地等的资源优势，为流动人口提供多元化的公共服务。还可以在综合多元共治机制框架下，发挥流动人口的自治能力，实现自我管理、自我服务、自我

---

① 文军：《中国社会组织发展的角色困境及其出路》，《江苏行政学院学报》2012 年第 1 期。

约束的作用。再次要借助市场机制提高社区化治理能力。在流动人口社区化治理中，也会有政府失灵的出现，也会有社区治理低效的出现，这时借助市场机制的效率原则，发挥市场的作用，可以弥补政府失灵和社区治理低效。

4. 引导流动人口重构社会资本

一要重塑流动人口的文化认同。流动人口从一个区域迁移到一个新的区域，社会基础发生变化，社会资本缺失，在新环境中语言交流、价值观念、风俗习惯、生活方式等方面较难融入主流社会，往往被动的处于隔离状态。如何消除这种隔离状态融入新环境，这需要流动人口主动融合和流入地主动接纳两方面的努力，达成文化认同，才能实现社会融合。可见，人口的流动不仅是空间的迁移，而且是不同文化的认知；不仅是一系列矛盾冲突的过程，而且是一系列社会因素融合的过程。在这个过程中，流动人口文化认同既要保持原有文化特色，还要认可和接纳流入地的文化、风俗、习惯，这必然要经历从文化冲突到文化融合的过程。就流入地的文化包容来看，既要吸纳流动人口带来的新的文化特质，还要展现固有文化的独特魅力；这既体现了本地文化的开放性，也体现了本地文化的兼容性。所以，流动人口文化认同的重塑不仅是流动人口社会融入的个人问题，而且是流入地在制度、机制、规则、秩序、资源等方面的社会接纳问题。具体而言，流动人口要通过自己的勤奋劳动体现出更多的社会价值，通过转变思维习惯建立起良好的社会人际关系，通过改变生活习惯融入当地的社会氛围。流入地要秉持以人为本的原则制定和落实各种人口管理制度，要本着公平公正的原则提供无差别的公共服务，要坚持协同合作的原则实现社会和谐治理。因此，流动人口和流入地只有通过良性互动和文化交融认同，才能实现祥和幸福的社会局面。

二要规范流动人口的公共参与。流动人口公共参与是在协商对话的基础上，解决共同面临的公共事务治理困境，实现公共事务善治目标的过程。在这个过程中，围绕流动人口治理困境相互联系的政府、社区、社会各类组织、本土居民、流动人口通过平等互动交流，会在增加彼此之间信任的同时实现自愿性的合作，形成社会网络，组建新的共同体。在一个共同体中，此类网络越密，其公民就越有可能进行为了共同利益的合作。① 增强流动人口治理的公共参与的规范，会增进社会信任，降低交易成本，促进形成良性制度。在良性制度框架下，公共参与网络的普遍互信和规范合作会大大减少公共事务治理的阻力，这样就越容易形成良性循环。在公共事务治理中，地方政府要尊重和保障流动人口的基本权益，依法行政，这样才能激励起流动人口自愿加入到各种公共事务治理的集体行动中来；社区、社会各类组织、本土居民等要摒弃本土利益思维方式，以共建共享共荣的积极心态善待流动人口，配合地方政府贯彻落实好各项人口管理与服务公共政策；作为流动人口要遵守各项法律，在享受各种基本权益的同时要承担起相应的公共责任。在这种多元化的公共参与机制下，各个治理主体在明确自身权利和义务的基础上，能够规范行为，更为容易达成共识形成公共政策，这会更加有助于公共政策的制定和执行。

5. 推进基本公共服务均等化

一要优化基本公共服务均等化管理运行模式。近年来我国各地经过不断的努力，流动人口基本公共服务供给状况有了较大的改善，但是与均等化的基本公共服务目标还有一定的距离，在医疗卫生、社会保障、子女义务教育、职业培训、劳动就业等方面还存在非均等化的现象。面对流动人口对基本公共服务均等化的新期待和新要求，进一步优化"政府主导、社会参与、法治保障"的流动人口基本公共服务均等化管理运行模式愈加迫切。具体而言，首先要切实发挥政府在流动人口均等化基本公共服务中的主导作用。政府的公共行政精神还没彻底转变到位，流动人口管理行为中还相存在不少明星管控的影子。为此，各级政府要将公平正义的行政价值取向贯穿到具体的行政行为上，切实转变政府职能，尤其是地方政府要将流动人口基本公共服务纳入本区域经济社会发展规划中，从政策源头上消除非均等化的因素，不断优化供给结构、布局和方式，拓宽均等化的基本公共服务范围。地方政府也可以鼓励和政策引导外出务工人员返乡创业或者在原籍就近创业，还可以通过原籍地的城镇化建设减少人口外出流动，降低基本公共服务均等化的供给成

---

① ［美］罗伯特·D. 帕特南：《使民主运转起来》，江西人民出版社2001年版，第203页。

本。其次要充分发挥社会力量在流动人口均等化基本公共服务的参与作用。充分发挥社会力量参与到流动人口均等化基本公共服务，是对政府功能失灵和低效有益的补充。社会力量在流动人口管理和服务方面有着自身的优势，他们更加贴近流动人口的工作和生活，能够近距离的了解流动人口的实际状况，能够倾听到流动人口的真实诉求，能够及时地对流动人口公共服务需求作出回应。再者法治保障是创新流动人口基本公共服务均等化管理运行模式的基础。建立统一的流动人口管理与服务的法律法规体系是全面推进依法治国的重要组成部分，在流动人口基本公共服务均等化管理运行实行法治，能够切实保障流动人口的合法权益。

二要调整基本公共服务均等化财政支付方式。目前，学界和实际部门普遍认为，在分税制财政体制下，财权和事权关系不对等的现象时有发生；现行的财政转移支付制度受户籍制度的限制，财政转移支付均等化效果不理想；单一纵向转移支付的缺陷，是导致流动人口基本公共服务均等化效果不佳的重要原因。面对大规模的人口流动，财政转移支付效果均等化不佳既有地方财政竞争性的因素，也有财政转移支付较少考虑人口流动的因素。若要实现流动人口公共服务均等化的任务和目标，就必须调整目前实行的财政转移支付方式。理想化的财政转移支付制度的设计是以较为准确的流动人口数据为基础，基于此，建立较为准确的流动人口统计信息系统尤为必要；而这需要国家层面的顶层设计才能实现。在我国单一制政治结构下，中央政府和省级政府是采取单一纵向财政转移支付；在目前的省管县财政体制下，省级政府和县级政府直接关系到公共服务的供给。基于此，考虑到全国经济发展非均衡的现实情况，要以纵向财政转移支付为主，将一般性转移支付与专项转移支付相结合，实现差别性的财政转移支付效果，切实保障流入地和流出地的公共服务均等化。在考虑人口流动的前提下，要充分发挥省级政府"辖区财政"的功能，确保省内公共服务均等化的实现。可以在部分省份试点省内横向转移支付，来平衡省内发达地区与欠发达地区的财政，逐渐实现省内公共服务均等化。通过纵向和横向的财政转移支付的调整，渐进性的实现基本公共服务均等化的目标。

（本文系由马力宏主持完成的 2011 年度国家社科基金项目：《城镇化进程中的户籍制度改革》结题报告的一部分）

"整县改市"刍议

许多县改市之后，知名度提高了，经济和社会发展的条件得到了改善，加快了发展速度；大部分县改市之后，城市规划与城市建设得到了重视，城市面貌有了较大改变；整县改市在一定程度上解决了我国城市布局和行政区划不合理现象；整县改市还改变了过去市县分设、人为割断城乡经济有机联系的状况。

但是，整县改市在理论上和实践中也存在一些没有理顺的问题。本文拟对这些问题作些剖析。

一 关于市县概念的确定

整县改市是把原来县的辖区整个地改设为市，辖区虽然没动，但县改市这一字之差，却使行政区划建制起了质的变化。这种变革的理由何在？是否符合行政区域划分的规律？或者说市县概念究竟如何确定？市县区别何在？这是需要首先讨论的。

行政区划是国家的一项重要的行政管理工作。行政区划是否科学合理，直接影响到一定地区甚至整个国家政治、经济、文化的发展。行政区划及其称谓也是地方政府建立的前提，关系到政府的机构设置、人员编制、职责权限和隶属关系，等等。综观世界各国，其行政区划及其称谓虽然不尽相同，但总体上还是有其规律可以依据的。

1. 各国都把自己的疆域划分为不同的层级，如美国的州、县、乡，英国的郡、区，等等。这些层级都有自己特定的称谓，不能混用。而且，这些行政区划的名称就直接表明了这些行政区的层级和权限。这是各国的基本行政区划。

2. 在基本行政区划之外，各国都有一些非基本的行政区划建制，最主要的是"市"的行政建制。市本身并没有直接表明是处于哪一个行政层。有些国家把市作为一种特殊的行政建制，即作为具有独立法人地位的行政单位。市既不代表某个行政层级，也没有级别大小之分。另有些国家在不同的行政层级上都可以设市，因此，出现了各种不同级别的市，有相当于我国省一级的中央直辖市，也有相当于我国县乡一级的市。

3. 设市的标准各国虽然不尽相同，但一般都以一定的非农产业和城市人口为指数，也就是说，只有当出现了与农村不同的城市时，才设置市的行政建制。城市与市既有联系，又有区别。城市是一个经济地理概念，城市的出现是经济社会发展的结果，而市是人为地设置的行政建制。市的设置无疑需以城市为基础。只有当城市发展到了一定规模，按其他行政建制进行管理难以适应时，才需要设置市的行政建制。市的行政建制的设立，是对城市功能和地位的确认。因此，不能也没有必要在农村区域设立市的行政建制。当然，对城市和农村，各国由于条件不同，划分的标准也不尽相同。但一般来说，城市无论大小，都是工商业集中地和非农人口聚居地，区域相对狭小，人口相对集中。因此，比较而言，市是城市居民聚居的点状行政区，而县则是包括广大农村在内的面状行政区。当然，每个城市也都有一定范围的农村区域作为自己的郊区。这些郊区的功能通常是为城市的农副产品供应服务，因而其范围也是有限的。另一方面，在以管理广大农村为主要职能的县的辖区内，也同样会存在一些城市的因素，即各种类型的小城镇。从我国来说，这几年，随着乡镇企业的崛起，大部分县和小城镇都有了长足的发展。但是，我国目前城市与乡村的这种相互交错，并不说明在我国市县的区别已不复存在，或市县划分的意义已经消失。当前，我国正处在现代化的起始阶段，城市化的水平还很低。因此，市县的区别还是十分明显的。如果都像整县改市那样，把点面混在一起，实际上就模糊了市县的区别。显而易见的是，市只是与县等基本行政区划相对才有意义，如果把广大的农村区域也称之为市，那么，市的建制也就没有了存在的价值，把县改为市自然也就没有意义了。

二 整县改市后的行政体制

行政区划的设置必须和整个国家的行政体制相适应，否则，行政管理就难以为继。但是，整县改市模式的实行，却在一定程度上造成了我国行政体系管理混乱，隶属关系不顺。

首先，整县改市使地级市与县级市统属关系的矛盾更加突出。我国从1982年开始进行市领导县体制的试点。到了1989年年底，大部分省和自治区都实行了市领导县体制。而这几年，有相当一批被领导的县又改成了市。这样，就出现了地级市与县级市的关系问题。按照我国的有关法律，县级市应该由省直辖或地区代管，而不能由地级市管理，市不能管市。但实际上，我国绝大部分县级市都是名义上省辖，实际上地级市代管。这种做法产生了许多弊端。因为负责代管的地级市是个实体，由它本身发展的自然规律和经济利益所驱使，代管往往变成了实管，从而限制了县级市的发展。有人认为，如果我国的县级市是传统的城市类型的话，（即主要以城区和工商业为主），那么，市管市的矛盾还可以有解决的办法，可以让县级市真正成为省辖市，而不用地级市管辖。因为这类县级市毕竟相对单一（不必管大面积的乡村），数量也相对少一些。然而，实行整县改市之后，由省直接管辖县级市的模式已无法实行。因为这种类型的县级市管辖的就是过去县的辖区，范围大、农业比重大，而且数量多。让省直接管辖这么多整县改设的市是不可能的，不符合行政管理的幅度有限原则。

其次，从对下管理来说，整县改市使城区管理体制矛盾重重。在县级行政体制中，县政府所在地设镇。整县改市后，原来的镇就成了市区，但它人口一般只占全市的1/10左右，面积占全市的比例更小。面对幅员辽阔的广大农村地区和占重要地位的农业生产，市政府显然不能把所有的精力都放在城区的管理上。然而，城区在全市中的确占有特殊的地位，它不仅是整个县改成市的基本依据，也是带动全市经济社会发展，真正实现城市化的关键。因此，把城区管理好对整县改设的市来说是十分重要的。城区管理不好，整县改市体制就无法运转。

然而，正是整县改市本身，又使得对城区的管理陷入两难困境之中。我国《地方组织法》规定，县级市城区只设市政府的派出机构——街道办事处。这对以城区为主体的县级市来说，是适合的。但对整县改设的市来说，撤销了作为一级政府的镇政府之后，街道办事处的性质与它所面临的工作强度形成了严重的矛盾。整县改设的市，他的城区建设现实所面临的任务是相当艰巨的。在这种大发展的过程中，工作量一下子猛增，而管理机构却由实变虚，既无决策权，又缺乏相应的管理机构和人员，其间的矛盾是可想而知的。为了缓和这种严重的矛盾，各地主要采用了两种变通的办法：一是改名不变质，街道办事处名义上是市政府的派出机构，实际上仍让其行使着原镇政府的职权。但是，整县改市的新体制一实行，在城区的管理体制上就不能理顺，就出现了以政府派出机构的名义行使一级政府的职权这样名实不符的现象，这无疑给新的管理体制的发展埋下了隐患。同时，由于以政府派出机构的名义行使一级政府的职能，名不正，言不顺，许多事情仍然不好管或管不好。而是保留原体制，原县政府所在地城关镇依然不改体制，不换汤不换药，一切按原章程办理。这样做的好处是避免了眼前由于改变体制带来的混乱。可虑的是，这样一来，整县改市这么大的改革却往往使人有"县改市，换了个字"，一切依旧之嫌。既然如此，又何必兴师动众撤县改市?! 更严重的是，改市不撤镇，市镇同居一城，又于理于法有所不容了。实际上，镇与市都属于"城市"的范畴，即属于"城乡"这两个相对概念中的"城"。市与镇的区别主要是城市人口的数量和隶属关系不同。正因为镇的规模扩大到了一定程度才需要设市，岂有市镇同居一城之理?

三　"整县改市"型市政府的职能

以管理城市为主的市政府同以管理农村为主的县政府的职能是不同的，但是，整县改设的市政府，它的职能是什么呢? 这是困扰"整县改市"发展的又一难题。

整县改市型市政府最大的特点是，它既要管理一定的城区，又要管理区域辽阔的农村。对它的职能，人们有三种不同的提法：一是以城为主，二是以乡为主，三是城乡双重并举。然而，仔细推敲一下就可以发现，三种说法都难以立住脚。

提出整县改市型市政府的职能以城为主的主要理由是，由县改成市对该区域来说，是一种质变，是对该城市功能和地位的确认，同时，也表示了城市发展是该地区的主要内容。不然的话，怎么会把县改成市呢？因此，整县改市型市政府的职能必然要以城为主。然而，事实上，在目前我国绝大多数整县改设的市中，将近90%的人口和地域仍属于农村，而农业是我国发展的基础，整县改市型市政府岂能把对农业和农村的管理降为次要地位？！这从国家宏观控制来说，是不会认可的。同时，由于这些市是从原来的县整体改过来的，城区以外的乡镇不仅数量多，而且在全市的经济社会发展中地位也很重要。过去这些乡镇和县政府所在地城关镇的地位相差无几，在整县改市之后，如果市政府把主要职能仅仅放在了城区上，那么，为数众多的乡镇也是不会接受的。各种矛盾会急剧增加。整县改设的市是大农村小城区，城乡比例的这种现实格局说明，市政府不能把自己的主要职能放在城区上。于是，有人提出，整县改市型市政府还是应该从实际出发，把管理农村作为自己的主要职能。然而，这显然有违整县改市的初衷。既然市政府跟县政府管辖的区域一样，管理的主要职能也一样，那又何必把县改成市呢？那么，城乡双重并举是否可行？初看起来，这是和整县改市的特点相符的。既是城市，又有广大的农村。丢了哪一头都不行，当然只好两头一起抓。然而，城市和农村毕竟不同，管理城市有其特定的规律，管理农村也有其特定的规律，同时管理城市和农村，并不是把管理城市的规律和管理农村的规律简单相加就能奏效的。机构和人一样，其精力和其所能管辖的事务总是有限的。抓了一头，难免会松了另一头，尽管主观上可以要求两头都不放松，但客观上往往不是抓了一头，松了另一头，就是两头都抓不好。因此，我国政府在市郊行政区划的范围上曾提出过不少严格的要求。正是由于对市郊范围的适度控制，使这些城市的发展得以处于正常状态。与此形成鲜明对比的是，目前大量整县改设的市，尽管市区还没有形成足够的城市规模，但郊区却普遍大于地级以上的城市，市区与城郊比例悬殊，小马拉大车，步履维艰。

四 怎样看待整县改市的好处？

整县改市的不少优越性是人们有目共睹的，但是，其中有一些提法也值得商榷。

1. 关于整县改市促进了当地经济的发展。一般来说，这似乎也是没有错的。但仔细分析一下，纯粹属于"改市"带来的好处究竟有多少？这是值得推敲的。不少地方把这几年工农业总产值的提高，经济发展速度的加快，都归功于"改市"，这样的认识是不确切的。事实上，不少地方即使不改市，经济的发展也不会比现在差，因为这些地方基础都比较好，这些年党和政府的政策也比较稳定。而反过来分析，县级市中能够名列全国财政收入亿元县金榜的，也只是其中的一部分。而不少县没有改市，经济发展依然很快，工商业、尤其是乡镇企业的发展十分喜人。片面强调整县改市是当地经济发展的原因，会在人们的认识上产生误会，似乎县的建制不利于地方经济发展，只有改市才能发展得快，于是导致盲目的改市热。事实上，管理作为"片"的广大农村，县的建制是最科学的。县制在我国几千年行政管理的历史上经久不衰，就是在城市化程度很高的美国，依然有 3 000 余个县在管理农村区域。只有在管理作为点的城市时，"市"的行政建制才是科学的。

2. 能否把国家对整县改设的市所实行的一些特殊政策，这些地区由此而得到的一些实惠也看成是整县改市的优越性？这也是值得商榷的。许多县积极活动设法改市，一个很大的内驱力的确是想通过改市得到一些实惠，以求当地经济的更快发展。然而，希望通过改市得到实惠来求得当地的发展是不现实的。我国财政等各方面的利益总体是一个大蛋糕，给整县改设的市利益多了，就必然会减少其他县的利益。从一定程度上说，整县改设市盆里多分到的，正是其他县盆里减去的。正因为如此，国家显然不会在政策上作太大的倾斜。另外，"知名度"问题也值得分析。县改成市，似乎好听一些，知名度也提高了一些。但是，知名度是相对的，整县改设市知名度的提高。是建立在其他县衬托的基础上的。从整县改设的市来说，由于知名度提高，在横向联系上往往处于较有利的地位，从而可以吸引较多的资金、项目，等等。然而，从全局看，国家的资金、项目、原材料的总量是个定数，整县改设市多得到的，就是其他县失去的。正是从全局和相对的角度，我们说整县改设市知名度提高和实惠增加的意义是有限的，否则，认为改了市就可以得到实惠，求得发展，那么，如果把全国的县都改成为市，改市的这些好处还会存在吗？

问题不仅如此，由于改市可以得到一些实惠和好处，在改市热的竞争氛围下，不少人往往还拿能否改市论英雄，于是更造成新的市县矛盾。有些人认为，没能改市，就是县里领导无能，不少县里领导对此思想压力很大。为了达到改市的目的，有些县几乎不择手段，托门子、拉关系、送厚礼，甚至谎报捏造数字。其实，各地的自然条件、发展基础相距甚大，经济发展水平不在一个起跑线上，怎么能用是不是改成了市来评判他们工作的优劣呢？

3. "整县改市促进了城乡一体化，加速了我国城市化进程。"这也是一个有待讨论的提法。

首先，城乡一体化的概念并不清晰。什么是城乡一体化？城市和农村合到一起就是城乡一体化？众所周知，人类社会在形成之初是无城乡差异的原始一体，后来出现了城乡分离。而到了未来的共产主义社会，城乡又将在新的条件下重新融为一体。但是，这是一个漫长的过程，在这个过程中，城市从农村中分离出来，从发展和进化的角度来看，并不是什么坏事，相反却是一种进步。它使城市的功能得到了充分的发挥，经济发展的效益大大提高。只有这种分离不断发展，城市化水平不断提高，最后达到乡村城市化时，才会重新出现城乡一体化。在这个过程中，把目标作为现实的手段，把城市的水平降至农村的水平，以经济的低效益为代价的所谓城乡一体化是不足取的。

当然，城市和乡村，工业和农业是一个不可分割的有机整体。但这不等于说，可以把城市和乡村从行政区划上合到一起。相反，只有把城市和农村划为不同的行政区划，才能进行科学的行政管理，使城市和农村的不同功能得到充分的发挥，在此基础上，才有可能使两者有机地渗透，相互影响，形成一个有机体。

认为整县改市加快了我国城市化进程的提法也值得探讨。城市化是世界各国发展历程中的共同步骤，是现代化的基本标志。我国要实现现代化，无疑得同时实现城市化。但我国的国情决定我国实现城市化必须有一个较长的过程，不能操之过急。像目前这样把广大的农村区域称之为市，一年中改设 40—50 余个市的做法，不免有急于求成之嫌。不少人指出，我国在实现城市化的过程中，应该注重实质而不能只重形式。根据我国的实际情况，我国的城市化必然是大城市、中小城市和广大城镇有比例的协调发展。大量的小城镇的存在，不仅不影响我国的城市化程度，而且是我国城市化的一个重要组成部分。它们的发展为我国城市化打下了坚实的基础。这种实质性的城市化过程，不一定非要用设置市的行政建制来表现。

（本文原发表于《浙江省委党校学报》1992 年第 2 期）

同城待遇的理想与现实

在我国城市化的进程中，同城待遇问题引起了人们的广泛关注。但是，由于人们对同城待遇的概念存在不同的理解，因此，对现实生活中所谓的同城待遇现象的评价也是众说纷纭。科学理解同城待遇的概念，客观认识同城待遇实现过程中的问题，合理制定与同城待遇相关的政策，是我国当下城市治理亟待解决的重要课题。

一 同城待遇的认知比较

同城待遇作为一种理想，反映了社会发展的必然要求。人类社会的发展，有着许多共同的理想追求，诸如自由、平等、公正、法治，等等，同城待遇在一定程度上也体现了这些价值取向。追求平等的待遇是人性的本能，因此，同城待遇是社会公众对自己生活状态的一种向往。为了实现这一理想状态，不同国家和地区的人们作出了各自的努力，经济发展程度较高的发达国家，同城待遇已成为现实；广大的发展中国家，也逐步把同城待遇作为努力的方向。在我国，国务院在 2014 年出台了《关于进一步推进户籍制度改革的意见》，明确提出要"统筹推进户籍制度改革和基本公共服务均等化，不断扩大教育、就业、医疗、养老、住房保障等城镇基本公共服务覆盖面。"显然，我国也正在努力创造条件使各地能够实现同城待遇。

同城待遇作为一个具体概念，又有着很强的时效性和地域性。不同时期、不同地区，对同城待遇的理解是不同的。如果只是泛泛地使用同城待遇的概念，难免会出现理解上的差异。分析我国当前社会，可以发现对同城待遇的含义存在以下两种不尽相同的理解。一种是侧重结果和状态的理解，认为同城待遇就是同城同待遇，意味着同一个城市的居民可以享受同一标准的待遇。二是侧重过程和趋势。认为同城待遇是人们追求的目标和社会发展的趋势，但这是一个长期的渐进过程，是由开始时的部分内容和范围的同城待遇，逐步扩展延伸至更广范围同城待遇的历史进程。党的十六届六中全会首次明确提出了我国要实现城乡基本公共服务均等化的目标，从此，基本公共服务就成为我国现阶段同城待遇的重要范围和内容。

同城待遇作为一种政策，对政府的治理能力提出了严峻考验。在我国加快推进城市化的进程中，如何正确制定和实施同城待遇的政策措施，直接影响着各地的经济和社会发展。一方面，同城待遇是社会公众的普遍愿望，政府有义务去努力实现这个愿望。无视社会公众对同城待遇的热切期待，政府的政策必然出现问题。另一方面，政府制定的政策必须建立在现实经济发展的基础之上，超越当地经济发展条件的同城待遇政策，是不可能得到持续有效执行的。这里的关键是把控好两者的度，既要采取措施不断提高同城待遇的范围和水平，又能够量力而行，稳步推进。这对各个地方政府的城市治理水平，无疑提出了更高的要求。

二 同城待遇面临的问题分析

我国当前的同城待遇主要存在两方面的问题。一是待遇不公问题。居住在同一城市的居民在待遇上被人为地划分为三六九等，待遇上的差距带来了社会的不公平和族群矛盾。首先是农民工等部分居民难以平等享受基本公共服务导致的矛盾。这是当前引发全社会关注同城待遇的焦点。近几年在东部一些农民工流入较多的地区，户籍人口与流动人口之间出现了越来越多的矛盾和冲突，流动人口不能得到公平待遇是其中的一个最基本的起因。其次是为了追求效率而牺牲公平的问题。基本公共服务的一个重要特征是基础性和普及性，它们提供和影响着人的生存和发展的基本需求。因此，基本公共服务必须均等化，必须能够惠及社会全体成员。然而我国由于长期处于紧张的经济追赶发展进程中，受当时认识的局限，为了提高效率，快速发展，在不少情况下就把公平给牺牲掉了。随着改革的深入，社会逐步认识到了这个问题带来的巨大负面影响，公平与效率的关系开始调整，但是直至当前，问题依然十分严重。

　　二是待遇要求与现实脱节问题。许多现代城市的发展实践证明，同城待遇的真正实现需要一个长期的过程。但是，在我国城市化的进程中，一些市民用理想来要求现实，一些地方政府也把未来目标当成现实政策，出台了一些不切实际的同城待遇要求和举措，不仅吊高了社会公众的胃口，增加了城市管理和公共服务的供应难度，也严重影响了经济社会的正常发展。脱离现实的待遇要求在公共医疗、义务教育、就业保障等基本公共服务的许多领域都有一定的表现，其中，住房和养老保障领域的问题更为突出。

三　完善同城待遇的政策选择

　　同城待遇既涉及公平问题，又与效率紧密相关。制定科学的推动同城待遇逐步完善的政策，不仅能有效满足社会公众对公平的殷切期待，也将对我国经济长期保持较高效率发展产生积极的影响。根据我国的国情，可以从以下方面调整和完善同城待遇政策。

　　一是加快公共财政体制改革，理顺中央与地方，以及地方各级之间的财政关系。当前居民待遇上的不公，尤其是进城农民工不能有效享受基本公共服务，传统的财政体制是一个重要的制约因素。因此，要尽快建立健全中央和地方政府之间关于基本公共服务支出的责任划分，按照事权与支出责任相适应的原则，建立健全城镇基本公共服务支出的分担机制。二是更好发挥基本公共服务"雪中送炭"的特殊作用。政府在基本公共服务领域的财政投资，主要应落实在普惠项目，使绝大多数市民可以享受到，目标是平民化，而非精品化、贵族化。不应把有限的资金用到"锦上添花"的事情上。比如在发展义务教育中，应改变各地财政对重点中小学的精品化投资。应通过组建教育集团、加大优秀教师交流制度等方式来加大优质义务教育资源扩散的力度。三是有效吸收和利用社会力量解决基本公共服务不足的问题。当前十分突出的是基本养老保障。随着我国快速进入老龄化社会，基本养老保障的社会压力越来越大。显然，要有效解决这一问题，仅靠政府自身的力量是不够的，必须吸收和利用社会力量解决基本公共服务不足的问题。政府不仅要根据新的老龄社会的现状，作出更合理的财政安排，更重要的是政府要为吸收社会力量参加基本养老保障作出有效的制度安排。从一定角度来说，政府的制度供给比财政供给更加重要。四是要更多利用市场机制解决"基本公共服务"以外的项目。要享受更优质的中小学和幼儿教育，更高档的医疗服务、更舒适的养老服务，只能通过市场机制解决，不应由政府财政来承担。五是同城待遇要以基本公共服务为范围，不应提出超出现实经济承受能力的政策主张，更不应把未来的理想当作现实政策来宣传。福利带有很大的不可逆性，一旦上去，就很难再下来。因此，待遇问题必须实事求是、量力而行提出，切不可空许愿，轻率地吊高公众的待遇胃口，否则，以后会遭遇许多无法解决的矛盾和问题。欧洲福利国家有许多这方面的教训。欧洲经济发展长期存在的动力不足，希腊危机解决过程中遭遇的巨大阻力，都与他们福利制度设计中的缺陷有着一定的内在联系。六是基本公共服务必须随着经济的发展逐步提高范围和质量。这种有经济发展作为基础的基本公共服务的提高，可以使全社会真正看到同城待遇理想实现的可能，减少对同城待遇的盲目性要求。这是当前各级政府需要努力的重要内容。不能以受经济制约为借口，长期不提高基本公共服务的范围和质量。因此，各级政府应在经济发展的基础上，经常不断地扩大基本公共服务的范围，提高基本公共服务的质量。而要使各级政府都能够主动和自觉地做好这项工作，就需要建立有效的地方政府基本公共服务提供领域的绩效考核机制。

中国经济的快速发展为我们实现同城待遇的理想打下了一定的基础，而只有科学制定和理顺相关的政策，我们才能把理想变为现实。

（本文原发表于《浙江社会科学》2015 年第 12 期）

第五编

管理中的制度建设

人类社会反官僚主义的历史考察

　　作为人类社会中腐败现象的官僚主义，自国家产生之后就一直存在，反官僚主义的斗争也一直在进行。本文试图对人类社会反官僚主义的斗争作一简单的历史考察。

　　人类社会反官僚主义的斗争总起来说可以包括两方面的内容：一是人民群众对官僚主义的抗争；二是作为统治阶级所代表的国家所作的反官僚主义的努力。人民群众对官僚主义的抗争从实质来说反映了民主对政治管理的制约。政治管理有两个基本的特征：一是权力的运行方向是自上而下的；二是权力的主客体关系表现为少数人对多数人的管理。正是由于这两个基本特征，所以，参与政治管理的人总是存在着出现官僚主义的可能。而民主的一个十分重要的含义是指处于被管理地位的多数人对处于管理地位的少数人的制约，即人民对政府的制约。这种制约体现在两个方面，一是多数人要干预和决定参与管理的少数成员的构成；二是当负责管理的少数成员在多数人意志下产生出来之后，多数人还要保持对这些少数成员行为的经常性影响。这就是自下而上的制约。民主的这种自下而上的制约是克服在自上而下的政治管理过程中产生的官僚主义的根本因素。这种制约因素是随着社会的政治经济文化的发展而逐步发展的。在封建专制国家，基本上不存在民主这种自下而上的制约机制，所以，劳动群众对封建制国家的官僚主义是无能为力的，除了揭竿而起的阶级斗争之外，别无他途。到了资本主义国家，这种制约机制成了社会政治生活的重要组成部分。所以，资本主义国家中的人民群众对官僚主义也就有了一定的制约能力。但由于资本主义民主制是建立在私有制基础之上的，所以，人民群众对官僚主义的这种自下而上的制约作用也是有限的。在社会主义国家，人民真正做了国家的主人，这就使人民群众自下而上的制约有可能发挥更大的作用。但是，由于现实的社会主义国家原先的经济文化都比较落后，这种历史条件，决定了民主在这些国家的发展必须有一个过程。在这个过程之中，人民群众的自下而上的制约作用也只能是有限的，需要逐步发展。

除了人民群众自下而上的制约这种反官僚主义的主要方面以外，历史上还一直存在着另一方面的反官僚主义的斗争，这就是作为统治阶级代表的国家为了确保自己统治的巩固，也采取了一些反官僚主义的措施。本文限于篇幅，不能展开第一方面的斗争论述，只想就封建专制国家、资本主义国家和社会主义国家所采取的一些反官僚主义措施进行初步考察，以便为我们现阶段的社会主义国家如何卓有成效地克服官僚主义提供一些可借鉴的经验和教训。

封建专制国家如何反官僚主义

在人类社会历史上，典型的官僚政治出现在封建专制国家。封建帝王要实行自己的专制统治，就必须有官僚统治作补充。因之，由此带来的官僚主义的流弊是不可克服的。但是，官僚主义并没有受到专制君主的青睐。因为官僚主义不仅对庶民百姓是个祸害，对于封建君主来说，无疑也是影响统治的腐败因素。为了防范这种流弊过甚，以至于影响到他们的专制统治，有些封建君主也在一定程度上采取了一些反官僚主义的措施和手段。这些措施和手段主要表现在以下四个方面：

（一）提倡清官廉吏的贤人政治，要求官吏们不仅忠君，而且要"爱民"，甚至提出了"官轻民贵"的主张。一些有头脑的封建统治者也深明庶民百姓所起的"载舟覆舟"的道理。为了巩固自己的统治，他们无疑要做一些"仁政爱民"的表面文章。不过，尽管是表面的，但对笼络百姓、对管束和教育官吏，还是起了一定的作用的。在封建社会对官吏所作的忠君爱民的要求中，忠君当然是目的，爱民只不过是为了维护君主统治的一个手段。但这个手段无疑会对官僚政治流弊产生一些制约作用。

（二）建立了一些由君主掌握的对官员的监察弹劾制度。封建帝王推行自己的政务，必须考虑到如何使一般官吏对专制君主忠心耿耿。为了达到此目的，他们一方面要给各级官僚以一定的权势和既得利益；而同时，又必须对各级官吏实行一定的监督和制约。这种监督制约的一个很重要的内容，就是建立了一些由君主掌握的对官员的监察弹劾的制度。

中国封建社会第一个具有监察色彩的机构是秦统一后设立的御史大夫寺。御史大夫位居三公，权力相当大，不仅掌管群臣章奏，辅佐丞相处理政务，而且要监察百官、纠纪执法，并与丞相一起对各郡守、公府进行定期考核。自秦之后，汉和魏晋南北朝继续沿袭并发展和巩固了秦的监察弹劾制度。到了隋唐，从中央到地方监察机构日益完善，封建性质的监察弹劾制度逐步健全。这对防治官僚主义流弊，对抑制官吏的贪赃枉法、失职渎权，保证国家机器的正常运转发挥了一定作用。

（三）采取了严酷的惩罚措施。这种惩治，虽然主要是针对官吏们对皇帝不忠的言行而采取的，但当官吏的贪赃枉法的劣迹暴露时，为平民愤，封建统治者也会对这些官吏进行严惩，杀一儆百，以稳定自己的统治。

（四）实行了一些防患于未然的组织措施。在长期的封建专制统治中，帝王们也逐步积累了一些防范官僚主义流弊过甚的组织措施。如隋朝对官员的选拔任用采用了亲族回避制度，规定官员不得在亲族聚居地为官，不准官员亲族在同一官署做官。对中央一些特殊机构，如都察院、刑部、户部、军机处等要害部门，则进一步规定了亲族职务回避制度，即禁止官员亲族在这些中央特殊机构做官，以防官员们利用亲族关系来徇私谋利，威胁皇权。

应该说，以上的种种措施对防治官僚主义的流弊是起了一定的作用的。但是，在封建专制统治的条件下，区区几项微不足道的制度和措施，又怎么能制止住官僚主义的产生和发展呢？

资本主义国家如何反官僚主义

资产阶级在人类历史上曾经是一个革命的阶级。在它向封建制度发动进攻的时候它的矛头不仅指向封建社会的生产关系和封建社会一般的上层建筑，而且也指向了封建社会的官僚主义的种种流弊。三权分立学说的实行，不仅起到了向封建专制统治者夺权的积极作用，同时也起到了制约封建社会官僚政治所导致的官僚主义的积极作用。当然，分权制在这方面的作用是有限的。事实上，在实行三权分立的资本主义国家，官僚主义又以资本主义社会所特有的形式表现出来，而且已经成为所有资本主义国家行政组织的通病，并引起了人民的普遍不满。为了缓解民愤，维持资产阶级统治的正常秩序，各个资本主义国家也逐步采取了一些具体有效的措施：

（一）逐步建立起较科学的人事管理制度。在各资本主义国家，对各级各类官员都普遍实行了分类管理，划分了政务官和事务官，分别采用了选任制、考任制、委任制和聘任制等不同的任用制度。从政务官来说，一般都采用了选任制和委任制，并且规定了较严格的任期制。政务官由民选产生，或者由民选的机构和官员委任，这就使各级官员不得不在一定程度上受制于选民。这对防止官员们随心所欲地滥用权力、防止官僚主义的泛滥，是有一定作用的。

从事务官来说，公开考试的竞争，使他们的业务素质有了一定的保障，而法律明确规定的事务官在国家政治生活中的地位，又使他们不必像封建社会的官吏那样，成为君主和上司个人意志的奴隶。这也在一定程度上减少或避免出现封建社会那种典型的官僚政治所带来的恶习，对克服官僚主义起了积极的作用。事实上，为了尽可能地提高工作效率、减少官僚主义现象，资本主义国家对其人事制度是不断进行改革的，从考试、考核、奖惩、培训、职位分类、知识化和专门化等具体环节和具体措施上作了不少努力，收到了一定的成效。

（二）资本主义国家在政治实践中逐步建立了一系列对官吏的监督制约制度。这些监督制约制度有些是直接为反官僚主义弊病而建立的，有些虽然并不直接针对官僚主义，但它们的贯彻实施，在客观实际上也起到了某种防止官僚主义的作用。

1. 议会监督制度。在三权分立的资本主义国家制度中，议会对行政权起着一定的监督制约作用。这种监管制约作用比较广泛，其中与反官僚主义有直接关系的是议会中的弹劾制度，即议会有权揭发和追究国家高级官吏的违法和失职行为。议会的弹劾大多由下议院提出，由上议院组成弹劾法院进行审理。也有的国家由宪法法院或弹劾法院等专门机构进行审理。弹劾案成立时，可以罢免受弹劾者的职务，取消其担任公职的资格，也可以在罢官的同时科以刑罚。近年来出现的"水门事件""洛克希德事件"等就是这方面的突出典型。这种弹劾制度，尽管在实际的政治生活中使用的次数不多，但它可以造成一定的威慑力量，在一定程度上减少了官吏的亵渎职权、滥用职权、以权谋私等现象的发生。

2. 行政诉讼制度。在资本主义的发展过程中，由于社会经济的发展和各种社会矛盾的加剧，行政机关得到了逐步的强化，行政事务越来越繁杂。随之而来的是涉及到行政机关或官员的"不法"行为、"侵权"行为、"失职"行为而引起的纠纷也日益增多。为了调整国家机关之间、国家机关或官吏与公民之间的法律关系，各资本主义国家都建立了行政诉讼制度。资本主义国家的行政诉讼制度有两大类型，分别纳入两大法系。大陆法系国家在普通法院之外设立了一种行政法院，专门处理与政府公务活动有关的行政诉讼案。而英美法系国家的行政诉讼案，由一般法院处理，同时，又在政府系统内部设立一些负有准司法性职能的机构。这种行政诉讼制度废除了政府机关及其成员不法行为的豁免权，把政府机构纳入到司法诉讼之中。这对阻止和处理行政机关、行政官员的"不法"行为，"侵权"和"失职"行为起到了一定的作用，在一定程度上打击了官僚主义。

3. 纪律检查官制度。议会的弹劾制度和司法机关实施的行政诉讼制度都在一定程度上起到了监督行政官员、防止官员失职和滥用职权的作用。但是，议会的弹劾对象一般只能限于政务官和高级文官，而不能包括行政系统中的一般官员。行政诉讼制度一般也只能对行政官员在执行公务和利用职权作出了"有罪"的行为时才能出面干预，一般的不当行为并不过问，并且是按照资本主义国家法院的"不告不理"原则，只有在当事人提出起诉之后，才能受理。所以，这些监督制度难以对克服官僚主义产生重大的影响。于是，在有些资本主义国家，又产生了一种叫作纪律检查官的监督制度。

纪律检查官制度最初创设于瑞典，在20世纪六七十年代，许多西方国家纷纷效法设置。作为一种对行政活动进行监督，受理行政诉讼的特别机构，纪律检查官制度有许多特点。从地位来说，它是介于议会、行政、司法之间的一个独立机构；在监督方式上，纪律检查官制度也与其他机构和制度不同。它一方面可以消极地受理控诉，公民可以就行政机关及其官员的过失行为，向纪律检查官提出控诉；而它更主要的活动方式是主动视察和调查。对于现实生活中出现的问题，只要纪律检查官认为必要，都可以主动进行调查。在此基础上，它可以主动追究各级官员的渎职行为，根据情节轻重，给予忠告，公开批评，或者要求有关当局予以停职或撤职等纪律处分，最后还可以向法院起诉。当然，这种主动向法院起诉的案件所占的比例并不大。因为纪律检查官制度主要要解决的，是那些不能尽职但又不构成向法院起诉的"轻罪"。纪律检查官正是在这个中间地带，起着其他监督机构起不了的作用。它可以通过报纸舆论，联合各种力量，从各个不同的途径，向那些出现了官僚主义问题的各级官员亮"红灯"。正因为如此，西方有些人认为，纪律检查官制度是一种有效的廉政艺术，是"瑞典对世界统治艺术的一个贡献"，是"克服官僚主义的一大杰作。"

4. 新闻监督制度，在资本主义国家对行政机关和行政官员的监督体系中，新闻监督是一个重要的方面。它通过新闻报道，政治评论和民意测验等形式，对揭露政府官员的违法活动和失职行为，防止官僚主义泛滥起着不可顶替的作用。正因为如此，资本主义国家的其他一些监督机制。也都在一定程度上有赖于新闻监督的配合。

资本主义国家对行政机构及其官员实施的监督制约还体现在其他一些方面，如日本等国在政府系统内部建立了行政监察机构，使政府部门得以实行一定的自我监督，等等。以上所有这些措施和制度对克服和抑制官僚主义都起了一定的作用，但是，由于官僚主义是以官员及其行政为物质载体的，反官僚主义必须要涉及各级官员的切身利益，以致影响他们对统治阶级尽心尽力的程度。所以，资产阶级国家不可能在反官僚主义问题上走得太远。他们只能在不影响自己统治的前提下谈谈反官僚主义问题，以上的各种措施和制度也只能是治标不治本的。

社会主义国家反官僚主义的经验教训

官僚主义在剥削阶级国家是不治之症，在推翻了剥削制度，建立了人民自己的国家之后，官僚主义仍然会在一定的条件下以各种不同的形式表现出来。那么，应该怎样克服这种官僚主义呢？社会主义在实践中对此进行了长期的探索，既有许多成功的经验，也有不少沉痛的教训。

在社会主义实践的历史上最早涉及这个问题的是马克思和恩格斯。他们通过对巴黎公社经验的总结和研究，提出了用"社会公仆"的思想来防止社会主义国家官僚主义的问题。这个"社会公仆"的思想，真正反映了无产阶级专政的国家机关及其工作人员的本质特征，成为我们正确认识和处理国家机关工作人员与人民群众关系的指南，对克服官僚主义有着重要的意义。那么，怎样才能防止出现国家和国家机关由社会公仆变为社会主人这种现象呢？马克思、恩格斯高度评价了巴黎公社所采取的两大措施：一是与撤换制相结合的普选制，二是低薪制。马克思、恩格斯认为，公职人员由普选产生，在发现他们不称职时随时可以撤换，并且只领取相当于熟练工人工资的薪金，这样就可以防止公职人员高居人民头上搞特权，堵死了通过升官来发财的道路。在这个问题上，马克思恩格斯的主要贡献是提出了在人民自己的国家，公职人员仍然有从"社会公仆"变为"社会主人"的危险，防止出现这种危险的办法是采取一些有力的制约措施。这对所有社会主义国家如何认识官僚主义问题都有重要的意义。

到了十月革命胜利之后，在社会主义实践的基础上，列宁对社会主义国家的官僚主义问题有了更深刻的认识。他对社会主义国家官僚主义产生的原因、条件、表现形式及其实质，都作了深刻的剖析，并同官僚主义进行了坚决的斗争，取得了不少行之有效的经验。针对当时严重存在的苏维埃国家机构臃肿、人员膨胀、效率不高等问题，列宁十分强调要精简国家机构，建立精干的工作班子。同时，必须实行严格的责任制和奖惩制度，以克服多头负责和无人负责的状况。为此，还必须大力加强监察、完善国家监察体系。而在整个反官僚主义的斗争中，列宁认为最重要的是广泛吸收工农群众参加国家管理和监察工作。他认为，只有全体人民都来参加管理和监督工作时，才能有效地克服官僚主义。而要做到这一点，就必须把发展经济、提高人民群众的文化水平作为根本任务。列宁的这些思想和实践，给所有社会主义国家反对和克服官僚主义提供了极为宝贵的经验。当然，受当时特定的历史条件的影响，列宁对官僚主义问题的论述和所采取的反官僚主义的措施也是有一定的局限性。比如，列宁并没有清楚地认识到官僚主义与高度集中的经济和政治体制的内在联系，列宁对俄国长期的封建专制主义的影响估计不足，对资产阶级民主的历史进步性和可供借鉴之处肯定的也不够。这些，无疑在一定程度上影响了反对官僚主义的斗争。

在列宁之后，社会主义国家反对官僚主义的斗争又取得了许多的经验，但教训也是不少的。我国在这方面亦是如此。我国是在半封建半殖民地的基础上经过短暂的过渡时期进入社会主义的，经济文化落后这种先天不足，不仅是产生官僚主义的重要条件，也使我国反官僚主义的斗争充满了困难。但是，长期以来，我们对这个问题认识不足，我们往往更多地是按照马克思、恩格斯所预测的在资本主义高度发达基础上建立的社会主义的理论模式来要求现实的社会，而对理论与现实之间出现的矛盾和差距未能冷静地分析、研究，从而产生了一些急躁情绪和急功近利的措施与做法。

1. 在相当长的一段时间里，有人把社会主义国家看成是完美无缺的理想圣地，否认社会主义国家仍然会出现官僚主义。从而放松了对它的研究和采取切实有效的克服措施，致使官僚主义有所发展。

2. 没有把官僚主义问题与我们管理制度、工作制度、干部制度中存在着的弊端联系起来，而往往把它仅仅看成是旧社会遗留下来的暂时现象，总希望通过几次政治运动就能把官僚主义消灭殆尽。我国建国以来专门为反对官僚主义而发起的几次政治运动，其效果并不尽人意，原因就在于我国出现官僚主义，不仅仅是旧社会的影响所致，还有直接的管理体制和具体制度上的问题。在高度集中的经济和政治管理体制下，在权责分离、职责权限没有明确规定的工作制度下，在干部职务几乎全部实行任命制，甚至事实上存在领导职务终身制的条件下，官僚主义是无法得到有效克服的。

3. 把官僚主义问题归结为阶级范畴，用搞阶级斗争的方式来反官僚主义，结果，使民主法制的建设受到破坏，反而导致了官僚主义的泛滥。

在完成社会主义改造、确立了社会主义制度之后，我国社会尽管还存在一些阴暗面，存在官僚主义现象，但是，这和阶级斗争毕竟是两回事。官僚主义问题是一种社会病，而不是一种阶级病。但是，在"左"的思想指导下，我们长期以来把官僚主义问题和阶级斗争问题混为一谈，试图用搞阶级斗争的方式来解决官僚主义问题。这样，势必要造成社会的混乱，造成对社会主义民主和法制的破坏。须知，在社会主义条件下，只有实现制度化的民主和健全的法制，才能有效地克服官僚主义。

4. 片面强调"内省"的作用，忽视从严格的监督制约制度上克服和抵制官僚主义。

社会主义国家的本质是人民当家作主、一切国家工作人员都是为人民服务的公仆。因此，对国家工作人员经常进行全心全意为人民服务的思想教育，使国家工作人员时刻不忘自己是人民的一个公仆，这对于克服官僚主义，不仅重要，而且是有效的。但是，思想教育并不是万能的，如果没有一定的物质的东西作为基础，没有一套对官僚主义进行有效制裁的严格制度作为保障，思想教育的威力会逐渐减弱，"公仆"的觉悟也会逐渐淡薄，甚至可以转变为"主子"的意识。长期以来，我们虽然不断地进行公仆教育，但由于制度建设抓得不够，对由"公仆"变成"主子"的人制裁不力，以致一些官僚主义者依然是我行我素、逍遥自在。即使由于官僚主义错误在一地酿成大祸，触犯了众怒，也往往易地做官，仕途依然坦荡。结果造成了如下一种局面：官僚主义帽子竟成了一些人掩盖错误、推卸责任的保护伞。在现实生活中，常常有些人工作没做好，说自己是官僚主义；作风不端正，也说自己是官僚主义；以权谋私，还说自己是官僚主义。用官僚主义责己似乎成了时尚。官僚主义似乎成了为官者的"职业病"。既然如此，就当然"法不治众"了。更何况也没有明确的惩治之法。在这种条件下，抑制官僚主义怎么能够见效？

党的十一届三中全会以来，克服官僚主义问题引起了党中央的高度重视和全国人民的关注。人们越来越清楚地认识到，克服官僚主义必须与改革我国高度集中的经济、政治管理体制结合起来，必须和改革现存的干部人事制度，建立各种岗位责任制和健全监督制约机制结合起来。本文限于篇幅，就不再展开谈这些问题了。

总之，官僚主义作为人类社会一定时期的政治现象，是社会发展的一种惰性，已经成了世界各国政治管理中普遍关注的重要问题。我们应认真研究和总结分析古今中外反官僚主义的经验教训，坚定不移地进行经济、政治体制改革，尤其是改革并完善组织制度，加强民主和法制建设，才有可能在根本上克服官僚主义。

（本文原发表于《江海学刊》1989 年第 5 期）

美国联邦政府的公务员制度改革

　　1883 年美国国会通过的《彭德尔顿法》和以此为依据建立的美国联邦政府公务员制度，曾对世界不少国家的公务员制度产生过较大的影响。100 多年来，美国联邦政府公务员制度经历了不少次调整和改革。为了了解和研究美国联邦政府公务员制度的最新变化和改革状况，笔者近日随国家有关部门组织的一个赴美国考察团，对美国联邦政府公务员制度进行了较深入的考察。现将了解到美国联邦政府公务员制度改革的最新情况综述如下。

一　美国联邦政府公务员制度改革的原因和目标

　　联邦政府公务员制度是克林顿政府 1993 年开始的行政改革的一个重要内容。美国联邦政府公务员制度在 1978 年和 1987 年曾进行过两次大的调整和改革，克林顿上台后再次对联邦政府公务员制度进行改革，其直接原因有以下几点：

　　(1)美国联邦政府的文官制度虽经多次改革，但仍然是"百孔千疮"，在许多方面都无法适应当前美国社会对政府的要求。一方面难以录用到出色的人才；另一方面又难以清除不称职人员，同时，对雇员又缺乏足够有力的激励手段。显然，在进、管、出三个方面都出现了问题。(2)由公务员制度的弊端导致的政府管理的效率低下已引发了公众的明显不满。(3)庞大的公务员队伍使政府的财政压力不断增加，政府管理的成本过大。

　　为此，克林顿政府把行政改革的目标定位为高效低耗，要求通过对联邦政府公务员制度的改革，达到节约资金，提高效率，对纳税人和顾客提供更好的服务。

二 联邦政府公务员制度改革的主要内容

1. 简化法规和制度规定，增强人力资源管理的灵活性

美国是一个法制化国家，政府和公民都崇尚法律和制度的规定。但是，随着社会的不断发展，法律和制度规定也在不断地增加，在一些领域，过于繁杂的法律和制度规定反而又成了影响这些领域发展的阻碍因素，这种现象在联邦公务员管理中表现得尤为突出。美国公务员制度，除了《公务员法》和有关的单项法，还有许多人事管理的具体规定，其中最为典型的是美国联邦人事管理手册，该手册对美国联邦政府公务员的管理作了全面详尽的规定，厚达一万余页。在美国，长期支配人事部门的一个基本管理思想是，应该通过种种条文规定，使所有的公务员都采取同一种行为方式。但事实上这是不可能的。

在克林顿政府实行行政改革的过程中，联邦人事总署采取了一个大胆的举措，取消了厚达一万页的人事管理手册。随后，联邦政府的一些部门也相应取消或减少了本系统过于繁杂的条例和规定，如美国劳工部已废除他们本部90%的人事管理规定。

为了有效推动简化人事管理规定和程序的改革，联邦政府还允许更多的部门进行一些人力资源管理改革的试点，以寻找更佳方案。这样，就出现了一些联邦机构和组织游离于现存公务员体制之外的现象。这种种改革试点和种种"例外"，打破了美国公务员制度法规严密、整齐划一的传统格局。

2. 下放人事权，使一线管理者有更大的实际权力，负起更大的责任

在旧的体制下，由于烦琐的制度规定的束缚，一线的管理人员很难在人事管理上有所作为。他们既不能及时录用出色人才，又很难及时清除不称职人员。克林顿的行政改革，要求联邦政府机构的运作模式必须从过去的控制命令模式转为信任和责任模式，给一线管理者以更大的人事管理的实际权力，给各部门可以自主设计符合部门实际的人事制度。比如，绩效管理，过去的规定很僵硬，绩效评估等次必须分为五等。现在在不少部门，一线的管理者有了更大的自主权和灵活性。他们在进行绩效评估时，可以在2—5等之间任选。

3. 裁员

克林顿 1993 年开始的行政改革，其中的一个重要目标是缩减人员，当时提出，要在未来 5 年内缩减 28 万联邦雇员。自克林顿上台以来，已有 24% 的联邦雇员离开了政府。裁员并不是各部门平摊比例，重点是裁减采购、财政和人事等部门的雇员，这些部门裁员将近 50%。联邦政府主要采取了以下措施：

（1）提倡和鼓励退休。在美国，公务员退休的平均年龄为 61 岁，但是这只是自愿而不是强制的。到此年龄的公务员可以退休，也可以继续工作下去，因为规定到某个年龄强制退休被认为搞年龄歧视。为了使有退休资格的公务员愿意退休，政府在公务员退休上提供了较多的咨询和各种方便。

（2）花钱买离职。过去的 5 年里，已有约 3 万人在政府付给一定的代价后离开了政府。付费的标准依不同岗位的职级责任和任职年限而定。

（3）机构合并裁员。把几个职能相近的机构合为一个，多余的人员或调至较远的工作条件较差的地区工作，或推荐到其他系统工作，如不想去，可以在得到一笔费用的补偿后离职。

（4）成建制转为企业。如人事总署原有一个 700 人的机构，其职能主要是调查公务员的市场需求，现在该职能已由政府转给私人企业了，这个机构也就脱离政府序列，按照雇员股份制的方式重新组合，按照企业的方式进行运作。

（5）进行再就业培训。在裁员过程中，及时进行被裁人员的再就业培训，使雇员有能力到其他系统或部门再就业。

4. 采取更多的高效低耗的人事管理方法

公务员制度的改革涉及人事管理各个方面，法规的简化，机构和人员的减少，必然要求人事管理的方法也要调整。联邦政府在这方面的变化主要有以下几点：

（1）人事部门的一些传统职能，通过市场机制由企业来承担。如大部分培训项目由大学或有关公司通过市场竞争来承包；一部分人员背景调查、人员需求调查和人才市场调查也由私人公司在市场竞争的基础上承担。这样，不仅可以减少政府人事部门的机构和人员，减少项目费用，同时又保证了质量。

（2）人事管理机构及其职能合并。传统的方法是每个管理部门都有自己的人事办公室，从而使机构膨胀人员增加。现在，不少地方由几个机构合用一个人事管理机构或人员，把原先分别由几个机构各自承担的人事管理职能合并到一个机构。

（3）加速人事管理的自动化和计算机的运用程度。在美国，联邦政府不少方面人事管理的内容已经无须专门的人事部门管理，而由计算机自动管理。人工智能、国际互联网络的发展，使人事管理的技术方法的变化越来越大。

5. 职位分类的调整和工资制度的改革

美国是实行职位分类的典型国家。美国的职位分类既有科学性和规范性的优点，又有过于烦琐较难操作的弊端。克林顿的行政改革对职位分类中过去烦琐的方面也开始了逐步的调整。主要是对工资与职位关系进行了一些改革。例如，原来把职位分为15级，每级又分为若干等，工资主要是由职位和年限决定，现在正在学习私人企业的一些做法，有意采用一种以业绩为基础的灵活的工资制度，即依据能力和业绩给报酬，而不是主要看职位和年限。有些部门还开始仿效私人企业的做法，采用部门行政总管的制度，给部门总管以决定员工工资的较大权限。

6. 建立全国合作委员会，促进管理层与工会的合作关系

克林顿在重塑政府的总体设想下，建立了全国合作委员会。该委员会由联邦政府机构和联邦政府雇员工会的代表共同组成，目的是促进管理层与工会的合作。在美国历史上，管理层与工会历来是有矛盾的。前者的价值取向是减少成本，提高效率，后者的价值取向是使政府雇员得到更多利益。克林顿执政后，民主党政府对工会采取了较为同情的态度，使情况大为好转。全国合作委员会的建立，也使克林顿的行政改革的阻力减少了许多。总的来说，几个大的公务员工会是支持克林顿的行政改革的。根据美国的法律，工会是有权与政府管理层谈判的。现在联邦政府的做法是，让工会在讨论有关政策时就能发表充分的意见，使政策制定得较为完善，而不是在政策执行中出了问题后再和工会谈判。

三　克林顿的行政改革中的矛盾和问题

1993 年开始的行政改革，在美国社会产生了许多积极的影响。但是，受多种因素的制约，克林顿的行政改革也面临着一系列的困难和矛盾。

1. 法律的权威性和改革所要求的灵活性之间的矛盾

克林顿的行政改革直接针对的是联邦政府现实的公务员制度，但这个制度得以运作的基础是 1883 年美国国会通过的《彭德尔顿法》。由于美国现代文官制度是在否定政党分肥制的基础上建立的，因此，美国人认为由政治体系控制人事管理往往不稳定，容易导致腐败，而由法律体系控制人事管理则较为稳定、安全、公正。100 多年来，国会在《彭德尔顿法》的基础上又陆续通过了有关公务员管理的各类法律，以充分体现政治中立、公平竞争、功绩制和保障公务员法律地位等有关公务员制度的基本原则。尽管这种越来越多、越来越规范的法律规定使公务员的管理程序变得越来越复杂，但这些文件的历史功绩和基本原则的价值依然存在。要否定这些法律，克林顿政府既没有足够的法律依据，也没有足够的政治力量。因此，有学者认为，在法制完备的美国，公务员制度改革的阻力从本质上来说来自于完备的法律本身。所以，克林顿政府行政改革的重点，显然不会放在法律的调整上，而是放在不需改变法律就能进行的一些内部改革上。绕过法律调整的麻烦来搞公务员制度改革，其困难和结果是可想而知的。

2. 国会对政府的制约作用

美国是典型的三权分立国家，国会和政府存在着制度上的相互制约作用，克林顿政府善于妥协，使由共和党占多数的国会与联邦政府在不少改革问题上达成了合作和妥协。但是，随着改革的深入，当实质的改革要求修改法律的时候，共和党的国会就会成为难以逾越的障碍。而且，由两党制决定，共和党的国会是不会对民主党的总统提出的改革设想感兴趣的。我们在美国考察时，由共和党掌权的纽约州政府的官员，就明白无误地向我们表示了对克林顿联邦政府的行政改革不屑一顾的态度。显然，克林顿的行政改革如想深入下去，阻力将不可避免地加大。

3. 联邦公务员工会的力量牵制

由于克林顿的民主党政府比较同情公务员工会，美国几个主要的联邦雇员工会到目前为止对克林顿的行政改革都表示了支持。但是，由工会的性质决定，工会的组织目标和克林顿行政改革的目标在实质上是相斥的。工会总是要保护会员的利益，保护会员的正当权利不被侵犯，尤其保护会员不被随意解雇。工会之所以支持克林顿的行政改革，是因为从工会来看，经过改革，联邦政府的许多工作可以做得更好，不必如有些人所提出的那样，把联邦政府的许多工作都交给私人企业去做，从而保证会员不必被裁员或解雇。但是，联邦政府行政改革的目标是高效低耗，为了达到目标，转移部分职能和任务给私人企业，撤并机构和裁员，都是不可避免的。因此，随着公务员制度改革的深入，工会的制约力量不可避免地要显现出来。

4. 提倡灵活性和实际管理中绩效评估的复杂性之间的矛盾

克林顿政府的行政改革对公务员制度的管理提出了强调结果而不是规则，联邦人事总署取消了一万页的人事管理手册，从而使一线管理人员有了更大的主动权和灵活性。但是，美国政府和国会如何才能确定一线的机构和管理人员是否实现绩效目标了呢？实际管理中绩效评估的复杂性将使联邦政府的公务员制度改革面临新的严重挑战。

（本文原发表于《中国党政干部论坛》1997 年第 10 期
人大复印《国际政治》1998 年第 1 期全文转载）

我国公共部门绩效评估的难点和对策

　　绩效评估是现代公共部门实现有效管理的重要手段和基本途径，西方发达国家自 20 世纪 80 年代中期开始的行政改革。始终把完善政府绩效评估作为重要的内容。在我国，随着改革的不断深入，政府等公共部门的绩效评估也越来越受到人们的关注，特别是在中共中央提出树立和落实科学发展观的要求之后，完善我国公共部门的绩效评估就显得更加重要。事实上，制订科学的政府绩效评估体系，构建以正确政绩观为导向的绩效管理模式，已成为在政府行政管理中贯彻落实科学发展观的关键。但是，与企业和其他组织相比，政府等公共部门绩效评估的难度要大得多。只有充分认识公共部门绩效评估的难点和矛盾，才能对症下药，逐步建立起完善的公共部门绩效评估的制度和机制。

一　我国公共部门绩效评估的难点分析

　　绩效是一个内涵十分丰富的概念，因此，就是在以营利为目的的企业，绩效评估也并非一件易事。而在公共部门，由于非营利性的要求，进一步增加了绩效评估的难度。而在我国现阶段，由于正处于从计划经济走向市场经济的转型期，因此，公共部门绩效评估的难度更大。从我国当前的实践来看，公共部门绩效评估主要存在以下矛盾：

（一）政府与市场的矛盾

　　政府与市场有着不同的价值取向，市场机制追求的是效率，用最少的投入获取最大的产出。为经济个体实现利益最大化提供尽可能多的机会。而政府作为市场机制的重要补充，其价值取向是公平。政府的任务是通过各种有效的途径，缩小和减缓因市场竞争而导致的社会差距和社会矛盾，保证社会的和谐发展。但是，在我国当前政府管理中，对公平与效率的不同价值取向却使得绩效评估的标准难以科学把握。尽管社会公众对政府在社会公平方面的作用有着很强烈的要求，但是，对于正处于现代化快速推进期的我国来说，发展毕竟是个硬道理，而且，我国当前仍然是政府主导型的市场经济，许多地方政府在经济活动中有着很深的介入。因此，在我国地方政府的绩效评估中，必然会把追求经济发展效率的指标作为评估的重要内容，用 GDP 和经济增长速度来衡量地方政府工作的优劣。既要追求公平，又要追求效率，价值取向的多元化，增加了公共部门绩效评估的难度。

（二）管理科学化与管理民主化的矛盾

管理科学化和管理民主化是公共管理的基本要求。一方面，公共管理有着内在的客观规律，公共管理的机构设置、职能定位和管理方式的选择，都必须遵循这种内在的规律，否则，任何公共管理活动都不可能顺利展开。因此，公共管理必须追求管理科学化。另一方面，公共管理与其他管理不同的一个基本特点是公共性，对公共事务管理的目标就是要让社会绝大多数公众的利益和愿望得以实现，因此，公共管理必须同时追求管理民主化。但是，管理科学化和管理民主化的目标和要求却不尽相同，科学化追求的是高效率，使人财物得到最充分的利用，最大限度地减少浪费和损耗。而管理民主化追求的是大多数人的认同，让多数人的利益和意志得以体现，或利益得以合理协调。实践证明，科学化的价值目标并不一定在任何时候都能得到大多数人的认同，相反，在一定范围内和一定时期内多数人的利益和愿望要求也不一定符合科学化的价值目标。这种目标和价值选择的差异性在公共部门绩效评估的时候也表现得十分明显，从而使得公共部门绩效评估的标准、原则、方式和途径的选择变得十分困难。

（三）定性与定量的矛盾

科学的绩效评估需要定性与定量相结合，在充分定量的基础上进行定性分析。因此，在许多领域，选择有效的定量指标已成为绩效评估的基础工作。但是，在公共部门的管理工作中。有许多方面的绩效是无法进行有效定量的，主要有：一是对"显绩"与"潜绩"的评估衡量。一般来说，显绩相对容易进行定量，毕竟业绩已经成为事实，有摸得着、看得见的东西可以衡量。而"潜绩"就较难以定量。因为"潜绩"只是存在着的一种趋势和可能，还没有真正成为现实，缺乏有效定量的依据。但是，在公共管理中，"潜绩"无疑也是一种十分重要的业绩，有时甚至比显绩还要重要。如果不能对"潜绩"作出合理的评估，整个绩效评估的有效性就会受到影响。二是对"客观条件"与"主观努力"的评估衡量。一个地区、部门和工作人员业绩的取得，既与这些部门自身的主观努力有关，也与所处的客观环境有关，受到原有的工作基础、自然条件等因素的直接和间接的影响。因此，公共部门的绩效评估，不仅要看工作所取得的结果，还要看这些单位和个人主观努力的程度和他们开始工作之初的客观条件。但是公共部门绩效评估的实践证明，对后者进行量化存在许多困难，因此，往往难以引起足够的重视。在这种情况下，绩效评估的准确性就会受到影响。三是对"个人"与"集体"的评估衡量。在公共事务的管理中，既需要每个工作人员的个人努力，也离不开团队的共同合作。但是，实践证明，要对个人和团队集体分别作出清晰的量化评估并不容易，受到标准的划分、关系的协调、精力的投入和过程的动态变化性等许多复杂条件的制约。而如果个人和团队集体的绩效不加区分的话，绩效评估的权威性又必然会大打折扣。

（四）内容和形式的矛盾

公共部门的绩效评估需要采用一定的形式，没有相应的形式，目的和内容就无法得以体现。但是，在公共部门的绩效评估中，往往会由于过分强调了形式，却导致了绩效评估的目的和内容的扭曲，出现以下一些不正常的现象：1. 用形式主义的态度对待绩效评估。在不少地方，年终考核被看成是年年要过的形式，因此，有些人采取了应付的对策，结果，在许多单位形成了"认认真真搞形式，热热闹闹走过场"的结局，绩效评估形同虚设。2. 被形式主义所累。有的地方把绩效评估的形式当成了目的，为绩效评估而评估，整个单位花费了大量的时间和精力来搞绩效评估，有的单位一年用 11 个月做工作，另外的一个月基本用来搞总结和绩效评估，绩效评估变成了"内耗"，额外增加了大量的工作和负担，降低了实际的工作效率。3. 用僵死的条条杠杠来对待绩效评估，结果引发了许多不必要的矛盾。有的地方非要在几个都很优秀的单位和人员中评出优劣，结果，不是激励先进，而是引发了冲突和矛盾，挫伤了多数部门和人员的积极性。

（五）评估标准的统一性和实际情况的多样性、差异性之间的矛盾

公共部门的绩效评估当然需要有一定的标准，但是，在公共部门，不同部门和人员之间的情况差异很大，用一个标准去衡量，会出现许多矛盾。一是发达地区与不发达地区的差异。在我国现代化进程中，地区之间发展的差异在扩大，这些差异的形成，有着各种各样复杂的原因，如果只是用一种标准去衡量、考核和评估，难以令人信服。二是不同性质管理部门之间的差异。在政府等公共管理部门中，宏观综合管理部门、具体执法部门和党务部门的工作性质差异很大，如果都用同样方式、同样的标准去考核评估，就会出现许多问题。浙江省杭州市的满意不满意单位的评比在这方面已有许多的经验与教训。三是一票否决制的"一刀切"做法引发的矛盾。政府管理中有些工作如不采取一刀切的做法，政策往往难以有效贯彻落实。但是，事实证明，一票否决制又会产生许多新的问题，导致了许多不合理、不公正的出现，挫伤了许多单位和人员的积极性。

（六）地方政府管理中的三个层面在绩效评估中既相互区别，又相互联系产生的矛盾

地方政府的绩效评估既涉及一级政府，又涉及政府各个部门和部门中的工作人员，三者既有联系，又有区别。在绩效评估中，三个不同性质的客体的绩效评估标准和评估方法应该有所区别。评估一级政府优劣的标准，应该是一个地区经济社会发展的综合状况，应该由该地区的社会公众作为评估的主体；评估政府中各个部门优劣的标准，应该是该部门在公共事务管理中发挥作用的状况，应该由社会公众和政府机关内部共同来评估；评估政府各部门中的工作人员优劣的标准，应该是他们履行岗位职责的状况，应该由政府部门内部进行评估。但是，在公共部门绩效评估中，实际上更多采用的是政府内部的自我评估，因为要对不同的评估对象科学地设置不同的评估标准和评估方法，存在着许多困难，要解决许多理念和

技术上的问题，其中包括敢不敢让社会公众自主地评估一级政府和政府的各个职能部门。如果这些问题不能有效解决，科学的绩效评估也只能是一个良好的愿望而已。

二　完善我国公共部门绩效评估的路径选择

中共中央十六届四中全会明确提出了"要抓紧制定体现科学发展观要求的干部实绩考核评价标准"，在这之后，不少地方开始了改革和完善我国公共部门绩效评估的试点。根据各地试点的情况和我国经济社会发展的现状，笔者以为，我国公共部门绩效评估的改革和完善，当前应该着重注意以下四个方面的结合：

（一）经济发展目标和社会发展目标相结合

科学发展观的核心是以人为本，全面、协调、可持续发展，这是中央在总结改革开放以来我国部分地区片面注重经济发展而导致各种社会矛盾激化的教训之后提出来的。改革开放以来我国部分地区之所以出现片面注重经济发展的现象，一个十分重要的影响因素是我国当时的政绩考核制度过分注重了经济发展目标，正是这种以 GDP 和经济增长速度论英雄的做法，使得不少地方政府产生了不顾资源和环境条件而强行推动经济发展的冲动，结果，引发了大量的社会矛盾。

因此，要有效地贯彻落实科学发展观，首先必须在公共部门绩效评估的过程中，把经济发展目标和社会发展目标有机地结合起来。

强调经济发展目标和社会发展目标的结合并不是要否定经济发展目标的作用和价值，恰恰相反，"科学发展观是用来指导发展的，不能离开发展这个主题，离开了发展这个主题就没有意义了。发展首先要抓好经济发展。"[①] 我国作为发展中国家的现实，要求我们必须在相当长的时期内必须以经济建设为中心，否则，国家现代化和赶超发达国家只能是一句空话。但是，经济发展不可能是孤立的，它与社会发展密切相连，没有社会

---

① 　胡锦涛：《树立和落实科学发展观》，《保持共产党员先进性教育读本》，党建读物出版社 2004 年 12 月版，第 281—282 页。

的健康发展，单纯追求经济发展，不仅经济发展难以持续。而且最终经济发展也难以搞上去。因此，就是为了保证经济能够长期健康发展，我们也必须注重社会发展，更何况政治发展、文化发展、社会和谐和人的全面发展等社会方面的发展是任何一个国家发展不可或缺的重要组成部分。

按照中组部关于建立新的干部考核评价体系试点的要求，浙江、四川和内蒙古等省区自 2005 年以来在干部绩效评估方面进行了许多很有价值的尝试。浙江省委组织部近日出台了《浙江省市、县（市区）党政领导班子和领导干部综合考核评价实施办法（试行）》，该实施办法规定浙江省今后考核领导干部，必须认真体现科学发展观的要求，淡化单纯经济增长指标，鼓励 GDP 多一点"绿色"，该实施办法确定的考核评估指标不仅有 GDP 总量、财政税收等常规经济指标，同时还把社会保障、农村新型合作医疗参保率、被征地农民基本生活保障等社会发展指标作为考核评估的重要内容。① 这些新的绩效评估指标的出台引起了社会各方面的极大兴趣，必将对各级政府及其工作人员确立科学发展观发挥积极的作用。

（二）经济发展成果和经济发展代价相结合

长期以来，由于片面追求经济发展速度，我国一些地方形成了典型的粗放型的经济发展模式，人们习惯于用更大的投入、更多的能源消耗来获取更快的发展速度。据推算，当前我国每创造一美元产值所消耗的能源，是美国的 4.3 倍、德国和法国的 7.7 倍、日本的 11.5 倍。在传统工业化模式下，虽然我国生产力得到了较快发展，创造了巨大财富，但对资源环境不合理的开发和使用，也使发展付出了沉重代价。我国的经济发展本来就存在人口众多而资源相对匮乏的先天不足，粗放型的经济增长模式使这个问题更加突出。从我国现代化过程所面临的资源、环境、发展阶段及国际背景看，转变经济增长方式的任务十分紧迫。②

粗放型经济增长模式的形成有着许多体制方面的原因，传统的政绩考核指标和考核方式对粗放型经济增长模式的形成起到了推波助澜的作用。

---

① 《我省创新领导干部考评体系》，见《浙江日报》2006 年 8 月 5 日第一版。
② 张军扩、李佐军等：《对我国经济增长方式的基本判断》，《中国经济时报》2005 年 5 月 10 日第 5 版。

既然一个地方的政绩主要体现为经济发展的速度，那么，利用一切可能的条件来加快经济的发展就成为必然；既然一个地方的经济发展主要甚至只是体现为经济总量和增长速度，那么，人们必然会利用一切可能来寻求更多的项目，投入更多的资源。传统的经济发展模式和传统的政绩考核方式是一脉相承的。对粗放型经济增长模式的蔓延，我们不能只是简单地指责地方政府及其官员，更应该从直接影响地方政府行为的政绩考核这根指挥棒上分析根源。因此，要真正实现经济增长模式的转型，就必须对公共部门绩效评估作出大的调整，不仅要评估经济发展的结果，还要同时评估经济发展所付出的代价；不仅要评估经济发展的速度，更要评估经济发展的质量和效益。2005 年以来，那些参与干部考核评价体系试点的地区已经逐步推出了一些卓有成效的做法，比如，在评估一个地区经济发展状况时，新增万元 GDP 的建设用地增量、万元 GDP 的能耗及其降低率、万元 GDP 主要污染物排放强度、环境质量综合评价等内容都已成为重要的评估指标。最近，浙江省还首次公布了 GDP 能耗公报，首次按照行政区划来统计和发布各类能耗指标。GDP 能耗公报一见诸报端，立刻产生了巨大的反响，各市县政府感到了前所未有的压力。① 显然，只要坚持把经济发展成果和经济发展代价结合起来进行绩效评估，地方政府的行为必然会逐步向着科学发展观所要求的方向转变。

（三）官民评估相结合

由于公共部门类型众多，职责、任务各不相同，而又大多掌控着一定的公共权力，因此，对公共部门绩效加以评议的主体和评议的方式就不应该过于单一。根据西方国家的一些成功经验和我国各地的实践，我国在改革和完善公共部门绩效评估的过程中，必须有效采取官民评估相结合的方式，让各类评估主体都能通过适宜的方式和途径发挥积极的作用。从大的方面来说，主要是公共部门自身、社会公众和第三方独立的专业评估机构作用的发挥。

公共部门自身评估是公共部门绩效评估的重要主体和主要方式之一。过去我国党政部门的政绩考核，只是采取自上而下的行政手段进行，弊端很多。但是，这并不能否定公共部门自身评估在公共部门绩效评估中的特

---

①　童颖骏：《"能耗公报"引发的话题》，《浙江日报》2006 年 8 月 4 日第二版。

殊作用。事实上，在我国改革和完善公共部门绩效评估的过程中，公共部门自身评估留下的发展空间很大，无论是公共部门自身上对下、下对上，以及各部门之间的评估，还是公共部门内部专设的专业评估部门（如财政、审计、人事、监察等）都已经在实际的公共部门绩效评估中发挥了不可替代的作用，但也都存在着许多体制性的弊端，亟须通过改革，使他们的作用得到更积极的发挥。①

社会公众对公共部门绩效评估的作用近几年有了长足的发展。理论界对社会公众在公共部门绩效评估中的作用给予了很高的期望，各地在实践中进行了许多很有价值的探索，涌现了许多很有影响的模式和做法。浙江省杭州市是一个很值得关注的个案。从 2000 年起，杭州市每年进行一次在市直机关和部门评选"满意单位不满意单位"的活动，让社会公众通过投票打分的方式来直接评议市直各类政府机构。从实践来看，杭州市"满意单位不满意单位"评选活动取得了很好的效果。杭州市委市政府以"收集民众意愿、回应民众需求"为目的，以"请人民评判、让人民满意"为标准，通过不断听取人民群众表达的意见和利益诉求，不断发现和解决党政机关在施政和作风中存在的问题，对其中的一些个案性的问题作出迅速、积极的回应，而将其中一些涉及到多个政府部门的具有普遍性的问题，调整为政府施政的主要内容，倾全市之力，努力予以解决，从而在改善政府工作的同时，也推动了杭州市各项工作的全面发展，不仅促进了政治体制的改革和完善，也产生了良好的经济社会效益。当然，作为一种创新的政府绩效的评价方式，杭州市的做法仍有许多需要进一步改进的地方。例如，如何进一步缓解公众和政府在知识和信息上的不对称，如何使评选活动更有助于激发各政府部门的长期行为，如何设置出更合理的复合型评价标准，从而使评选结果更客观公正，如何更好地把评比活动与争创整改结合在一起，所有这些问题，都需要在实践中逐步加以解决。

第三方独立的专业评估机构作用的发挥则需要社会各方给予更多的关注。绩效评估是一项专业性强、技术含量和规范化程度高的工作。为了保证评估机构独立工作，免受被评估的政府机关干扰，保证评估结果真实可

---

① 中国行政管理学会课题组：《政府部门绩效评估研究报告》，《中国行政管理》2006 年第 5 期。

信，有必要逐步形成相关的独立评估机构。美国的锡拉丘兹大学坎贝尔研究所自 1998 年以来就与美国《政府管理》杂志合作，每年对各州或市的政府绩效进行评估并发布评估报告，引起了政府和公众的广泛关注。我国的兰州大学中国地方政府绩效评估中心也曾受甘肃省政府的委托，独立对甘肃省所辖市（州）政府和所属部门进行过绩效评估，产生了很大的社会影响。但是总的来说，我国在这方面有影响的机构还很少，作用非常有限，需要社会从舆论和机制上为这些机构的发展创造更好的条件。

（四）常规绩效评估和绩效预算管理相结合

完整、准确地评估公共部门的绩效，必须采取科学的方法，减少评估的随意性和片面性。因此，除了要运用好指标测评、个人述职、上下级评议等常规的考核评估方法以外，还需要和绩效预算管理相结合。

绩效预算管理是当代西方国家主要的公共预算管理模式，其基本做法是将公共预算拨款与各机关单位的绩效联系起来，按效果而不是按计划拨款，将效果与拨款挂钩，根据绩效来分配预算。世界上已有近 50 个国家采用了绩效预算管理。[①] 随着市场经济的进一步发展，我国也有必要逐步创造条件开展预算绩效管理。一方面通过绩效评价及时发现各部门、单位在管理过程中的不足，找出问题，提出解决办法，提高各级政府部门的决策水平和行政管理能力；另一方面将评价结果与预算资金的分配相结合，将评价结果作为调整预算的依据，对绩效评价结果好的部门，应保证或相应增加其下一年预算，对绩效评价结果差的部门，应分析其未能实现目标的原因，如无正当理由的，应相应削减其下一年度预算，通过奖优罚劣，以确保预算绩效评价工作不流于形式。因此，构建预算绩效管理，不仅有利于增强政府各部门的工作责任，而且对于进一步树立科学的政绩观和科学的发展观也具有十分重要的意义。

（本文原发表于《公共行政与人力资源》2006 年第 9 期）

---

① 唐铁汉等：《深化行政管理体制改革》，国家行政学院出版社 2006 年 4 月版，第 309 页。

公共服务：挑战与创新

——首届中欧政府管理高层论坛热点问题评述

2004 年 6 月，中国国家行政学院和欧洲行政学院在北京共同召开了"首届中欧政府管理高层论坛"，论坛的主题是：中欧国家公共服务创新。在论坛中，中国和欧洲各国众多的政府官员和学者就经济全球化背景下中国和欧洲公共服务创新问题进行了深入的探讨。论坛给与会者留下的深刻印象是，在市场经济的不断发展中，公共服务面临着越来越多的挑战，亟需进行全面的改革创新。但是在如何认识公共服务的属性、如何看待公共服务市场化等问题上，与会者也存在着不同的认识。本文拟对一些有较多争议的问题从学术争鸣的角度作一评述。

一　公共服务的属性

在论坛中，无论是大会发言、分组交流，还是会下切磋，一个引起普遍兴趣和较大争议的问题，是如何理解公共服务的属性。对公共服务的理解，人们在许多方面是有共识的，如认为公共服务是由公共部门提供的与私人服务相对应的一种社会活动，是政府承担的一项重要职能，等等。但是，与会者对与公共服务相关的一些概念却有着许多不同的理解。

1. 公共服务与公共管理

对这两个概念和这两者的关系，主要有三种不同的观点。一种观点认为，对现代国家来说，公共服务是公共管理的出发点和归宿，公共管理从本质上讲就是公共服务。公共服务可以采取多种不同的方式，包括制度服务、政策服务、保障服务、环境服务和具体的办事服务，等等。从这个角度来讲，公共管理与公共服务存在等同关系，管理就是服务。

另一种观点认为，公共管理与公共服务是一种包含关系，公共管理有很多的实现方式，公共服务是其中的一种。在现代社会，公共服务的方式在公共管理中已变得越来越重要了，因此，公共管理部门要学会"寓管理于服务之中"，更多地采用服务的方式来进行管理。

还有一种观点认为，公共服务与公共管理是两个不同的概念，两者是一种并列的关系。与公共管理不同，公共服务的问题意识没那么明显，即并不是为了明确解决某类公共问题，它要么是为了满足客户需求而提供，要么是主动提供服务等待顾客来选择。公共服务采取的手段显然与计划组织、协调控制等管理活动不同，服务者与服务对象之间更多的是平等互动的关系。

显然，公共服务与公共管理的概念及其相互关系可以从不同的角度去理解，与会学者在这些问题上不同观点的交流，将有助于公共管理及公共服务等领域研究的进一步深化。

2. 服务型政府与非服务型政府

在讨论公共服务概念的同时，服务型政府的概念也必然地引起了人们的兴趣。因为在国家存在时期，政府无疑是公共服务的重要提供者。近几年，学术界关于服务型政府的讨论在不断升温。尤其是温家宝总理2004年2月24日在中央党校省部级主要领导干部班上提出"建设服务型政府"的要求之后，全社会对这一问题给予了更大的关注。有学者认为，服务型政府是指在公民本位、社会本位理念指导下，在整个社会民主秩序的框架下，通过法定程序，按照公民意志组建起来，以公民服务为宗旨，实现服务职能并承担服务责任的政府。因此，服务型政府要把服务作为政府的天职和本分，不求回报。政府在服务中要贯彻平等的原则，不能居高临下，不能把服务当成恩赐。政府的服务必须讲求效率和质量，不能敷衍了事。政府的服务应从人民群众的切身利益出发，以群众的需要为前提，而不能以政府的需要为前提来强加于被服务者。总之，对服务型政府而言，服务是目的而不只是手段。

但是，不少学者也认为，尽管服务型政府的提法揭示了许多新的政府理念，然而，对服务型政府的认识还需要进一步深化，需要做出更为科学准确的解释。作为一种政府类型，服务型政府显然是与其他类型的政府相对而存在的。服务型政府首先是与管制型政府相对应的一种政府类型。但是，这两种相对应的政府类型也存在一些类似之处，管制型政府中显然也有服务，而服务型政府也需要一定的管制和必要的政府审批。如何从管制和服务的形式和内容的比较中，作出明确的政府类型的性质判断，显然需要提供许多更有效的分析依据。服务型政府还可以与其他非服务型政府相对而存在，比如政治型政府、经济建设型政府都可以看成是与服务型政府相对应的政府类型。我国政府直到目前为止还不能称为服务型政府，但是，我国政府长期以来也一直要求政府工作人员要为人民服务，也强调政府的服务功能。这些非服务型政府的服务与服务型政府的服务有哪些异同？如何有效划分和转化？这些问题都有待进一步深入研究。

3. 关于公共服务的政府属性

这里涉及政府的公共服务与非政府的公共服务的关系以及政府的公共服务职能与政府的其他职能的关系这样两个问题。

首先是政府的公共服务与非政府的公共服务的关系问题。在很长一段时间里，人们对公共服务的认识存在着误区，认为公共服务的主体就是政府，将政府的公共服务职能等同于公共服务本身。在本次研讨会上，许多学者指出，政府的公共服务只是整个社会公共服务的一个组成部分，尽管这是一个非常重要的组成部分。公共服务既可以是政府提供的，也可以是非政府机构提供的，政府不要包揽和垄断公共服务，政府的公共服务要和非政府的公共服务有效分工和合作。

而在政府自身的职能体系中，又必须处理好政府的公共服务职能与政府的其他职能的关系。党的十六大报告把政府的职能确定为经济调节、市场监管、社会管理和公共服务。这四项职能之间既有分工，又有内在的联系。在强调了政府的公共服务职能的同时，的确存在着如何处理好公共服务职能与其他政府职能的关系问题。在服务型政府建设的过程中，这些问题亟须深入研究。

二　公共服务的市场化问题

传统公共行政学理论认为政府是公共服务唯一的和当然的提供者。然而，自 20 世纪 70 年代以来，随着新公共管理运动的推进，公共服务市场化、民营化和社会化的趋势日益凸现。在本次论坛中，欧洲国家的代表交流了这方面的经验和认识。但是，对我国公共服务的市场化，与会者存在着不同的看法。

一种看法认为，随着我国市场经济的发展，公共服务的市场化和社会化是必然趋势。我国现有的公共服务体制是在计划经济条件下建立起来的，它有两个典型的特点：一是公共服务基本上由政府部门一家独揽；二是政府依靠行政命令采用计划分配的方式提供公共服务。大量的事实证明，这种公共服务体制不仅使政府在人力、物力、财力上不堪重负，而且公共服务的效率和质量也难以提高。因此，必须引入市场机制，实现公共服务的方式由政府垄断的单一模式向多元化的模式转变。在我国近几年的改革过程中，公共服务的方式已经发生了一定的变化，除了政府部门，私人机构、非营利机构和社区组织已经开始介入和参与公共服务，正在逐步成为公共服务的重要主体。今后，公共服务市场化、社会化的改革步伐必将进一步加快，市场机制在公共服务中的作用将得到更大的发挥。

但是，对于什么是公共服务的市场化，却有着两种不同的看法。一种把市场化等同于民营化。我国许多地方进行的公共服务的市场化改革，就是将原先由公共部门提供的公共服务通过出售、承包、特许经营、出让股份等形式转让给民营机构，由他们来提供公共服务。另一种认为市场化与民营化是两个不同的概念，民营化只是市场化的一种形式，并不是市场化的全部。除了民营化，还可以通过其他的途径进行市场化改革。市场化的关键是竞争机制。只要引入了竞争机制，在许多领域的公共服务，无须实行民营化，公共部门同样能提高效率和质量。

另一种看法则对公共服务市场化整体上持谨慎的态度。他们认为，尽管公共服务市场化有着许多的优点，但是，市场化并不能解决我国公共服务过程中的所有问题。有的学者比较了我国与西方国家的国情差异，认为在公共服务市场化的问题上，我国与西方发达国家之间有着很大的差距，不能盲目照搬西方发达国家的做法。西方公共服务市场化的动因和政治、经济、法律、文化等条件与我国有明显的不同，西方的公共服务市场化是在市民社会成熟、市场经济高度发达的基础上展开的，是强有力的社会自治力量和规范的市场机制对政府过度规制的一种回应。而我国目前正处于从计划经济向市场经济转型的过程中，市场发育很不成熟，市场机制很不健全，缺乏法治。无论是市场制度的约束力量，还是经济个体或市场中介组织的自律能力都十分有限。与西方发达国家相比，我国推行公共服务市场化的政治、经济、法律和文化条件并不成熟。因此，在我国，公共服务市场化一定要慎重，要冷静分析，逐步发展，不可盲目推行。否则，公共服务市场化难免会出现畸形发展或中途夭折。

有的学者则从发达国家公共服务市场化实践和我国改革过程中出现的问题角度表达了对我国公共服务市场化的担忧。主要的问题有两点：一是会出现公共服务的责任缺失问题。公共服务市场化之后，政府把提供公共服务的职能转包了出去，非政府机构承担了提供公共服务的职能。在市场化的机制下，这些机构都有盈利取向，为了追求利润最大化，它们可能会忽视公共责任和公共利益。而政府已经把公共服务的职能转包出去，所以也常常推卸责任，从而导致公共服务责任难以落实到位。二是会出现公共服务不公正的问题。公共服务市场化坚持"顾客导向"，顾客的最大特点就是以不同的货币换取不同的产品和服务，顾客的付费能力将决定其获得的服务的质量和数量。公共服务市场化将导致付费能力低者只能得到较低的服务，导致公共服务的等级化。显然，我国在实施公共服务市场化的改革中，应更多地注意这些问题，既充分利用市场化的积极功能，又能最大限度地限制和克服市场化带来的负面影响。

三 公共服务的改革创新

公共服务的改革创新是本次论坛的中心议题，与会代表从各个不同角度对这一问题进行了研讨。

1. 关于我国公共服务领域存在的主要问题

公共服务的改革创新是从现实存在的问题出发的。对我国公共服务存在的问题，与会者从不同的角度进行了剖析，反映强烈的问题主要有：1）许多地方政府对公共服务职能重视不够。尽管中央政府最近几年在这一方面有许多要求，甚至提出了建设服务型政府的要求，但是，很多地方政府的兴奋点仍然在经济发展上，一切围绕着 GDP 转，抓经济成了不少地方政府主要的，甚至是唯一的职能。政府的服务职能被置于次要的，甚至可有可无的位置。导致这种状况的原因很多，片面的发展观、政绩观和片面的政绩考核机制是与会代表谈得最多的一些原因。2）公共服务的投入严重不足，导致某些公共产品供应紧张。教育、卫生领域存在的问题最为典型。3）公共产品的分配不公，城市和农村、发达地区和不发达地区存在较大的差距。据《2000 年世界卫生报告——卫生系统的绩效改善》介绍，中国在"财务负担公平性"方面，位居尼泊尔、越南之后，排名全世界倒数第四。4）公共服务体制僵化，计划色彩较浓，市场化、社会化程度较低，服务质量和效能不高。5）部分公共产品和准公共产品供求失衡、管理不善，出现了较严重的乱收费等腐败现象。人民群众反映较强烈的有，教育乱收费、计划生育乱罚款、医疗单位乱开药、乱收费等。

2. 公共服务的国际比较

要进行改革创新，有效解决我国公共服务存在的问题，必须借鉴先进国家的做法，因此，许多与会者对公共服务进行了国际比较。由于不同的国情，各国形成了具有不同特点的公共服务制度和公共服务模式。目前，世界各国的公共服务模式大致可以划分为三种类型：一是"最低保障与兼顾效率型"或"自保公助型"的公共服务模式，这种模式在社会保障与社会福利等公共服务领域坚持以市场为主导，引进竞争和激励机制的制度模式，以美国和德国为典型代表。二是"全面公平性"或"国家福利型"的公共服务模式。这种模式把公平作为首要的价值理念，它强调以国家为主体，实行对全民的普遍保障。以英国和北欧国家为典型。三是"效率主导型"或"自主积累型"的公共服务模式。这种模式通过国家立法等强制手段，以个人或家庭的储蓄来进行自我保障。新加坡和智利是其典型。

社会保障和社会福利是公共服务的重要内容，借鉴和采用何种模式，必须考虑我国的国情。有学者指出，我国应从以下方面入手构建有中国特色的公共服务模式。一是"社会性公共服务支出为主体"的公共服务支出模式；二是"科教优先"的公共服务增长模式；三是"广覆盖、低水平、兼顾公平与效率"的公共服务消费模式；四是"多中心治理"的公共服务供给模式。

3. 我国公共服务创新的路径选择

与会者围绕我国公共服务如何改革创新发表了各种意见，主要有以下内容：

1）政府职能要尽快转变到以服务为核心的方向上来。我国公共服务的改革创新首先要从政府转变职能入手。我国在往后很长的一段历史时期内，政府仍将是公共服务最主要的提供者。但是，我国相当多地方政府的兴奋点，依然只在经济建设和经济发展，而且介入了许多具体、微观的经济活动之中。因此，当前最重要的任务是如何尽快实现政府职能的转变。政府，尤其是地方政府，要从过多的微观经济活动中摆脱出来，把自己的精力更多地投入到公共服务的职能中去，弥补市场缺陷，为经济社会发展创造良好的外部环境。

2）积极妥善推进公共服务主体的多元化和公共服务方式的市场化。我国政府要从经济建设型向公共服务型转变，但是，这并不意味着政府要包揽公共服务的全部事务，政府只是公共服务的重要主体，但不是唯一的主体。因此，公共服务也要从政府全能型、统包型转向有限型。政府要从公共服务的直接提供者转向公共服务的促进者、指导者和合作者。当然，公共服务主体的多元化和公共服务方式的市场化是一个渐进的过程，要与我国经济、政治、法律和文化的发展相适应，不可操之过急。

3）加强公共服务机构的能力建设。要改革和创新公共服务，加强公共服务机构的能力建设是一个重要的方面，否则，再良好的愿望也无法实现。与会者在这方面也有许多很好的建议，较为集中主要有：一是改革公共财政的支出结构和非公共服务项目的财政支出，将有限的资金投入到社会所必须的公共产品和公共服务的提供上来。二是采取措施增强公共服务机构从社会筹资的能力。三是加强培训，提高公共服务部门人员的素质和能力。

4）逐步健全公共服务的各项制度，不断提高公共服务的质量。与会者对以下制度的健全有着更高的呼声：一是合理划分中央政府与地方政府在公共服务领域的职责权限，发挥中央和地方在公共服务中两个方面的积极性。二是制定公共服务的最低标准，依据公共服务的最低标准合理公平地分配公共资源，逐步缩小城乡之间和地区之间公共服务上的差距，克服公共服务资源分配不公现象。三是提高公共服务的透明度和公开化程度，加大对公共服务的监督力度，严格禁止和杜绝公共服务中的乱收费、乱涨价现象，保证公共服务的质量。

本次论坛是我国首次以公共服务为主题的中欧政府管理高层论坛，尽管由于时间等因素的影响，有许多问题未能充分展开，有些观点未能得到与会者的一致认同。但是，论坛对公共服务展开的全方位的研究，与会者的许多独特的看法和观点，将对我国公共服务的理论研究和公共服务的实践产生非常积极的影响。

（本文原发表于《中共浙江省委党校学报》2004 年第 5 期

人大复印《公共行政》2005 年第 1 期全文转载）

第六编

管理创新与协调发展

经济全球化背景下的地方政府管理理念创新

经济全球化对地方政府管理将产生十分深刻的影响，在我国加入WTO之后，这种影响更为明显。在传统与现实、制度与观念、利益与秩序、规则与特例、国际化与地方性之间，多种矛盾交织，使地方政府管理面临前所未有的挑战。地方政府要适应入世后的国际国内环境，在经济全球化的进程中继续发挥积极作用，当务之急是转变观念，实现地方政府的管理理念创新。

一 我国入世之后地方政府管理面临的冲突和矛盾

经济全球化是世界经济发展的必然趋势。但是，经济全球化的确是一把"双刃剑"，在推动和加快世界经济发展的同时，也引发了许多矛盾。特别是对于发展中国家来说，经济全球化不仅是机遇，更是严峻的挑战。它使发展中国家原来经济与社会发展中存在的问题更加突出。不能有效解决这些问题，发展中国家就无法利用好经济全球化带来的发展机遇。我国加入WTO是我国融入经济全球化的重要举措，入世在有效地推动我国经济和社会发展的同时，也对我国经济和社会生活的许多方面带来了严峻的挑战。其中对地方政府管理而言，出现了以下不可回避的冲突和矛盾：

（一）市场化原则与地方政府的职能错位

市场化是经济全球化的一个基本原则，它推动着各国的经济朝着规范的市场经济的方向发展。以促进经济全球化为己任的世界贸易组织则明确要求，只有市场经济国家才能加入该组织。因此，世贸组织对其成员国如何处理政府与市场的关系作出了明确的规定，企业必须是自负盈亏的市场主体，在市场机制可以发挥作用的领域，政府不应再去干预。但是，在我国，地方政府的职能却存在着严重的错位。一方面，超越权限承担了过多本该由市场自身承担的经济职能；另一方面，许多本该由政府承担的弥补市场缺陷的社会公共事务管理职能却未能承担起来。在我国改革开放之后，各地政府发展地方经济的积极性得到了空前的发挥，地方政府成了我国各地经济发展的重要推动力量。但是不少地方政府官员由此把发展经济看成了地方政府主要的甚至是唯一的职能，一些地方政府以发展地方经济为由，超越权限对企业和市场横加干预，甚至为了履行好发展经济的职能而放弃掉了其他职能。例如，一些地方政府不计后果地招商引资，为了发展经济不惜引进污染严重的企业；为了吸引和留住外地投资者，一些地方政府甚至对企业出现的劳动保障条件差、工作时间长、克扣工人工资等现象视而不见、听之任之。经济职能的过度膨胀导致了地方政府维护社会公正、保护自然环境等基本职能的弱化，地方政府职能出现严重错位。[①]

（二）全球化趋势与国内的地方保护主义

经济全球化必然要求各国打开国门，更多地开放各国的国内贸易市场，进一步降低关税，实现国际贸易自由化，让每个国家的经济有效融入到全球经济之中。无疑，国际统一大市场建立的前提是各国能够形成国内统一的大市场。但是，我国直至今日在经济生活中仍然存在着较严重的地区封锁和地方保护主义，这种现象对我国入世参与全球经济竞争形成了严重的障碍。

我国自改革开放以来，尤其是实行财政包干制以后，受地方政府对地方利益追求的影响，出现了大量的地区封锁和地方保护主义。时至今日，这个问题依然严重存在。[②] 有的地方用政府的红头文件帮助企业占领市场，明文规定当地的各类机关和企事业单位必须购买和使用本地生产的产品；[③] 有的地方成立专门的政府机构，负责本地产品的销售，甚至派出工

---

① 沈立人：《地方政府的经济职能和经济行为》，上海远东出版社 1998 年，第 115—130 页。

② 参见陈甬军：《中国地区间市场封锁问题研究》，福建人民出版社 1994 年。

③ 参见《浙江日报》，2001 年 8 月 20 日第三版。

商、质量监督等执法部门把外地的商品从本地驱逐出去。[1] 显然，不打破地区封锁，不能有效遏制地方保护主义，入世后参与国际经济竞争就无从谈起。

（三） 规则化要求与地方政府对政策和法规的灵活变通

世界贸易组织的实质是按市场经济规律设计的规则体系。对一个规范的市场经济来说，合理的规则和对规则的严格执行是保证其健康发展的关键。一个国家要加入世贸组织，首先必须承诺遵守世贸组织的各种规则。然而，在我国，签署遵守规则协议的是中央政府，地方政府由于对世贸组织的规则了解不多，对世贸组织规则的重要性也理解不深，再加上我国长期以来就存在着不重视制度和规则的传统，因此，不少地方政府事实上缺乏遵守制度和规则的思想基础。自改革开放以来，一些地方政府官员已经习惯于对中央和上级制定的规则进行变通，"上有政策，下有对策"已成了不少地方政府对待上级制定的政策和规则的基本态度。在国内尝到对上级的政策搞变通的甜头之后，不少地方政府也准备灵活变通 WTO 的各项规则。显然，纠正对待 WTO 规则的种种错误认识，提高规则意识，是我国入世后地方政府面临的一项不可忽视的重要工作。

（四） 透明度原则与地方政府管理中的"暗箱操作"

透明度和可预见原则是 WTO 规则中的最基本原则之一，它要求各国必须明确和公开本国的贸易政策、法规、措施和程序，各国要将自己的贸易政策变动情况及时告知 WTO 各成员国。但是，我国地方政府在管理中存在着大量的封闭式管理和暗箱操作现象。

就一般状况而言，地方政府制定法规、政策时透明度较低，稳定性较差。一些地方政府政策的出台和调整，常常通过内部文件或通过打招呼的方式进行，很少公开披露。有些企业由于缺少信息渠道，直到经营中遇到了问题，才得知法规、政策已经改变，使企业难有稳定的预期和长期的打算。封闭式管理和暗箱操作往往和利益问题有着内在的联系。不少地方政府在制定法规政策的时候，往往受到了部门利益的影响，出现了部门利益

---

[1]　参见《中国经济时报》2001 年 3 月 19 日第 5 版。

政策化、法规化的现象。要实现这些特殊的部门利益，封闭式管理和暗箱操作是最有效的。正因为如此，不少地方政府部门办事程序模糊，缺乏法制规范。这就不可避免地导致了政府部门办事人员行为的随意性，容易使政府部门的行为发生扭曲。

（五）非歧视性原则与地方政府的超国民待遇和次国民待遇

非歧视性原则贯穿于世界贸易组织法律体系之中，主要体现为最惠国待遇和国民待遇这两大原则。它要求缔约一方在对另一方实施某种优惠和豁免时，不得对其他缔约方实施歧视性待遇。非歧视性待遇在世界贸易组织中是无条件适用于所有其他缔约方的。

就这一原则而言，我国不少地方政府的管理行为是不能适应的。在外资政策上，不少地方一方面普遍存在着对外资税收的"超国民待遇"，实行了过多的税收优惠；另一方面，又普遍存在着对外资企业销售和经营的"次国民待遇"，规定了许多苛刻的外销比例和强制性的技术转移要求。而对国内企业，则存在明显的"所有制歧视"，在电信、电力、金融、保险等领域，私人资本遭遇了各种各样的市场准入方面的限制。

（六）诚信原则与地方政府的信用危机

市场经济是信用经济，构建稳定、有效的信用秩序是市场经济健康发展的重要前提。因此，诚信原则必然地成为市场经济最基本的行为规则。在经济全球化的进程中，诚信问题变得越加重要。WTO 的许多制度规定都是以诚信为基础，并着眼于建立公平、公正的社会信用体系。因为良好的信用秩序可以增强市场主体之间的相互信任和合作，降低整个社会的交易成本。在整个社会信用体系中，政府信用起着核心的作用。

但是，在我国当前，不少地方政府存在着信用问题，有的甚至出现了信用危机。不少地方政府的政策朝令夕改，政府领导说话不算数、不兑现；有的地方政府还存在管理工作的弄虚作假，虚报浮夸、捏造数字。致使社会公众对政府的政策、制度规定和政府领导人的承诺都不敢相信。政府缺乏诚信，整个社会的信用就不可能形成。这种信用状态是无法参与全球经济竞争的。

二　确立适应经济全球化要求的地方政府管理理念

我国幅员辽阔、人口众多、东西部地区发展差距十分明显，在经济全球化的进程中，地方政府的作用依然十分重要。地方政府要适应我国入世后新的国际国内环境，需要从管理职能、管理方式和管理体制等方面进行全方位的改革创新，而所有这些改革创新的前提，是地方政府的观念转变，即尽快确立适应经济全球化要求的地方政府管理理念。

（一）有限政府的理念

在经济全球化的进程中，各国和各地区之间的竞争依然存在，而且会更加激烈。因此，地方政府对推动地区经济和社会发展依然起着重要的作用。但是，地方政府发挥作用的范围和方式是有限的，再也不可能是无所不管、无所不能的全能政府。地方政府只能按照市场经济条件下政府与市场的合理分工，把政府作用的范围局限在弥补市场缺陷上，从无限政府转向有限政府。市场经济公平高效的本质决定了与之相伴随的政府必须是有限政府。因为大量的实践证明，政府拥有的无限权力往往会被滥用，导致公平的丧失，而政府的无所不管又必然导致低效。政府要有所为必须有所不为，这里的关键，是地方政府要坚决地从市场机制可以发挥作用的领域逐步退出。从当前来说，主要是从过多承担微观经济职能的"越位"中退出，弱化地方政府的微观经济职能。

地方政府经济职能与中央政府经济职能之间有着明显的区别。在市场经济发达国家，政府的经济职能主要集中于中央政府，而不是地方政府。所谓政府的经济职能是指政府在市场机制的基础上，对国民经济进行宏观调控，对市场失灵的经济领域加以纠正和预防，使市场经济能够健康发展。政府的这种经济职能主要是通过制定经济计划、制定财政和金融政策等途径来实现的。显然，经济职能以及实现经济职能的手段主要集中在中央政府。在西方市场经济发达国家中，无论实行联邦制还是实行单一制，与中央政府相比，地方政府的经济职能都是十分有限的。我国的情况尽管与西方市场经济发达国家有所不同，但是，地方政府的经济职能要逐步减少却是不容置疑的趋势。只有确立了有限政府的理念，才能真正实现政府职能转变。

（二）有效政府的理念

市场经济之所以需要政府，是因为市场机制存在着不可克服的功能缺陷，市场自身不能解决诸如外部不经济、市场失灵等问题，需要政府的力量来弥补。为了使市场机制失灵的范围和程度缩小，政府的介入必须是有效的。因此，必须建立有效政府。无能的政府是无助市场经济发展的。

地方政府弥补市场缺陷的作用主要体现为地方政府承担的地方社会公共事务管理职能。我国地方政府长期以来一直把经济职能作为主要职能，而真正应该由地方政府承担的公共物品的提供职能却长期缺位。我国当前经济社会发展中的许多问题，比如环境污染的加剧、贫富差距的扩大、教育发展的滞后、交通等基础设施的不足、社会秩序的混乱，等等，大多都与地方政府的社会公共事务管理职能的缺位有关。因此，入世之后，地方政府在社会公共事务管理方面面临着大量的补课工作。只有把社会公共事务作为政府职能的重点，加大地方政府在这方面的工作力度，有效提供高质量的地方性公共物品，地方政府才能在入世后新的市场背景下，为推动市场经济的发展发挥积极的作用。

事实上，社会公共事务管理职能也具有极大的经济功能。在经济全球化的进程中，地方政府负有推动本地经济健康发展的义务，但是，地方政府推动经济发展的手段和方式已不再依赖于对经济的直接管理，而主要应该通过有效履行各项社会公共事务管理职能，营造一个有利于经济健康发展的良好的社会环境来实现。在规范的市场经济条件下，企业的发展是不受政府的行政干预的，他们享有充分的用脚投票的选择权和自主权，哪个地区的社会环境好，就可以吸引到较多的企业前来投资发展，这个地区的经济就可以得到较快的发展。因此，地方政府的社会公共事务管理职能实际上有着十分明显的经济功能。

（三）法制政府的理念

市场经济是法制经济，在经济全球化进程中的地方政府管理，也必须确立法制政府的理念。

首先要树立规则意识。遵守规则是现代文明社会的基本要求，在一个和谐融洽的社会当中，任何人都必须遵守社会的通行规则。政府当然也不能例外。加入 WTO 就是加入了一种规则体系，加入 WTO 是以承诺遵守这些规则为前提的。在经济全球化的进程中，刚性的国际规则的影响越来越大，地方政府必须树立规则意识，自觉遵守国际规则。

其次，要确立全国法制统一性的意识。我国是统一的单一制的多民族国家，法制在全国范围内必须是完整和统一的。而在入世之后，这个问题变得更为重要。按照通常的惯例，在世界贸易组织体系中，某个国家地方政府的行为也将被视为中央政府行为。因此，地方政府要主动与中央的法规和政策保持一致，不能再为了地方利益而自搞一套。①

（四）透明政府的理念

透明和开放相联系，它的对立面就是封闭和暗箱操作。在经济全球化的背景下，开放已成为历史潮流。社会的发展必然会对地方政府管理的开放性和透明度提出越来越高的要求。只要与国家和地方的安全不相矛盾，地方政府就应该通过公开和透明的方式处理事务。在我国入世之后，地方政府确立透明政府理念已变得更加紧迫。

开放和透明应该贯穿于地方政府管理的全过程。首先是地方政府管理的法规和政策要公开。入世后，凡是要执行的法规和政策都必须公布，不公布就不能执行。其次，地方政府管理的程序要公开。无论是地方政府的决策程序还是政府部门的办事程序，都必须透明，以方便社会公众的参与和监督。三是政府管理的结果公开。尤其是那些与社会公众切身利益直接相关的事务的处理结果，必须及时公布。

（五）信用政府的理念

信用是一整套制度安排，也是一种文化价值系统，而首先是一种理念。政府信用也是如此。在入世之后全社会信用体系建立的过程中，首先需要在地方政府管理中确立信用政府的理念。

一是绝不食言。政府的信用首先是建立在说话算数、言行一致的基础

---

① 唐民皓：《WTO 与地方政府管理制度研究》，上海人民出版社 2000 年版，第 79 页。

之上的，地方政府及其工作人员必须做到言必信，行必果。做不到的事情，不空许愿，而一旦承诺了的事情，一定要说到做到。二是绝不虚夸。地方政府管理涉及大量繁杂琐碎的事务，需要做大量艰苦细致、踏踏实实的工作，绝不能为了表现一时的政绩而讲大话、报假数字，使一届政府一时的政绩，成为一方百姓多年的负担。三是确立责任意识。地方政府对地方的经济和社会发展负有重要的责任，无论是社会安全，环境保护还是经济发展，地方政府都必须做到守土有责，对社会公众负责，对历史负责。

　　地方政府管理的理念创新是我国应对入世的重要组成部分，地方政府只有真正确立了有限政府、有效政府、法制政府、透明政府和信用政府的管理理念，才有可能在经济全球化的背景下，能够对当地的经济和社会发展发挥更加积极的作用。

　　　　　　　　　　（本文原发表于《浙江省委党校学报》2002 年第 6 期）

科技进步目标责任制：
政府管理科学化的成功实践

浙江经济的持续快速发展和市场机制带来的勃勃生机引起了全国的关注。在市场经济健康发展的背后，政府起了什么作用？浙江省各级党政部门是如何顺应市场经济的要求对经济和社会生活进行科学管理的？这也是揭示"浙江现象"一个不可缺少的方面。本文拟从浙江首先在全国推行的科技进步目标责任制的角度对党政管理在浙江经济发展中的作用作一剖析。

管理科学化是现代社会对所有领域的管理活动提出的共同要求，党政系统的管理活动也不可能例外。要实现党政管理科学化，就需要对传统的管理体制进行有效的改革和创新。浙江省自 1996 年开始在全省各市县推行的党政领导科技进步目标责任制，就是为实现党政管理科学化而进行的一项重大的制度创新。五年来党政领导科技进步目标责任制的实践，有效地改革和完善了浙江省各市县党政领导的管理体制，有力地推动了浙江省的科技进步和经济发展。[①]

一　党政领导科技目标责任制使党政管理
绩效评估的标准更加科学合理

任何组织的科学管理都离不开有效的绩效评估，作为衡量和评价工作业绩的特定体系，绩效评估制度的完善与否，对组织目标的实现和组织作用的发挥，对组织管理的科学化起着至关重要的影响。在我国，党政领导科技进步目标责任制的推行，进一步完善了党政管理绩效评估的标准，有

---

① 宦建新、赵新龙：《浙江干部抓科技目标责任制追踪》，《科技日报》2001 年 7 月 25 日第一版。

效地推动了党政管理的科学化。

绩效评估的标准带有很强的时代性，建国以来，我国党政管理绩效评估的标准，先后经历了三次历史性变迁。

在建国后很长一段时期中，由于受"以阶级斗争为纲"的"左"的思想路线的影响，党政管理的科学化问题不可能提上议事日程，因此，当时也不可能有科学意义上的绩效评估。那时候对党政领导工作业绩的考核评价，主要的依据就是政治标准。在当时的条件下，政治与经济的关系被严重扭曲，一切以政治为重，经济工作的业绩变得无足轻重。而且，当时的政治标准主要是以阶级斗争为纲。评价一个党政管理机关的工作业绩，主要是看这个领导机关对当时重大政治斗争和政治运动的态度及其行动。从反右、"四清"，到"文化大革命"中的各种大批判，只有积极组织参加这些政治斗争，才谈得上有工作业绩。否则，即使在经济发展上抓出了成绩，也会被斥为"只埋头拉车，不抬头看路"。正因为如此，各级党政机关都必然地把政治运动和政治斗争看成是主要工作，投入了主要的精力。

改革开放以后，我国党和政府的工作重心转向了以经济建设为中心，受此影响，我国各级党政机关管理绩效的评估标准也发生了重大的变化，经济标准摆到了突出的位置上。在这个时期，所谓党政领导的政绩，主要是看能否在经济发展中做出成绩。这种务实的评价考核标准，得到了社会公众的普遍欢迎。但是，由于当时我国最主要的任务是加快各地的经济发展，因此，在很长一段时间内，我国各地党政领导绩效评估的标准主要侧重于经济发展速度和经济总量的增长。这种绩效评估标准在有效推动了我国经济快速发展的同时，也带来了许多负面的影响，诱发了各地党政管理中的许多非理性行为。不少地方的党委和政府不能正确对待数量扩张、效益提高和结构优化之间的关系，他们往往把主要的精力和注意力集中于数量的扩张，不遗余力地跑项目、争投资、比速度，从而导致了地方政府行为向扩张冲动的严重倾斜。不少地方出现了重复建设、产业雷同、环境污染、资源浪费等严重问题。

20世纪90年代以后，我国的经济发展出现了逐步理性化的趋势，中央提出了经济发展要从量的扩张向质的提高转变的要求。于是，对各地党政领导政绩评价的标准也出现了变化，逐步开始了从重视经济发展的数量标准向重视质量标准的转变。从此，评价一个地区党政领导的政绩，不仅要看该地区的经济发展，而且要看该地区的社会稳定和思想文化等事业的发展。从经济发展来说，不仅要看一个地区经济增长的速度，更要看该地区由产业结构、经济效益、环境保护、资源利用率等指标决定的经济发展质量。而所有这一切指标，都直接受到科学技术因素的影响和制约。因此，以高新技术为代表的科技进步因素越来越引起了人们的关注。人们开始尝试着把一个地区科技进步的状况也作为评价该地区党政领导政绩的一个重要标准。浙江是全国第一个把科技进步作为评估党政领导绩效的省份。1996 年，浙江省委、省政府决定在全省实行党政领导科技进步目标责任制，在全国率先明确地把推动和抓好科技进步作为评价党政领导工作业绩的重要考核评价标准。①

浙江建立党政领导科技进步目标责任制，是浙江省委、省政府根据浙江经济发展的特殊要求做出的科学决策。浙江人多地少，自然资源相对匮乏，历史上受东南前线的区位影响，国家在浙江一直没有多少投资，大中型企业和高新技术的投资更少。改革开放以来，尽管浙江充分运用市场机制，依靠市场优势和乡镇企业优势获得了经济的快速发展，但是，浙江经济的科技含量一直不高，与上海、江苏等周边科技发达省市相比，浙江一直在为自己经济发展的后劲担忧。显然，浙江比周边省市更需要倚重科技进步来发展经济。这种状况促使浙江省委、省政府下决心建立了市县党政领导科技进步目标责任制，希望通过这种新机制的运作，有效推进区域科技进步，促进经济结构调整和产业升级，保证国民经济的持续快速健康发展。五年来的实践证明，浙江建立党政领导科技目标责任制的初衷已经实现。

建立党政领导科技进步目标责任制不仅适用于浙江，事实上，这一体制创新也体现了我国经济发展的普遍要求。与世界发达国家相比，我国的科技水平存在着较大的差距，而在知识经济时代，科学技术对经济的影响是任何其他力量无法相比的。要使科学技术在推动经济发展中能够发挥更为积极的作用，首先必须要求各级党政管理部门能够真正重视科技工作和

---

① 鲁松庭主编：《浙江省实行党政领导科技进步目标责任制的理论与实践》，浙江大学出版社 2000 年版，第 1 页。

科技进步，而建立各级党政领导科技进步目标责任制就是促使各级党政领导能够真正重视科技工作和科技进步的一个重要制度措施。正是基于对这种普遍要求的认识，中组部，科技部已先后发文向全国介绍浙江这一成功的做法。① 目前全国已有 10 多个省市也先后实行了党政领导科技进步目标责任制，并认真地开展了对党政领导科技进步目标责任制的考核。

二　党政领导科技目标责任制推动了党政管理的职能转变

管理科学化的前提是管理机关职能的合理定位。要实现党政管理科学化，也必须科学确定党政机关的管理职能。党政机关的管理职能涉及两个层面的内容，一是党委和政府应该共同承担的职能，二是党委和政府各自应该承担的职能。就当前而言，党政领导科技进步目标责任制对解决党委和政府应该共同承担的职能方面的问题发挥了十分积极的作用。这里所谓党委和政府应该共同承担的职能是指一级政权的管理层所承担的职责任务，主要是从市场与政府关系层面上所表示的管理层应该承担的职能。党政领导科技进步目标责任制的实施对这个层面上的党政管理职能转变起到了有效的推动作用。

（一）党政领导科技进步目标责任制有助于政府对经济的管理从无所不管转向只抓重点。无所不管的全能政府是计划经济时期政府职能的主要特点。改革开放以来，我国各级政府的职能有了很大的调整。但是，管得过多依然是一个亟待解决的大问题，尤其是在经济领域。在中央权力下放的过程中，各级地方政府都承担了发展本地经济的更大责任。为了加快本地经济发展，许多地方的党委和政府的确下了很大的功夫，只要有利于本地经济发展的，他们都会不遗余力、全力以赴。但是，不少地方政府四处出击忙忙碌碌，效果却并不理想。事实证明，政府仅有发展经济的良好愿望和满腔热情是不够的，关键是要抓住重点。在我国当前，如何让科学技术发挥更大的作用已成为经济发展中的一个不可忽视的重点。抓住了高新技术的引进，抓住了科技创新，抓住了科技人才队伍的建设，在一定程度

---

① 中组部、科技部的文件见《浙江省实行党政领导科技进步目标责任制的理论与实践》，浙江大学出版社 2000 年版，第 345—347 页。

上就是抓住了经济发展的关键。党政领导科技进步目标责任制的实行，促使不少地方的党委、政府从无所不管的琐碎事务中摆脱出来，把更多的精力转向科技进步这个重点，有效地推动了当地经济的发展。

（二）党政领导科技进步目标责任制使政府对经济的管理从只关注结果转向更关注原因。在市场经济发展中，地方党政领导关心经济，注重经济发展的结果是无可非议的。问题是，任何结果都不会是无缘无故的，都是由一定的原因导致的。在关心结果的同时，对产生这种结果的原因应该给以更多的关注。找到了影响经济发展的原因，才有可能根据需要及时加以调整，才有可能得到令人满意的结果。否则，如果眼睛只是盯着结果，却不在如何改变影响结果的原因上下功夫，就会出现种种短期行为。长期以来，我国不少地方的党政领导为了求得眼前经济更快增长的结果，采取了一些竭泽而渔的做法，有的甚至在作为结果的统计数据上做文章，弄虚作假修改数字，不择手段拔高政绩。[①]

科技进步目标责任制的实施，使这种现象得到了一定程度的遏制。它使得各级地方党委和政府不仅重视经济发展的结果，而且更加关注科技进步这一影响经济发展的重要原因。只有在前期认认真真地抓好了科技进步，才有可能到后来获得经济快速发展的结果。为此，就必须改变过去存在的大量只顾眼前的短期行为。因为科技进步对经济的影响不可能产生一蹴而就的效果，科技对经济的影响和作用往往需要一个相对较长的周期。在这个周期内，地方党政领导无疑要承受许多压力。过去不少地方党政领导承受不住这个压力，耐不住寂寞。建立了科技进步目标责任制，可以促使地方党政领导能够有更好的心态面对压力和竞争，使他们能够从长远效果出发，踏踏实实地抓好经济发展的基础性工作。

（三）党政领导科技进步目标责任制有助于政府从过去以抓具体科技项目为主的经济和科技管理方式，转向营造良好的科技开发和投资的宏观环境。在市场经济的发展过程中，科技对经济的巨大作用已逐渐被人们所认知。不少地方党政领导对科技工作也逐步重视了起来。但是，在很长一段时间里，不少地方的党政领导，包括一些地方的科技管理部门，把对科技工作的重视，主要体现在抓具体的科技项目上。然而，由于具体的科技

---

① 参见沈立人《地方政府的经济职能和经济行为》，上海远东出版社 1998 年版。

项目带有很大的偶然性和风险性，因此，这些地方的科技工作往往难以有效打开局面。实行党政领导科技进步目标责任制之后，巨大的压力和责任，促使地方党委和政府对科技管理的方式做了较大的调整。他们逐步跳出了只抓具体科技项目的微观管理方式，开始重视如何营造良好的科技开发和投资的宏观环境。不少地方专门建立了高新技术开发区和创业园区，为区内企业发展高新技术提供优惠条件和特殊政策，以减少这些企业在科技开发和成果转化中可能遇到的风险。科技开发和投资环境的改善，有效地加快了高新技术成果商品化、产业化的进程。

（四）党政领导科技进步目标责任制促进了政府对经济和科技的管理从过去以管制为主向以服务为主转变。我国从计划经济向市场经济转型的过程中，政府如何更好地把管理与服务有机结合是一个亟待解决的大问题。党政领导科技进步目标责任制促进了这方面政府职能的有效转变。党政领导科技进步目标责任制是上一级党政机关对下一级党政领导的职责任务做出的一项制度规定，通过这种方式进行管理本来是一种典型的行政手段。但是，各级党政领导要想完成这个制度规定的职责任务，在管理经济和科技的时候，却不可能再采用传统的行政手段，尤其是不能再采用居高临下的管制手段。因为在市场经济条件下，政府无法强制企业采用高新技术，也无法保证企业采用高新技术之后必然会盈利。企业是否采用高新技术，采用高新技术之后能否赢利要由市场决定。因此，党政领导要履行好科技进步目标责任制的职责要求，惟有改变传统的行政手段和管制方式，把更多的精力放到为企业服务上，实实在在地帮助企业解决科技开发和投资中遇到的种种困难和问题，帮助企业引进各类急需的科技人才，帮助高新技术开发建立有效的风险机制，等等。在做好这一系列服务的基础上，党政领导才有可能完成好科技进步目标责任制所规定的职责任务。

三　党政领导科技进步目标责任制促进了市县领导班子建设

党政管理能否实现科学化，领导班子起着决定性的作用。党政领导科技进步目标责任制的实施，有力地促进了市县领导班子建设。

　　首先，党政领导科技进步目标责任制对提高市县党政领导班子成员的科技意识和科技素质发挥了十分积极的作用。由我国的国情决定，长期以来，我国人口中科技人员的比例一直较低，全民族的科技意识和科技素质都不高。这个问题也不可避免的反映到了党政领导干部之中。尽管改革开放以来，由于党中央科教兴国政策的引导和干部四化方针的要求，有不少年富力强的科技人员进入了各级领导班子，但就整体而言，在我国大部分地区的党政领导班子中，具有科技专业背景的领导干部仍然不多，有些党政领导班子中甚至没有一个科技出身的，整个班子成员全是科盲。这种人员构成使得不少领导班子在经济和社会发展的管理过程中，既缺乏对科技工作重要性的认识，也缺乏管理科技工作的能力。党政领导科技进步目标责任制的实施使这种现象得到了一定程度的改变。一方面，各地都对领导班子成员加强了科教兴国重要性和科技知识的学习，班子成员的科技意识和科技知识得到了明显的提高；另一方面，实施党政领导科技进步目标责任制之后，各地的组织部门在领导干部的考察和选拔的过程中，也更重视了领导干部的科技背景，使班子成员中学过科技、懂得科技、重视科技的领导干部不断增加，有效地提高了班子成员的整体素质。

　　其次，党政领导科技进步目标责任制的实行从制度上保证了整个班子能够扎扎实实地抓科技进步，改变了过去许多空洞的、浮在表面的工作方式，使班子成员的工作作风更加求真务实。科技及其管理工作有两个较为鲜明的特点，一是必须严谨，来不得半点马虎，否则，就要受到科技工作规律的报复。二是科技对经济的影响需要一个过程，要做长期耐心而默默无闻的艰苦工作。这些特点使得一些工作作风漂浮、急功近利的领导者往往不愿意去抓科技工作。实行党政领导科技目标责任制之后，就从制度上对所有领导班子及其成员的工作作风提出了严格的要求，促使党政领导工作作风变得更加严谨，工作更加扎实。

　　再次，党政领导科技进步目标责任制的实施使领导个人和领导班子集体共同负起了责任，有分工，更有合作，加强了领导班子成员之间的配合，提高了领导班子的凝聚力。领导班子的团结和凝聚力是领导班子建设的关键。领导班子的团结和凝聚力受到了许多因素的影响，既受制于领导班子成员的个体素质，更受制于党政领导的管理体制。党政领导科技目标责任制就是保证领导班子团结和凝聚力的一个重要的制度因素。这种制度规定把领导班子集体的责任和班子一把手、分管领导以及其他班子成员的责任有机地结合起来，既有个人负责，又有集体分工，保证了班子成员之间的相互配合。

（本文原发表于《今日科技》2002 年第 3 期）

区域经济一体化对地方政府管理的挑战

我国长期实行高度集中的计划经济，地方没有自己的利益，地方的积极性未能得到有效发挥。改革开放以来，随着权力下放各项改革措施的实行，地方利益得到了承认和尊重，地方政府推动本地经济发展的积极性得到了极大调动。但是也出现了地方政府以行政区为边界组织发展经济的行政区经济想象，出现了大量的地区封锁、区域经济割据等各种地方保护主义现象。20 世纪 90 年代初，我国开始了建立社会主义市场经济体制的改革进程，因此，如何冲破行政区经济的束缚，尽快建立全国统一的大市场，实现区域经济一体化，就成了我国经济社会发展中的一项重要内容。区域经济一体化既需要发挥政府的作用，更需要发挥市场的作用，我国 35 年来在这个领域也进行了许多有益的尝试。

一 区域经济一体化的必然性及其对政府与市场关系的挑战

我国的市场化改革是在长期计划经济的基础上开始的，传统的政府管理体制与市场经济体制之间存在着许多严重的冲突，市场化改革的过程，就是对传统的政府管理体制不断改革调整的过程，也是政府与市场关系不断调适的过程。在市场经济不断推动建立统一大市场的努力过程中，政府与市场关系也受到了严峻的挑战，面临着大的调整。

1. 区域经济一体化是市场发展的内在要求

在经济全球化的背景下，区域经济合作已成为提升一个国家或地区经济发展的重要驱动力。现代经济发展证明，一个区域的发展仅仅依靠自身内部资源与要素的投入产出循环是远远不够的，它必须借助于区域之间的互补和协作。在区域之间的自然资源、人力资源、资金和技术等经济发展基本要素存在不同程度差异的情况下，各区域形成相当程度的分工，在分工的基础上进行区域合作是其获得更大收益的必由之路。① 从另一方面来讲，生产力的扩张力以及由于比较利益的客观存在而形成的区域间生产要素的自然流动是不以人的意志为转移的，市场经济的发展必然要冲破分散、狭隘和封闭的自然经济格局，在广阔的空间内相互往来和相互依赖。② 可见，区域合作的建立有助于打造区域经济增长的内核，构筑区域经济的增长极，加速区域经济板块的形成，是经济发展的必然趋势和提升区域经济竞争力的重要途径。

　　企业作为一个开放系统，与它的经济、社会和自然环境之间以各种形式相联系在一起，只要一个企业存在，就势必摆脱不了社会政治、经济、文化、法律、其他企业及劳动力、自然资源和资本等要素的影响。而在这些对企业生存发展影响重大的因素中，绝大部分都是与区位相依存的，因而，企业为了谋求利润的最大化就会对各个区位的"要素质量"进行认真权衡，并进而选择那些拥有最有利于其发展的诸多要素的区位作为其栖身之地。而对于某企业来说，最为理想的发展区位或许并不在其现驻行政区划内，这种情况下，企业便倾向于冲破行政区划的界线以实现"成本—收益"的最大差额。也就是说，市场经济条件下，企业的这种利益最大化冲动就意味着不同区域间发生各种经济联系是必然的。

　　通过区际交换，以实现本区域利益以及自身对本区域不宜生产之产品的需求的满足，才是这种区域理性选择的最终目的。而恰恰正是这种由区域天然利益冲动驱使下的地区间的生产要素流动与协作逐渐形成了区域分工条件下的区际经济关系。另一方面，随着区域间相互依赖程度的不断深化，以及区域间相互交流规模的日益扩大，这种区域经济关系寻求嬗变为一种规范的区域经济合作，以使得这种区域经济关系中各区域间的交易成本最小化。一旦稳定规范的区域经济合作关系达成，便会聚合分散的局部

---

　　① 　张可云：《区域大战与区域经济关系》，民主与建设出版社 2001 年版，第 243—247 页。

　　② 　陈瑞莲、张紧跟：《试论区域经济发展中政府间关系的协调》，《中国行政管理》2002 年第 12 期，第 65 页。

地区优势为叠加的综合经济优势，形成一种新的生产力，从而反过来巩固和提高区域专业化生产水平，为进一步深化分工创造条件，进而通过区位因素在空间经济活动中所产生的乘数效应，带动周围区域相关活动的发展。同时，这种效应还会促进生产要素的区际自由流动，特别是促进技术的创新及其在区域之间的传播等。[①] 在市场经济条件下，市场主体的天然利益萌动催生了不同区域间的经济联系与交流，这种联系与交流必然导致区域经济之间的合作。只要存在市场经济，区域间的经济交流与合作便是一种必然。

2. 区域经济一体化对政府与市场关系以及政府管理体制的挑战

随着我国从计划经济体制向市场经济体制的转轨，地方政府自主权逐渐扩大，地方政府的利益主体地位逐步强化。地方利益主体地位的凸现，刺激了地方政府发展经济的积极性，有利于促进我国经济的快速发展。但是，在我国权力下放改革的过程中，由于缺乏有效的约束机制和调控手段来规范地方政府行为，致使一些地方政府为了追逐地方利益最大化而无视整体利益，出现了一些制约区域经济协调发展的影响因素。竞争是市场经济发展的基本途径，没有竞争就不会有经济发展的高效率，但是，恶性竞争却成为影响区域经济一体化的重要制约因素。

1）地方政策的差异性恶化了经济发展的政策环境

靠政策推动，在不同地区、不同产业之间实行差异化政策，这是我国相当一个时期以来在改革和发展上所采取的一个重要手段。随着市场化改革的深入，中央原来推出的特区政策、沿海开放政策等方面的不平等政策正趋向取消，但不同地区的经济政策差异依然明显。为吸引外地企业，争夺资本、人才等生产要素，各个地方政府会在税收、土地使用费、待遇等方面竞相开出优惠政策。这种恶性竞争在招商引资中表现得十分典型。由于省市之间、城市之间及县域之间存在高低不等的一道道行政性障碍，几百个隶属于不同行政主体的产业开发区实施的是背靠背的招商政策，各城市的招商条件并不透明，商务成本缺乏梯度。本应在成本导向下的企业投资经营行为，与追求地方利益的政府行为合在一起，必然产生倾销式竞

---

① 陈秀山、张可云：《区域经济理论》，商务印书馆 2003 年版，第 274—275 页。

争。各地在招商引资过程中，抢商抢资现象严重，甚至以低地价夺商，以配套优惠条件诱商。政府间的正常竞争可以产生动力，提高效率，而恶性的不正当竞争只能形成内耗与互损：一方面阻碍区域内资源的流动与共享；另一方面在国际市场上又遭受损失，不仅削弱了这一地区在国际市场上的竞争力，而且降低了这一地区的总体经济效益。同时，政府之间的不正当竞争在一定程度上又干预与阻碍了市场的正当竞争，使市场机制在政府不正当竞争的范围内难以发挥正常作用，由此也阻碍了市场经济体制的完善。以浙江嘉善县姚庄镇与上海金山区枫泾镇2个镇为例，两镇是友邻镇，两镇工业园区相距仅2公里，可隔界相望，但由于行政区划分属两省（市），在税收收入分成中却差异甚大。枫泾镇的税收分成明显大于姚庄镇，这意味着枫泾镇有更雄厚的实力从镇财政中返还一部分给外来投资企业，在招商引资上比姚庄镇更具吸引力。据嘉善县委政研室的调研，上海市在税收收入分成中镇的财政分成比例明显高于浙江省：增值税地方所得25%部分中，上海全部划归区一级，枫泾镇得15.75%，金山区得9.25%，而浙江省省里得5%，嘉善县得20%（县本级12%，镇得8%）；所得税地方得40%，上海全部划归区一级，枫泾镇得其中的90%（即36%），而浙江省将40%的20%部分（即8%）归省，80%部分（即32%）留在县里（县本级得15.4%，镇得16.6%）；其他小税种上海市100%留在区里，其中90%左右归镇一级所得，而浙江省80%划归县一级，镇一级所得份额更少。

　　上海"173"计划的出台是长三角地区"政策竞赛"的必然结果。20世纪90年代以来，受上海辐射所形成的区位优势和灵活优惠的政策优势的双重拉动，上海周边城市经济发展咄咄逼人，2002年苏州实际利用外资超过上海、昆山超过浦东，上海的一些企业（包括大企业）出现外迁现象。这对上海产业转移、就业、经济增长难免造成影响，这种情况是上海所不愿意看到的。2003年5月，上海市财政、工商等6部门与嘉定、青浦、松江3个区签订了《关于推进落实试点园区降低商务成本政策备忘录》，标志着"173"计划的全面启动实施。"173"计划因上海嘉、青、松3个市级工业园区总面积173公里而得名，其核心思想旨在降低上海商务成本，包括生产要素成本（劳动力成本、土地成本等）和生产组织成本（如税收和政府服务成本等）两大类，通过利用上海自身强大的实力和调控手段，构筑一个平台，对外截留外资，对内吸引内资，进一步聚集要素，培育新的战略性产业，以维系其经济的高增长。据嘉兴市委政研室的调研分析，上海市"173"计划在税收优惠、土地指标倾斜及价格优惠、财政返回补偿等硬性政策上想了不少办法，如对3个工业园区年度用地计划予以单列，并给出了江浙所没有的园区内年度耕地占补实行三年内延期平衡的特殊政策；2007年前对3个园区用地的耕地占用税、土地出让契税、市级土地出让金以及园区内新增的各类企业税收属市级部分的收入作为专项资金返还给园区；对园区内道路等公共设施建设用地按零成本计算（即全部由市财政投入）；建立园区专项发展资金，用于园区的进一步发展，等等。通过"173"计划的实施，上海与江浙之间构成了新的政策落差，构筑了低商务成本的新优势。从表面上看，各地竞相出台优惠政策，会给企业降低商务成本，但实际情况是，政府成本不断加大，大到高于企业所节省的商务成本。不仅如此，政府依靠竞相优惠干预市场的后果是，资本流动、人才流动不是受市场调节和市场选择，而是政府选择和政府调节。这样就人为地分割了经济区，强化了行政区，不利于市场经济体制的完善和政策法规的统一。

2）地方政府互不衔接的规划制约了区域的统一发展

在我国经济社会的发展中，各地都越来越重视发展规划的研究和制订工作，各地都对本地的产业发展、城市（镇）布局、社会事业项目和交通、电力、供水等基础设施建设提出了详细完善的规划。但纵观各地规划，许多规划以本地区为规划范围，对邻省、邻县的发展趋势及中长期规划研究不多，了解不多，在规划时各自为政，画地为牢，甚至闭门造车，造成规划雷同，规划脱节，规划之间缺乏相互衔接。如在长江岸线的开发利用方面，由于缺乏统一和科学的规划，各县市之间各自为政，竞相提出"以港兴市"，有的占线过长，浪费深水岸线资源；有的港口能力闲置。究其原因，主要是各地在研究制订港口发展规划时，相互之间了解不够、衔接不紧，存在重复计算腹地、货物流向不合理以及港口之间分工不明确等原因，片面强调个体优势，造成重复投资、过度投资和不合理投资，使港口群体优势得不到有效发挥。即使有些地方能够有区域发展一盘棋的规划理念，但在城市群政府分治的模式下，各城市之间出于不同的利益追求，往往孤掌难鸣，难以实行有效的统一规划。以善江公路连接 318 国道为例：善江公路是经浙江省人民政府批准的第六批"四自"工程项目，是以浙江平湖市为起点，途经嘉善县，连接江苏吴江市 318 国道的一条横跨江浙二省的一级公路。善江公路总长 36.1km（其中浙江嘉善段 32.5km，江苏段 3.6km），浙江嘉善段于 1999 年 4 月 1 日开工建设，2002 年 1 月交付使用。但因江苏段位于经济相对欠发达的吴江市黎里镇，且需投入 5 000 万元左右，虽然浙江方多次与江苏方进行沟通协商，江苏方一直没有规划，更谈不上动工建设，造成总投资 4.4 亿元的浙江嘉善段因"准短头路"难以达到设计通行能力，难以发挥最佳效益，造成投资回收期延长，交通成为瓶颈，对嘉善经济发展造成严重制约。一拖就是 8 年，直到 2004 年，因江苏苏通高速公路要连接杭州湾跨海大桥，必须途经嘉善，需要得到嘉善方的大力支持，为此江苏主动提出，将久议未果的善江公路江苏段列入计划，加快规划设计和建设进度，且提高标准实施。

3）地方保护主义加剧了地区矛盾

目前我国经济发展过程中各地区的竞争，在性质上是一个主权国家内部的区域竞争，但由于地方政府目前的职能被界定过宽，参与市场运作的功能依然十分强大，它们在一定程度上也是市场利益主体和竞争主体。因此，中国目前地方政府机构的行为并不必然是一种区域整体利益甚至国家利益主导下的行政行为，而经常是一种利益边界明确的、以行政垄断为特征的企业行为。在这种制度结构下，各地政府必然寻求地方行政区域边界内的垄断利润最大化，或地方行政区域边界内的垄断成本最小化。一方面，要防止区域内利益"外溢"；另一方面，区域内发展成本最好是由别人承担，造成了市场竞争的行政扭曲和资源配置的高社会成本。商务部关于地区市场封锁的调查统计和前几年江浙水污染纠纷是说明当前地方政府行政行为缺乏全局性的很好例证。江苏省吴江市盛泽镇与浙江嘉兴秀洲、嘉善等地交界并处于其上游，20 世纪 90 年代初盛泽镇纺织印染业高速发展，但由于成本关系，这些企业基本没有建设与之相配套的污水处理设施，有些企业即使安装了污水处理设施，因处理成本较高也没有经常使用；为了保护本地经济和企业的发展，吴江市及盛泽镇有关政府部门也没有严格执法，对排污企业进行严格监督和处罚。盛泽这些企业在明知严重后果的情况下，将大量未经处理的污水直接流向其下游嘉兴的河道，并逐年加重，1995 年起两地纠纷不断。由于印染业的逐步集中，2001 年盛泽向嘉兴月排放污水高达 900 万吨，造成大量鱼和珍珠蚌死亡，渔民损失严重。据不完全统计，到 2001 年 10 月底，嘉兴北部渔业水域受污染面积 6.2 万亩，直接经济损失 8 697.1 万元；农业生产环境恶化，北部地区出现"鱼米之乡鱼没有、米不香"的状况；群众健康状况受到严重损害，与盛泽相邻的嘉兴北部王江泾镇的 11 个村，2001 年 280 多名应征青年竟无一体检合格①。嘉兴北部农民在忍无可忍的情况下，2001 年 11 月发生了嘉兴农民自发在两省交界处筑坝拦污行动，造成污水倒流直逼盛泽自来水取水口，惊动中央，经过国家有关部委的艰苦协调才得以基本解决。由此可见，由于自然环境的整体性和行政地域相分割两者矛盾的存在，加上各地政府行政行为上全局意识的缺乏和自利行为的强化，跨行政区域的江河因行政分割而使流域的整体性遭到破坏，增加了全流域综合治理和合理利用的难度，也必然引发一些不必要的纠纷。

4）恶性竞争导致区域公共服务缺失

政府间相互恶性竞争所引发的区域公共事务治理缺失也是政府间关系不协调的一个显著表现。公共事务有特定的区域性，每个地方政府都是各自辖区内公共事务的主要管理者。但是，除此之外，他们还需要为更广区域范围的公共事务承担一定的责任，提供一定的公共服务。如长三角各省市政府，除了做好各自省市公共事务的管理之外，还需要为长三角整个区域共性的公共事务承担一定的管理责任，提供相应的公共服务。但是，各地政府之间的恶性竞争，使得这种大区域范围的公共服务的提供变得十分困难。以跨行政区划的环保问题为例，太湖流域位于长江三角洲南缘，地跨江苏、浙江、上海两省一市，面积 36 896 平方千米，人口 3600 多万，2000 年，流域国内生产总值达 9 941 亿元，约占全国 GDP 的 11.1%，是我国经济最发达的地区之一。太湖曾以其优美自然的湖光山色闻名天下，素有"美不美，太湖水"之美称。然而随着近年来太湖流域经济的迅速发展，由于污染治理的滞后，太湖已今非昔比，水质明显恶化，污染严重。如今，流域面积仅占全国 0.38% 的太湖，各种污水排放量却高达 32

---

① 嘉兴市政府《关于江苏盛泽工业污水长期污染嘉兴北部水域引起省际水污染和水事纠纷的主要情况》，2001 年 12 月。

亿吨/年，为全国的 10%，[①] 大大超过了环境的承载能力，严重威胁了人民生活和工农业生产。由于流域内各地方政府缺乏相互间污染治理协作，存在职能交叉、职责不明、"多龙治水"等突出问题，省界、区界水域水污染尤为严重。据 2004 年监测资料，在流域省界河流当时可以统计的监测断面中，95% 超标。与此同时，在一些单个地方政府难以独自处理的诸如人口流动、区级法律冲突、传染病预防、地区稳定等问题的解决上，由于联合与协作的缺乏，也无法从根本上解决，从而制约了整个区域经济的顺利发展。

通过以上分析不难看出，区域经济合作已成为经济全球化、区域经济一体化背景下提升区域综合实力的必然趋势，它的发生有其必然性，并对地区发展有着极为重大的意义。从市场经济体制的缺陷及地方政府的职能角色出发，区域经济合作离不开地方政府管理的参与，更离不开地方政府间关系的协调。但从我国的现状来看，在地方政府间协调方面存在着许多显著的问题，严重阻碍了我国区域经济合作的顺利开展。分析问题，找出原因，进而寻求一套切实可行的地方政府间协调机制迫在眉睫。

二　影响区域经济一体化的原因分析

在我国经济市场化的进程中，建立在地区经济利益基础上的区划经济是一个客观存在，但在经济全球化的大趋势下，按经济区组织和调控区域经济发展已经成为一种势不可挡的客观要求，我国区域经济一体化进程中所表现出来的种种不协调现象，实质上是行政区与经济区深层次矛盾的集中反映，是行政区与经济区博弈的结果。区域经济一体化的主要障碍并不来自民间，而是来自官方，来自现行的行政管理体制和政府职能定位。客观存在的行政区域分割，以块块为重的行政管理体制，加上地方政府职能的越位或缺位，使体制性障碍难以避免。

1. 经济区与行政区的非整体重合

经济区与行政区是两个不同的概念。前者指的是区域间的经济联系，

---

① 卢东等：《区域经济一体化需要政府提供优良的公共产品》，《集团经济研究》2006 年 2 月上半月刊。

由某种特定方式形成一定经济内在联系的区域，就有可能成为相应的经济区。而行政区则是与特定的政权和政府机构的设置联系在一起的，它有着严格的区域划分要求和明确的行政区域边界。

从经济区和行政区的概念界定及各自特征分析，在两者关系方面，有以下四点值得关注：一是经济区与行政区不是一对一的关系，行政区在很大程度上源于政治统治和行政管理，经济区则以社会化大生产、分工和比较优势为前提。经济区经常要跨越几个行政区。二是建立在行政区基础上的区划经济具有自然经济和产品经济的特点，而建立在经济区基础上的区域经济则取向市场经济和商品经济。三是区划经济取向地区经济利益，区域经济则以一个更大的地域甚至整个国家的利益为着力点。四是行政区有自己特定的边界，而且相对稳定，经济区则可能因为区域经济的发展、经济中心辐射能力的提升而扩张其边界。

分析中国行政区划的历史，行政区划的最初起因主要是国家统治的需要，因此，古代行政区域的划分，更多地从政治方面考虑，经济的因素只占极少的份额。行政区域一旦划定，其边界是刚性的，且具有较强的稳定性，它不能也不应该随着经济活动的频繁演变而调整不止。而经济区的内容、范围层次随着商品经济、经济中心和交通线的发展而发生变动，比较活跃，具有明显的开放性，一般没有法定性，边界也较为模糊。从经济区和行政区形成的动因分析，虽然我们在主观上都希望两者能够同幅，但由于两者各有不同的目的，导致两者之间始终存在交叉、分割甚至断层等错位和非整体重合现象，难以实现最终的耦合，构成经常产生摩擦的二元矛盾。

在我国，行政区划的历史源远流长。中国地域辽阔，自然条件复杂，自然因素对行政区划的影响十分明显，由于山脉、河流、海洋、湖泊、沙漠等自然因素对人类社会活动的阻碍作用，使之往往成为行政区域划界的重要依托。我国一些行政区域，就是以某个相对独立的综合的自然地理单元为基础而设立的。在封建社会，经济以自给自足的小生产为主，地域分工协作少，商品流通数量不大，因此，省（市、县）界犬牙交错的划分方式对经济的影响不是很大，而在现代社会，商品交换日益频繁，地域分工协作日益加强，资源跨地配置日益增多，这种不合理分割对经济发展的影响越来越严重，严重阻碍了生产要素的合理流通，严重影响各种资源的有效配置，制约着经济的健康发展。

2. 经济区与行政区存在不同的价值取向

区域经济难以有效地融为一体，行政区分离是直接原因，但这只是一种表象，其根本在于经济区与行政区价值取向存在明显差异。经济区以大区域、跨行政区域为空间，以经济为主要标准甚至至上标准，以要素和资源的优化配置和有效利用为价值取向，而行政区则不完全以经济为限，它的形成无疑要考虑经济、政治、文化等多方面综合因素。由于行政区域的客观存在，加上中国现行的以行政区政绩考核为重的政治框架，行政区发展在价值取向上会更多地偏重于地方发展和地方利益，自觉或不自觉地构筑起与经济区发展不相协调的行政壁垒。经济区理想会经常遭到行政区利益的强烈干扰。

就我国各地行政行为而言，长期计划经济体制下的烙印还十分明显，各级地方政府的主要功能是执行上级政府的经济和社会发展计划。因而，各级政府都成为各地区经济生产的组织者和指挥者。我国地方政府作为地方经济发展的一级调控主体和利益主体，不仅是地方公共事务的管理者，同时又是地方经济发展的主要推动力量，从而形成了以地方政府为核心，以其管理的行政区为界限的"地方政府经济圈"。在这样的情况下，各级地方政府所辖区域，既是一个行政区域，也是一个经济区域。我国的省级行政区基本上是一级完整的经济区，各省都有一个较大的经济中心（一般也都是行政中心），工、农、商业通过交通运输和流通渠道组成一个自成体系的经济网络，构成为"省级行政——经济区"。在这样的行政区划下，地方一旦有了自主权，就会自然而然地形成自我发展的经济体系，形成形态上自我闭合性的"行政区经济""省份经济"或"区划经济"。即使区域之间存在交流和合作，各地也往往以自我为中心，很大程度上都是按照自身发展的内在逻辑和实际需要而展开，形成的只能是页多考虑行政区利益的区划经济。经济区与行政区的价值取向的差异，从深层次引发了两者的矛盾，是区域经济难以实现一体化发展的根本原因。

3. 经济发展缺乏应有的法律规范

从我国区域经济一体化实践看，存在着重政策而轻法律的现象。1980

年以来，我国相继出台了一系列有关促进横向联合的政府文件、规定，比如国务院 1980 年发布了《关于推动经济联合的暂行规定》，1986 年发布了《关于进一步推动横向联合若干问题的规定》；1994 年发布了《中共中央关于经济体制改革的决定》等等；上述国家政策有力地推动了我国的区域合作，但遗憾的是，相关政策没有及时上升为法律。由于我国宪法和相关法律上缺少关于政府行为及区际关系的明确规定，导致上述政策不是建立在明确的法律规范体系之上，具有不稳定性和弱约束性。区域经济一体化是一个跨行政区的经济现象，涉及一些行政地位平等、各有自己利益追求的地域单元，该地区经济常常受到以行政区为单元来组织区域经济运行的障碍。由于这种行政区与经济区非整体重合现象的存在，在我国现行的中央——省（市）两级调控体系背景下，必然导致该地区经济调控主体出现多元化特点。而复杂区际关系的协调，客观上需要一套明确的法律规范体系。

4. 组织协调机构未能及时调整

国内区域经济一体化由于涉及跨行政区发展的问题，必然要求有一个精干高效、机制灵活的组织来协调、规划、管理跨地区的事项。中国大多数省份已经有几百年的悠久历史，省籍本身已经具有一种人文价值，给予人们一种无形的凝聚力，要改变这种思想意识和价值观念，绝非易事。从国家控制力看，改革开放第一阶段，我国国民经济宏观调控的空间组织模式是以现行行政区划为基础的"中央—省（市、区）"两级调控模式，经济改革的重点主要着眼于宏观和微观层面的体制建设，即市场经济的宏观体制和企业微观机制的建立，而有关区域经济的中观层面的制度建设一度未引起重视，形成国家控制力在中观层面上的真空。我国尚没有协调区域行动的机构，结果在区域管理方面造成部委间、中央与地方以及地区之间的失序。在这个意义上，行政区与经济区的矛盾是区域经济管理缺失的结果。目前，在我国的长三角地区，长三角 15 城市市长联席会议和沪苏浙三省市的常务省长沟通的渠道和机制已初步形成，但组织的制度化建设依然落后于长三角区域经济发展的需要，由于缺乏制度保障，领导人的共识和承诺落实起来还有很大的局限性。

5. 考核激励机制片面化

地方政府为什么要用行政力量去阻挠市场力量的自由发展、去阻碍一体化的深入推进？因为我国现行的政治体制与政绩评价和考核机制安排对地方政府实施如此行为存在着强大诱惑力。经过 20 多年的经济体制改革，中国目前的经济权力已经从计划经济体制下自上而下的垂直型分配结构转变为今天市场经济条件下的横向分配结构，但是，就政治权力而言，基本上还是属于那种垂直分配型的结构。按照这样的体制，各级地方政府不仅要对行政区内企业、居民负责，还要对上级政府负责，而上级政府对下级政府考核的主要依据是下级政府管辖行政区域经济发展状况的好坏，其中GDP、财政收入、引进外资等地区经济增长业绩可以说是评价下级政府工作好坏的几个关键性指标。这种体制使各级政府具有行政干预的现实动力。在这样的政绩考核激励下，对下级政府来说，必然以行政区为依托，限制外地商品的流入，控制本地资本要素和企业外流，以此来最大限度地扩大和展示自己的政绩。在现行政治框架和片面激励机制下，市场的地方分割几乎是不可避免，这种非理性行为使一个行政区的经济，往往以一个区域甚至一个国家的"不经济"为代价，最终造成了各地为追求地方利益最大化而导致的俱损博弈，造成了因区域协调机制缺失而导致的在基础设施对接、生态环境保护、跨区域要素市场培育等方面的各自为政和"公地灾难"，造成了经济区与行政区的严重二律背反。

6. 政府职能未能及时转变

区域经济一体化最终要通过企业对生产资源的整合来实现，这就要求企业成为区域经济一体化的第一主体，而地方政府则退居第二位。但长期以来，由于我国各级政府职能转变缓慢，存在越位或缺位的现象，特别是政府经济职能的作用非常突出，并习惯于用行政方法直接管理经济，在目前状况下，企业经济行为受行政目标的制约，带有明显的行政导向性、功利性、短期性、排他性等特征。同时，我国的各行政区在空间上是分离的，利益上是独立的，行为上是自主的。各级地方政府作为一级利益主体，存在着所辖范围内经济利益最大化的强烈内在动机，不可避免地只把眼光局限于区划范围内的"地盘"，为了本地发展而采取地方保护主义。

三　政府与市场合力构建跨区域协调发展新机制

随着市场经济的不断发展，地方政府对区域协作和经济一体化的必要性有了越来越清醒的认识，也采取了许多有效措施来推进区域协作，促进了区域经济一体化。比如长三角的合作，最初是由企业间自发进行的，是企业寻求生存和发展的一种自然的市场行为，但从2002年开始，合作理念不断深化，战略姿态出现重大调整，政府从后台逐步走上了前台，从被动走向了主动，继市场和企业之后，成为推动长三角区域合作的又一支重要力量。浙江省在2003年初专门召开省委工作会议，专题研究部署浙江省接轨上海工作，提出"接轨大上海，融入长三角，推进大发展"的战略设想和"虚心学习、主动接轨、真诚合作、互利共赢"的合作思路，及时出台了《关于主动接轨上海，积极参与长三角合作与交流的若干意见》，表明了浙江省全方位开放、高起点融合的决心。上海市和江苏省也分别出台专门的文件，积极推动长三角区域合作。

随着区域基础设施的完备，长三角地区原有点轴式城镇分布格局已演变为网络式发展的趋势，区域内各城市除了加强与沪宁杭纵向经济联系外，其横向联系进一步加强。如嘉兴市依托独特的区位优势，这几年突破行政区划，加强与上海的联系，形成了全国少有的"配角经济"现象，即全市一成多的农产品销往上海，两成多的工业产品为上海支柱产业配套，三成多的出口商品通过上海口岸报关出口，四成多的游客是上海人，五成多的引资项目源自上海。与上海青浦、金山2个区有着32公里沿边线的浙江嘉善县这几年在接轨上海中形成了独特的"13579"现象，即10%的嘉善人在上海工作、学习、生活或与上海有直接关联；嘉善30%的农产品销往上海大市场；50%的工业品为上海企业配套、流往上海或通过上海进入其他地区；70%的出口商品是通过上海外贸口岸进入国际市场；90%的外资和县外民资受上海影响而进入嘉善。

这些都充分说明，长三角城市间的协作正在不断强化。与经济互动相对应，长三角二省一市高层互访和非定期会晤、15城市经济协调会议及部门之间的合作日趋频繁。2001年开始，已召开3次由三省市常务副省长（副市长）参加的沪苏浙经济合作与发展座谈会，非定期商讨一些重大事项，并由三省市计委分别设立联络组，负责落实座谈会明确的合作事项。由 15 个城市市长和各有关部门参加的长三角 15 城市经济协调会已召开过 5 次，与沪苏浙省市级的经济合作与发展座谈会相衔接，以此来推动高层次的双边和多边协商，加强各级政府在长三角联动发展中的主导地位。同时近年来各有关部门在总体规划、交通物流、教育人才、生态环境、城市信用等方面开展对话和交流，并推出一系列联动举措。

但是，尽管如此，目前，长三角地区的区域合作、区域竞争、区域摩擦三者并存依然是有目共睹的客观事实。加快经济和社会发展的整合与协作，克服和解决"行政区经济"的弊端，加强合作，减少摩擦，有序竞争，走出一条资源整合、经济合作、联动发展的一体化发展道路，不仅是长三角，也是我国其他地区的共同诉求。区域经济一体化的终极目标是通过减少或消除行政区与经济区的冲突与摩擦，使各地在区域共同利益最大化的基础上，形成各自个体利益的最大化，从而形成区域经济"帕累托最优"格局，使各地区之间的冲突或不一致减至最小，协同效率达到最大。区域经济一体化的根本出路在于积极的体制和制度创新，既需要发挥市场机制的作用，又需要政府的积极推动。一方面要尊重市场经济规律，充分利用好市场对资源的配置能力以及由市场引导区域内的经济合作；另一方面还要充分发挥政府的宏观调控作用。这一作用与市场经济并不矛盾，是为了弥补市场经济固有的缺陷和不足，是为了更好地助推和发挥市场机制的积极作用，着力在市场体系的完善、市场规划的制订、市场准入的引导以及构筑大区域化的基础设施网络等方面开展工作。从长远看，推进一体化必须走一条以市场力量为主、政府力量为辅的发展道路。根据马克思主义基本原理：经济是基础，政治和意识形态等则属于上层建筑，两者的基本经济关系是经济基础决定上层建筑，上层建筑又会在一定条件下对经济基础产生反作用。当我们运用这个基本原理去解析行政力量和市场力量在推进一体化的作用时，不难得出这样的结论：我们最终应当让作为上层建筑的行政力量去服从作为经济基础的市场力量，实现两者的统一。一方面，社会的政治架构应当尽可能地适应经济基础的现状及其变化；另一方面，任何来自于政府方面的行政干预必须是促进市场力量成长的，而不应当限制其发展和成长。但近期看，在今后几年甚至相当长的一段时期中，一味要求淡化行政力量，并不完全符合中国国情。特别在当前，在大区域政府架构和统一市场没有形成的情况下，还需要进一步加强政府合作，应当以政府合作为先导推进区域一体化，完善沟通协商机制，有意识地创造合作的平台、条件和氛围，消除政府原来设置的不必要的障碍，降低各自的竞争成本，用看得见的手推进区域一体化，为市场力量的充分发挥提供必要的基础条件。

1. 制定区域内共同遵守的统一规则

从一定程度讲，很长一段时间里我国各地的竞争，更多地表现为一种缺失共同游戏规则的过度竞争和非理性"火拼"。市场经济必然带来激烈的竞争。但是，如同足球比赛需要红、黄牌一样，区域经济发展的当务之急是制定所有参与者共同遵守的游戏规则。由于城市群体之间的相互利益关系，没有在制度层面上形成游戏规则，这种城市群体之间的生产关系就成为了城市群生产力发展的桎梏。

要实现各地区在竞争基础上的合作，在合作前提下的竞争，必须以规则协作为主要内容。在市场经济中，不同的利益主体之间，依靠规则和条款进行协作或合作是比较有效、可行的方式。WTO 协调各成员之间的贸易，主要也是依靠规则和条款进行的。WTO 谈判的内容，主要是对规则条款的谈判。制定规则，是政府的重要职责，也是当前急需完成的重要任务。规则创新就是为了更好地调整各地区间的利益格局，调动各类市场主体的积极性，加快政府职能的转变和机构改革。

分析世界上比较成功的经济一体化组织，都经历过制度性经济一体化过程，即通过各国（或各地区）之间达成协议和条约的方式，将国际经济关系加以巩固和经常化。欧盟是战后区域经济一体化发展最快、一体化程度最高的经济一体化组织，作为制度性一体化，欧盟在一体化的每个阶段都制定相关法律，成员国彼此实施一致的政策。1951 年正式签订《罗马条约》，成立欧洲煤钢共同体，即在法、德、意、比、荷、卢等欧洲 6 国内部建立了没有关税、没有配额、没有其他进入壁垒、实现煤钢产品生产流通自由化的共同市场，反映了特定部门的一体化。欧洲煤钢共同体成立后，产业联合促进了各成员国经济的恢复与发展，于是他们希望将一体化推广到所有的经济部门，1958 年《罗马条约》生效，成立了欧洲经济共同体和欧洲原子能共同体，并在 1975 年完成关税同盟，实现了商品的自由流动和共同农业政策。1993 年欧共体《马斯特里赫特条约》生效，欧洲统一大市场正式形成，实现了商品、劳务、人员和资本的自由流动。1994 年开始建立欧洲中央银行体系，1999 年 1 月 1 日启用欧洲单一货币——欧元，实现了经济和货币同盟。欧盟从成立起，按照先易后难、重点突破、循序渐进、逐步完善的原则，以签署共同条约为主线，不断扩大一体化范围，并向纵深合作发展，经过 50 年左右的努力，建立起了关税同盟（customs union）、共同市场（common market）和经济同盟（economic union）。北美自由贸易区和亚太经济合作组织也都十分重视建立经济一体化的政策机制。许多专家认为，区域经济一体化应研究和借鉴欧盟经济一体化成功的经验，在制度性一体化上加快步伐，近期特别要在加快统一立法步伐和制订区域平等政策两个方面下功夫。

要重视区域政策的制定。国家在市场经济体制改革政策的制定和实施的步骤上，应该从国家和区域经济一体化的整体来考虑，把握好政策的统一性、协调性和针对性，以免人为造成"双重体制"，形成政策摩擦。具体来说，国家在实施机构改革、金融和投融资体制改革、外贸改革、财政体制改革和其他改革的过程中，在一定的区域内应统一步调、统一政策。要重视区域内户籍制度、劳工制度的统一，在深化收入分配和社会保障制度改革中，要尽可能考虑区域内模式的一致性，以及相应衔接的途径，并创造条件逐步向区域性的社会保障统筹过渡。国家应加强对区域规划和产业政策的统筹、协调，避免出现产业结构在支柱产业这个层面上展开新一轮的同构竞争。国家应制定具有支持性的区域政策，并注意运用财政、金融等政策工具，来推动和支持该地区经济一体化。各地方政府，也应加强政策协调，主动放弃地方保护主义政策，使资本、人才、商品、技术等生产要素能在该区域内自由流动。

要加快统一立法步伐。国内跨行政区经济一体化涉及问题很多，需要国家建立一个法律体系，从各个方面进行调节。改革开放以来我国在逐步走向法治，但由于传统和历史的原因，在规范政府行为和区际关系、促进区域协调发展方面，我们依然明显缺乏比较完善的法律体系作保障。我国应形成以宪法为核心的规范区际关系的法律体系。首先，在《宪法》中，增加对区域发展的根本原则、基本政策的规定；其次，与《宪法》相配套，尽快制定《政府行为法》《地区分工与合作法》（或《区域协调发展管理法》）等。《政府行为法》中明确各级政府的职能、行为边界及区际交往应遵守的基本原则与规范。同时，对于地方政府之间签订的双边或多边协定与行政协议，应规定可以通过一定法律程序，使其具有法律效力，据此形成一种正式的和稳定的区际关系。《地区分工与合作法》应明确各地优势产业的认定及具体鼓励办法、劣势产业的认定及限制措施，以及有关反对地区封锁的规定。另外，从区域经济一体化的需要出发，国家还可制定特定区域专门法规，旨在通过对这些区域的基础设施进行统一规划，解决该地区在港口、码头、机场的重复建设及各种交通通信线路的统筹规划和区际协调问题。

2. 建立区域组织协调机构

各地区的发展需要一个统一的具有等级结构的治理系统，它必须从现有的地方管理与组织体制出发，借鉴发达国家发展区域经济的经验和做法，实现现有区域合作协调组织由非制度化向制度化转变。具体可以通过以下几个层面来架构区域经济合作的组织体系：

（1）建立一个具有跨界统筹协调职能的区域经济发展管理委员会。例如从长三角地区的发展来说，长三角区域经济发展委员会应该隶属于国务院，由国家有关部委牵头，三省市有关领导参加，是一个凌驾于省级地方政府之上的协调决策机构，管委会主要职责是负责全区域重大发展战略的研究以及区域经济发展的立法和政策制订、全区域的规划特别是跨行政区公共服务建设的规划（如交通网络和大型水利工程建设、大江大河的整治、生态环境的保护，等等），协调处理区域内各省市普遍关注而单一一个省（市）不能很好解决的非法律性区域利益冲突或纠纷问题，等等，但不干涉地方具体管理职能。

为促进经济区域内的共同发展，解决行政区域之间的矛盾，国际上不少经济区域都组织了相应的协调机构，积累了成功的经验。美国田纳西河流经弗吉尼亚、田纳西、北卡罗来纳、佐治亚、亚拉巴马、密西西比与肯塔基7个州，为促进该流域的发展，把田纳西河流域作为一个整体进行开发治理，1933年在罗斯福总统支持下，成立了田纳西河流域管理局，作为流域协调管理的最高组织机构，由美国国会授权集规划、执行、管理等功能于一体，对流域进行全面的规划和开发，取得了很大的成功。他们把防洪、发电、航运、治穷致富兴建工厂等措施有机结合起来，这个工程成了世界区域规划和国土整治的成功范例之一。

（2）建立区域内各地区首脑经济合作论坛和合作发展联盟等协商议事机构。如长三角可以将原沪苏浙经济合作与发展座谈会升格为首脑经济合作论坛，由二省一市的主要领导组成，每年活动一次，对关系长三角区域经济发展的原则问题作出协商决策。城市合作发展联盟则可以由15个城市的市长组成，每半年召开一次会议，研究确定关系长三角区域经济发展的重大问题。这是一种比较柔性的协商协调机制，通过自主参与、集体协商、相互妥协、共同承诺的方式，协调区域经济的发展。

（3）建立区域经济一体化发展的执行机构。如成立长三角一体化办公室，该办公室可以作为常设机构，负责首脑经济合作论坛和城市合作发展联盟会议的会前准备、会议执行和区际间的日常协调工作，同时下设多个专业协调执行机构，这些专业协调执行机构作为区域经济一体化办公室的下属机构，可以按行业或产业设立，如旅游业协调委员会、发展与规划协调委员会、快速交通网络协调委员会、环境保护和治理协调委员会等。它们参与一体化办公室的工作，主要职责是分行业或产业制定出落实区域经济发展管委会、首脑论坛、联盟会议和区域经济一体化办公室确定的目标的具体措施，并监督检查这些措施的实施情况，做好相关问题的沟通和协调。

3. 创新管理运行机制

创新管理运行机制是推进区域经济发展和区域融合的重要途径。在我国区域经济一体化的进程中，以下机制的建立健全，将极大改善区域经济一体化的运行。

1）强化区域一体化规划。规划是指比较长远的、全面的发展目标和发展纲要，是对某种目标的追求或某种状态的设想，以及实现某种目标或达到某种状态的途径的构想。区域规划是一个开放性的由自然、社会、经济系统组成的巨复杂系统，它是一个战略性规划，关注的是客观的、全面性的、地区与地区之间需要协调的关键性的重大问题，规划的实施将对区域各方发生深远的影响。我国各地的区域经济一体化发展，规划的滞后已成为一体化的一个重要瓶颈。各行政区政府都有发展自己本行政区的详细规划，但是这种各自分散的、甚至以邻为壑的规划，引导的往往是更加激烈的恶性竞争。令人欣喜的是，国家已率先编制出台了长三角等地区的区域发展规划，为这些地区的区域经济一体化和协调发展指明了方向，也为其他地区加强区域一体化规划工作作出了榜样。

2）健全妥协和对话沟通机制。在区域经济一体化的过程中，要大力提倡对话沟通和妥协合作精神。现代政治的精髓是妥协，这样才能实现"双赢"或"多赢"。妥协是建立在长远共同发展基础之上的。由于自然资源、区位条件、历史发展、文化环境等方面的差异，决定了区域经济发展中各个地区经济社会发展目标和路径的差异。这种差异为妥协提供了可能，促使各地放弃比较劣势，发挥比较优势，集中力量，形成整体协调、稳健发展的格局。与其在恶性竞争中丧失时间和机会，还不如善于妥协、勇于妥协，集中精力、集中资源做一些互惠互利的事情，促使大家共同发展。

3）完善税收利益分配机制。市场经济本身就是利益主导的经济，在区域经济发展中的政府、企业、中介和个人都有自身的利益选择，如果离开了利益分配空谈区域合作，无疑是画饼充饥，因此从统计、税收、金融等方面着手，建立利益协调机制，将使区域一体化达到事半功倍的效果。为此，在经济区范围内要努力推进区域税费一体化改革，加快建立利益共享机制。国家应研究制定区域经济协作投资的税收分配政策，如建立产权分税政策，允许政府在投资企业按产权比例转移分配一定比例的地方财政收入，使两地的企业和政府通过投资都能获益，实现双赢和多赢，以鼓励区域经济协作投资，实现资源优化配置。

4）形成统一标准互认机制。我国区域经济发展中的一个突出问题，是各行政区之间在质量技术等标准上的各不相同、互不相认，直接构成了区域性市场壁垒。在长三角，当这一市场壁垒成为区域经济一体化进程的严重制约因素之后，在各城市的集体呼吁下，2003年8月31日，江、浙、沪二省一市技术监管部门共同发表并签署了《长三角质量技术监督合作互认宣言》，在市场准入、建立一体化标准体系、开放技术服务市场等10个方面达成互认协议，并确立了长三角质量技术监督合作互认联席会议制度。这是三省市政府消除体制隔阂的破冰之举，也是解除区域间市场壁垒的破题之作。这一制度为长三角经济的健康发展提供了重要的制度保障，也为其他区域的经济一体化提供了宝贵的经验。

5）探索区域联合协作机制。在区域经济发展中，由于区域内各地地域相连，许多工作有着很强的关联性和依存度，难以由一个地区单独完成，必须联合起来，联手协作。在区域联合协作方式上，既可以采取紧密型的办法，也可以有松散型的办法，近年来一些地方、一些领域已开始积极有效的探索和尝试。例如长三角地区在交通领域的联动稽查为紧密型协作积累了经验。长三角地区道路客、货运量约占全国15%，运政管理工作量较大，但由于按照不同的行政区划实行属地管理，部分跨省（市）的违规运输行为很难得到惩治，由于缺乏信息联络和沟通，外地违规车辆被暂扣道路运输证后，车主往往以遗失等理由在当地补证后重新上路，使违规行为无法得到处罚和纠正。2004年7月6日，首届长三角道路运输稽查联席会议在浙江奉化召开。联席会议制度建立后，长三角地区间执法联动、信息共享，编织起联动稽查的大网，在开展联合行动、打击非法营运等方面加强合作，确保道路的运输安全。而沪浙防汛共同体的尝试为松散型区域联防创新了模式。历史上杭州湾是风暴潮灾多发岸段，这一段又是浙江、上海的一个重要经济带，一旦出险，将会有巨大损失。1989年，上海漕泾化工区和邻近的浙江平湖市、上海金山区、奉贤区、上海石化总厂组成了一个联合防汛共同体。这个地跨二省市的共同体是一个松散型的群众组织，在决策上可以实现更高程度的自主，从而实现对汛情的最快速反应和处置。当一方发生险情后，由出险方及时通知另外四方，以受灾方为主，互相配合抢险，从而把灾害损失降低到最低，以上两个个案的探索实践对我国其他地区和其他领域开展区域联合协作、资源共享和共建互帮具有积极的借鉴意义。

4. 充分发挥民间力量在区域经济一体化中的积极作用

区域经济一体化是市场的内在要求，资本、技术和各类生产要素必然要流向最能产生效益的地区和领域，企业为了追求利益最大化，必然会成为区域经济一体化的主体，市场机制必然会在区域经济一体化进程中发挥作用，关键是传统的政府管理体制不要再人为地去阻碍市场作用的正常发挥。因此，政府行政改革的一个重要方面，就是要创造条件，充分发挥民间力量在区域经济一体化中的积极作用，使企业能够不受行政区划和行政管理体制的束缚，在不同的行政区之间进行自由的生产要素流动，使各类行业协会能够在区域经济一体化进程中发挥有效的组织、协调和监督作用。国内外大量的实践证明，通过民间的非政府组织可以有效利用各种社会资源解决各类区域经济和社会问题，为区域发展提供服务，为地方政府减轻负担，实现资源的有效运用，为地方政府合作提供智力支持等。区域经济合作的最初萌动来自于区域内各市场主体，如果说中央专门职能机构和地方政府自愿合作组织是为壮大这股萌动提供外部力量的话，由市场主体本身结成的各种非政府组织，如区域内行业协会，则更具内生性。如果地方政府在某些领域的合作还会显得动力不足的话，基于维护自身切身利益而组建起来的诸如区域性行业协会等组织，可以将区域内的企业按行业组织起来，形成市场力量的利益共同体，建立市场与政府间相对均衡的沟通和对话渠道，以此推动政府合作向纵深发展，加快区域一体化进程。而且，区域行业协会还可以通过同业企业的联合，通过自治和自律的方式规范企业，倡导企业间的良性竞争，达到全区域内行业资源的优化配置；承担区域内相关标准、资格认证和质量检测方面的统一制定和执行工作，规避原有标准的地方政府色彩，以打消社会对相关公正性的顾虑等。

但现阶段，在我国非政府组织的发展过程中存在着许多问题，如政社不分、组织管理法律法规不健全、运作经费严重不足、自律机制不健全和能力不足等。这些问题和缺陷的存在，使得非政府组织不可能在区域经济合作中发挥出应有的功能与作用。寻求有效对策，推动我国非政府组织健康发展对区域经济合作中地方政府间合作的深化意义重大。当然，我国非政府组织的良性健康发展同样离不开政府的理解与推动。首先，需要政府观念的更新，只要是社会能做的事，政府就不再插手，给非政府组织留足空间。其次，政府应根据我国现阶段非政府组织发展现状，在借鉴国外有益经验的基础上，逐步制定和完善不同层次的关于非政府组织成立、运行的法律、法规和规章，使非政府组织制度化、规范化和法治化。第三，由于大多非政府组织为非营利性的，所以经费问题是制约非政府组织发展壮大的一大瓶颈。从国外经验来看，西方国家非政府组织的资金30%以上来自政府资助①，我国政府亦应该通过正确科学的途径（如本着公开招标、公平竞争的原则，通过政府向非政府组织购买服务的方式对其进行财政支持），为非政府组织发展提供必要的资金援助。第四，处理好全国性行业协会与区域性行业协会之间的利益关系，在交纳会费和参加活动方面，区域性行业协会可以集体会员的形式加入全国性行业协会，服从全国性协会的统一指导。最后，提升自身活动能力、组织和管理能力以及资金筹措和运作能力，也是我国非政府组织面临的一项紧迫任务。

（本文系由马力宏主持完成的 2010 年度国家社科基金项目：《中国特色的政府与市场关系研究》结题报告的一部分）

① 刘俊月、邓集文：《我国非政府组织发展中存在的问题及其对策》，《行政论坛》2006 年第 2 期。

加快建立长江流域水污染
治理的政府合作机制

依托黄金水道推动长江经济带发展，一个不可忽视的基础性工程，是做好长江流域水污染的有效治理。与我国其他地区一样，改革开放以来，长江流域在经济快速发展的同时，流域水资源的污染问题也十分突出，尤其是长江干流城市江段已形成了越来越长的污染带。随着长江流域经济带的加快发展，流域水污染将面临更大的压力。长江经济带的发展涉及11个省市，要有效解决长江流域的水污染治理，必须尽快建立长江流域水污染治理的政府合作机制。

一　长江流域水污染治理的困境与瓶颈

长江流域水资源的污染由来已久，尽管流域各地都在强调要重视长江水污染的治理，但是，多年来，长江流域水资源污染的问题并未能得到有效解决，而且还在某种程度上呈现出了越来越严重的发展态势。[①] 究其原因，主要存在以下问题。

1. 流域水污染治理的主体不明、权威性不足。根据2002年版的《中华人民共和国水法》和2008年版的《中华人民共和国水污染防治法》规定，我国大江大河流域的管理机制是一种"统一管理与分级、分部门管理"相结合的管理机制，这在总体上保障了流域管理主体的法律地位。但落实到流域的具体实施运作上还是不够明确，包括管辖范围、职能等具体运作比较困难。而治污也只是流域管理的一个方面，所以事实上，当前

---

① 　沈乐：《长江南京段污染现状及限排总量》，《水资源保护》2013年1月第29卷第1期。

我国并没有法定的专门的流域水污染治理机构。就目前长江流域管理主体来看，主要是存在"多头管理、职能交叉、缺乏协调"的问题。在同一流域段甚至在同一江面上存在多头管理。如渔政归农业局、水政归水利局、航运归交通局、采沙归国土局或水利局、旅游归旅游局，等等，在一定程度上造成管理混乱。其次是在实际操作中，水利、环保等行政部门在流域水污染治理上缺乏协调，力度明显不够，再加上地方保护主义的干扰，跨区域水污染治理显得困难重重。

2. 流域水污染治理法制建设滞后。主要是流域内法制建设滞后，难以承担现代流域管理和治理的需要。《中华人民共和国水污染防治法》规定："防治水污染应当按流域或者按区域进行统一规划"。但我国并没有制定针对有关流域资源与环境综合管理及保护的法律、法规，特别是缺乏流域管理机构设立的组织法，流域管理机构的稳定性、职能、职责和任务没有法律保障。此外，水环境保护立法的质量也不是很高，内容不全面。当前许多的水环境保护法都侧重于对点源污染的控制，对解决水环境问题所需的综合整治等方面却很缺乏。尤其是对水环境违法行为处罚普遍不严，水环保执法监管手段落后，对违法企业动态监管不力。①

3. 结构性污染突出。主要是工业结构调整力度不够，结构性污染没有根本改变。医药、化工、印染、酿造等一些高耗水、重污染行业难以有效调整；技术落后的企业在发展中注重规模扩张，忽视技术升级，粗放型生产方式没有根本改变；污染企业治理过程中，重视末端治理，忽视清洁生产，难以稳定达标排放；低水平重复建设屡禁不止，落后的生产力和生产方式普遍存在。调整产业结构的难度还很大，污染治理的速度跟不上经济发展的速度。

4. 流域治污基础保障乏力。主要是缺乏强有力的资金支持，治污基础设施工程建设滞后。一些地方污水处理收费政策不到位，未能为市场运作提供必要的政策环境，不能吸引银行贷款和社会资金；污水管网建设滞后，建成的污水处理厂治污容量不够，不能满足现实需要。造成污水处理厂等治污基础设施工程建设滞后的主要原因是地区之间由于财政能力差异，有些地区根本无法提供足够的资金建设污水处理厂项目工程，流域治

---

① 陈坤：《长江流域跨界水污染防治的法律思考》，《安徽农业科学》2011 年第 11 期。

污投资机制有待突破和创新。

5. 流域治污协调机制不畅。主要是流域内各行政区域的合作不够密切，缺乏统一的水环境规划和水环境检测标准。在规划上，整个流域中未能形成系统性的水资源综合规划，特别是在污染治理上往往是各行其是，不考虑其他地区的利益，地区之间也缺乏交流与合作。在政策上，"政出多门"，流域各区间没有统一的政策意见；在实施上，流域与区域之间、城乡之间、部门之间、上下之间缺乏合作共管的协调性和资源共享的有效性。开发、节水和治污三个环节，往往注重于开发，而对节水、治污考虑不够，投入偏少。因此在发生水污染事故时，跨界河流断面上往往相邻地区标准不一致，以至于水污染事故发生时很难明确到底谁该承担法律责任。

二 建立长江流域水污染治理政府合作机制的可行性分析

前面分析的长江流域水污染治理中出现的问题，受到了许多方面因素的影响，需要从不同的途径加以解决。但是，这些问题的存在却有着一个共同的影响因素，即都受到了现行的地方政府管理体制的影响。长江流域是一个整体，但是，长期以来各个地方政府却只管自己所在的一段流域，因此，必然会出现流域水污染治理的主体不明、权威性不足等各种问题。要有效解决这些问题，必须尽快建立长江流域水污染治理的政府合作机制。在国家高度重视长江经济带发展的背景下，建立长江流域水污染治理政府合作机制不仅必要，而且可行。

1. 建立长江流域水污染治理政府合作机制，可以使地方政府更好承担起提供公共物品的职能。流域水污染治理属于公共服务的范畴，地方政府作为公共物品和公共服务的提供主体，必须承担治理的责任。根据《中华人民共和国水污染防治法》的规定，我国流域水污染治理主要是按照地区划分来进行的。区域内水污染治理的动力实际上主要是各级地方政府。但是，现行的地方行政分割体制一方面强化了地方政府在水污染治理过程中的管制责任，但同时也带来了我国目前水资源管理体制上的分散化。在地方行政分割的状态下，各地区在确定自身排污总量时往往只考虑到本地区的经济结构以及相应的排污分配，而对整个流域水污染的治理问题考虑很少。其结果，使各个地方政府都无法有效承担起流域水污染的治理职能。而建立合理的地方政府间合作制度安排可以在很大程度上改善行政分割所带来的流域治理的困境，以地方政府间基于协商基础上的合作来杜绝流域内各辖区的自行其是，从而更好地承担起流域水污染治理的政府职能。①

2. 长江流域区域资源的相互依存是建立长江流域水污染治理政府合作机制的内在动力。长江流域各省市与整个长江流域是一个局部和整体的关系，两者存在根本利益的一致性和利益共享的基础。如果长江流域水污染能够得到有效治理，长江经济带得到健康发展，那么，流域 11 个省市都是直接受惠者。相反，倘若长江水污染得不到遏制，长江经济带不能正常发展，那么，沿江 11 省市的经济社会发展必然都会受到严重影响。由于水资源具有公共性，就整个流域而言，各区间对水资源开发利用保护的相互依存、相互影响会显得更加突出。显然，一地区对水资源的破坏和污染不仅会造成本地区经济环境的恶化，也会造成相邻区域乃至整个流域环境的恶化。而解决此类问题，务必走合作之路。只有通过合作，才可以把不同地区的不同优势动员起来、联动治污，实现水资源开发利用的规范化，增进整个流域的共同利益。② 不同地区由资源共享所决定的相互依存决定了合作是最优的策略。流域水污染治理政府之间的合作可以促成更加充分的信息沟通，是共同保护水资源，治理水污染的必由之路。

3. 国内外江河流域水污染治理的大量经验教训为建立长江流域水污染治理政府合作机制提供了有效的借鉴。世界上有许多国家进行过对大江大河污染治理的探索，如美国对田纳西河流域和密西西比河流域的治理，欧洲国家对莱茵河和多瑙河的跨境治理，我国对黄河和淮河的治理，等等，尽管有过许多教训，但也取得了许多成功的经验，值得我们借鉴。③其中英国对泰晤士河流域的综合整治对我国长江水污染的治理更有借鉴意义。

19 世纪之前，泰晤士河曾经河水清澈，风景优美。但工业革命的兴

---

① 林尚立：《国内政府间关系》，浙江人民出版社 1998 年版。

② 林洪孝等：《水资源管理理论与实践》，中国水利水电出版社 2003 年版。

③ 《综述：莱茵河和多瑙河跨境治理的成功启示》，2010 年 7 月 19 日新华网。

起及两岸人口的激增，使泰晤士河迅速变得污浊不堪，水质严重恶化。英国政府在 20 世纪 60 年代开始对泰晤士流域大胆进行了各种体制改革，展开综合整治：以整个流域为单位，加强流域的统一管理，建立以水体为中心的跨流域的区域性水污染防治体制，并先后建立泰晤士河流域治理委员会以及泰晤士河水务管理局；广泛开展流域内地方政府之间的合作，打破常规的行政区划，把英格兰和威尔士划分成 10 个区域，成立相应的区域水务管理局，通过流域内地方政府之间的合作来带动流域水环境的综合治理。经过 30 年的治理，泰晤士河流域污染减少了 90% 以上，水质改善明显，水生生物的数量和种类也不断增多。① 如今的泰晤士河水清岸绿，给人以清新宜人的景色。

英国对泰晤士河的治理有几点值得我们特别关注：一是切实构建起地方政府合作网络。在地方政府间合作的理念指导下，加大全流域水环境整治的力度，从而构建跨流域的地方政府合作的防治网络。二是完善的流域治理的法律框架。正是一系列围绕流域水污染治理而制定的较为完备的法律和各种规定，使流域水污染的治理有了法律的权威性，得到了社会各方面的认同和支持。三是协调和平衡流域利益和区域利益。把流域治理的基础建立在区域之上，形成一个区域流域利益共同体，这样才能较好地整合与平衡各方利益，地方政府之间的合作也更有权威性和效率。四是探索流域内跨区域的多元筹资模式。河流流域水污染治理是一个耗资巨大的工程，仅仅依靠市政部门的拨款，显然是不足的。泰晤士河管理局通过市场机制来解决治理资金不足的难题对长江流域水污染的治理是有借鉴意义的。

三　构建长江水污染治理政府合作机制的路径选择

要构建流域水污染治理地方政府合作机制，需要从法律制度环境、组织机制、协调机制、监督检查机制等方面展开。

1. 完善水污染治理的法律制度环境。在市场经济条件下，地方政府之间的合作离不开法律制度的规制。政府间合作机制的建构，必须发挥法

---

① 黄兴伟：《泰晤士河由"死"复生的启示》，《中国三峡建设》2004 年第 1 期。

律的效率，使合作具有约束力。只有依靠法律才能使政府间合作的权益得以平衡。就此而言，所需要的法律基础至少要有三个层面：一是建立地方政府间合作方面的法律法规。也就是要把制定有关政府合作的法律纳入依法治国的框架之中。二是完善流域水污染治理的法律体系。就全国而言，就是要专门制定完整的流域水污染防治法；就地方而言，则要配套制定流域水污染治理的实施法规，从而形成上下完整的水污染治理的法律体系，为水系专门的治污机构的设立及运作提供法律上的依据和保障。三是健全流域水污染治理政府合作的规则约定。如流域水环境保护和水污染治理公约、流域水环境责任追究制度、建设项目环境影响评价听证会制度，等等，这些约定都得切实加以健全，以此来规范政府间合作治污的行为。

2. 逐步形成有效的组织机制。要构建地方政府合作治污机制，必须有制度化的组织结构形式作保障。① 根据国内外的治理实践，长江流域政府合作治污组织机制，可以从三个层面来考虑：第一层面，成立权威的协调组织机制——长江流域管理委员会（也可称长江流域水污染治理委员会）。由国务院相关部门牵头，11 省市政府负责人共同参加，其主要职责是讨论和决定流域综合性规划和专项性规划并监督实施，负责指导、协调、解决流域保护治理开发中尤其是基础设施建设、流域污染防治、跨界纠纷处理等重大问题。第二层面，建立强有力的流域管理机构——长江流域管理局（也可称长江流域水污染治理管理局），隶属于长江流域管理委员会，并按支流建立管理分局（也可设立工作站）。从而，形成流域统一管理和垂直领导相结合的管理体制。其职责是组织协调实施跨行政区域的重大水资源保护和水污染处理基础设施建设，加强实施流域产业结构布局的合理治理，加强地方政府间的行政协调，制定统一的合作治污政策。第三层面，组建流域综合执法组织。也就是流域管理局下属的具体执法机构，可称为长江流域综合执法队。其目的是把水政、土管、环保、公安、交通、渔政、卫生等部门的职能，整合起来，组建专门队伍，形成部门联动、合作共管机制。其职责主要是依法行使政府及其水利、环保等相关行政主管部门授予的职责，对流域范围内实行水资源保护和水污染治理的综合执法。第四层面，建立健全行业流域治污减排协会。可以按医药、化

---

① 汪群、侯洁：《我国流域管理机构的角色定位》，《中国水利》2007 年第 16 期。

工、酿酒、轻纺、机械、电器等行业，成立专门协会，通过协会引导相关企业积极参与流域治污减排活动，筹措建立流域治污减排基金，加大对污水处理设施建设，提高治污能力，实现达标排放。

3. 构建地方政府间横向协调机制。要强化流域政府间合作治污工作，必须构建地方政府间横向协调管理机制，加强地方政府之间的协调管理。[①] 一是构建流域水功能区划工作的协商与合作制度。流域水功能区划工作是水资源保护和水污染防治的基础。要根据国家的规定，严格划定水功能区，明确流域与各行政区域之间的管理范围和职责，为水资源保护和水污染防治合作提供基础依据。二是建立水资源保护规划和流域纳污总量方案制定的协商与合作制度。明确除水利部门外，应有环保、城建、农业、工业等管理部门通力协作，依靠行政手段来更好推进水资源保护规划及实施。流域管理部门应根据水功能区划和水资源保护规划设立排污许可证制度，以便控制入河排污总量，加强水资源保护。三是建立水资源保护和水污染防治信息通报制度和流域突发水污染事件应急协作与联系制度。各地方政府应加强构建地方政府合作的信息交流平台，建立水质检测和污染防治预警体系，实现重大水体污染事件应急处理的信息共享，建立跨区域的、专门的重大流域水环境问题应急调查的预警指挥系统。

4. 建立健全监督检查机制。除了常规的各类污染治理的监督检查，最关键的是形成科学的政府绩效考核体系。目前各级对政府官员绩效考核体系，虽然有了很大改进，增加了"节能减排"等方面的指标，但还是过多地强调与所辖地区经济发展指标的直接挂钩。因此，必须下大力气改进完善地方政府官员绩效考核体系，具体要注意三点：一是政府官员绩效考核体系应该立足于公共产品的保护和公共利益的追求而不是本地区的狭隘利益；二是政府官员绩效考核指标的设置不应该仅仅局限于经济的发展，而是要从全面、协调、可持续科学发展的角度来考量；三是要把流域的可持续发展、水生态环境保护等纳入评估标准的价值取向，用绿色环保可持续的绩效考核指标来引导地方政府官员，把视线从单纯追求任期内的经济发展总量的多少，转移到适宜经济社会可持续发展的方向上，更加注

[①] 何俊仕、尉成海、王教河：《流域与区域相结合水资源管理理论与实践》，中国水利水电出版社 2006 年版。

重经济、生态、环境、社会"四位一体"的和谐协调、又好又快地发展，从而主动寻求与其他政府在流域水污染治理中的合作。

5. 建立水资源保护和水污染防治的生态补偿机制。流域生态补偿机制建立的最终目标是保障流域不同生态功能区域公众享有同等的生存权和发展权，这是协调流域利益的重要机制创新。水生态效益是整个长江流域保护、开发、利用的基本要求。从目前流域的现状看，关键是要兼顾流域上下游、河道左右岸的利益关系，按照"利益补偿，成本分摊，损害赔偿"的原则，建立流域水生态效益补偿机制，以保障流域内各区域之间保持长效的合作共赢。根据水量水质的量化标准或分水协议，合理确定补偿标准，协调上、中、下游利益关系。对水质达到标准的，由受益方补偿于供水方和水源保护区（下游补偿上游）。对水质达不到功能要求的，供水方、污染者应承担对利益受损方赔偿责任（上游补偿下游）。为保护优质水资源，对上游实施"关、停、转、迁"的重污染企业，政府应给予一定的经济补偿。通过这种经济补偿的办法，积极鼓励对上游优质水资源的保护。

（本文原发表于《长江经济带区域合作发展研究》
四川人民出版社 2015 年 5 月出版）

附　　录

八年的兵团生活：一座可供一生开采的富矿

——纪念赴兵团支边40周年

我在内蒙古生产建设兵团一师四团三连整整生活了八年，一个漫长如抗日战争的八年！从1969年年仅17岁时来到三连，直至1977年25岁恢复高考时离开（其实真正离开已是1978年初了）。八年的兵团战士，尽管不是我人生旅途中停留时间最长的一个岗位，但却是我一生中印象最深的一段经历！八年的兵团生活无疑是十分艰辛苦涩的，当时的我们更多的是怨言、委屈和无奈。但是，当离开内蒙古生产建设兵团之后，随着阅历的丰富和年龄的增长，兵团八年在我们心目中的分量却越来越重，就像是一座富矿，可以供我们一生去开采，越挖掘，越有价值。它为我们后来的人生之途储备了丰富的能量和资源。

八年的兵团生活让我们懂得了生活的艰辛。我们内蒙生产建设兵团四团地处沙漠边缘，自然条件很差。我们三连又是一个农业连队，白手起家，垦荒造田，生产和生活条件十分艰苦。八年里，我们干过北方农民几乎所有的苦活累活：数九寒冬，我们奋战在挖排干修大渠的工地上，流出的汗水在毛衣外面结成了冰；深更半夜，我们要去蹚水浇地，经常发生的灌渠决口和堵决口的战斗，使我们深切地感受到了冲锋陷阵的危险和紧张；冬季来临前连队组织到沙漠里打柴，背着一大捆柴火走在沙漠上的滋味，我们一辈子也难以忘怀。而且，在年轻人长身体的时期，我们有时却遭遇吃不饱的困扰，在年轻人求知欲最旺盛的时候，我们却承受着无书可读的煎熬。在这八年中，我们饱尝了生活的艰辛，也失去了许多本应属于我们的东西。但是，苦难的生活也教育了我们，锻炼了我们的意志，增强了我们的毅力。苦难是一笔财富，人们只有在经历苦难之后，才会更加珍惜生活。正因为如此，我们应该牢牢记住兵团的艰苦岁月。

八年的兵团生活端正了我们的生活态度。不同的生活经历会产生不同的生活态度。内蒙古生产建设兵团的生活经历对我们许多人的生活态度产生了很大的影响，形成了两个鲜明的特点，一个是容易满足，善于知足常乐，随遇而安。当我们经受了八年兵团生活的艰辛之后，我们对生活不再苛求，更能用一颗平常心去对待。从兵团回来之后的生活尽管也不可能尽如人意，也会有种种不足和遗憾，但与过去兵团的日子一比，的确就不值得再去计较，许多事情都变得可以接受了。二是许多有过兵团经历的人，又普遍不满足自己的现状。兵团的八年，我们浪费了太多的时间，当国家的改革开放给了我们全新的发展机会之后，我们唯有分秒必争才能缩短与其他竞争者的差距。因此，大家都更加珍惜时间，努力抓住机遇去改变自己的现状。既能知足常乐、随遇而安，又能不甘现状，奋起直追，正是这种良好的生活态度，使许多有过兵团经历的人们获得了社会更多的认同。

八年的兵团生活教会了我们如何做人做事。初到兵团，我们大多是稚气未脱的中学生，不谙世事。八年的兵团生活，犹如一个大学校和训练营，教会了我们如何生活，如何做人做事。在这里，我们遇到了许多智者，他们深邃的思想启迪和开发了我们想象的空间；我们遇到了许多贤达，他们的德行和操守训练和规范了我们的行为准则；我们遇到了许多好心人和热心人，他们在我们最困难、最无助时伸出的援手，使我们理解了人世间真情和友谊的宝贵。当然，在这里，我们也看到了不少欺诈、虚伪、贪婪、自私的人和事，使我们了解了人性中阴暗和脆弱的另一面，这同样丰富了我们对生活的认识，知道了真善美和假恶丑的区别和联系。

我们这代人是不幸的，碰上了十年浩劫的"文化大革命"，还未能接受完基础教育就去上山下乡了。但是，能够在这样的劫难中幸存下来，能够有机会吸取了苦难的养分，我们又是幸运的！磨难使我们变得更加坚强、更加成熟，使我们能够更加坦然地面对生活。八年的兵团经历，是一座可供我们一生开采的富矿！

2009 年 7 月于杭州

学高为师　身正为范

——我心目中的父亲

父亲出生在 1911 年，今年是父亲百年诞辰。大姐和大哥建议兄弟姐妹们写点纪念父亲的回忆文章，一是寄托对父亲的思念；二是为我们的后代留下一些珍贵的史料。这个建议说出了我们兄弟姐妹们的共同想法。自父亲去世之后，我一直想找个时间认真写点有意义的东西来纪念父亲，但是，总是由于工作忙等原因而未能真正静下心来思考。大姐大哥的建议又一次触动了我久存心中的强烈愿望，激起了我对父亲的绵绵思念！

纪念父亲，我有太多的回忆出现在脑海！我是家里的老疙瘩，自幼受到父母的百般疼爱。但我 13 岁时母亲就因病不幸去世了，之后我就开始跟着父亲一起生活，父亲一个人既当爹，又当妈，直到我 17 岁离开家去了内蒙古生产建设兵团。到兵团之后，我最期盼的是父亲的来信。我与父亲之间的信件常常一封信有五六页纸，有时甚至长达十几页。姐姐告诉我，父亲去世前的最后一封信，就是写给我的。信写好后却因病情突然加重而来不及寄出。这封信我一直珍藏在身，而父子深情更时时铭刻在心！

纪念父亲，我有太多的往事想要诉说！我时常自责自己在父亲晚年病重时未能更多地待在他老人家身边尽到照顾之责，我也时常懊悔自己在年轻时未能更多地听从父亲的教导和规劝，未能把许多事情处理得更好。但是，我最想做的，是希望把自己心目中对父亲感性的、零散的记忆和印象，能够有条理地整理出来，成为对父亲永久的纪念和回忆。通过这几天对往事的回忆和梳理，以下的印象在我脑海中变得更加清晰。

父亲在我心目中一个十分强烈的印象，是一身兼三任。在我 13 岁失去母亲之后，父亲在工作十分繁忙的情况下，很好地承担起了既当爹又当妈这样的双重角色，让我这个当时懵懵懂懂不谙世事的少年一直享受着一个完整家庭的温暖，顺利渡过了从少年走向青年这个关键而又危险的转折期。后来，在我由于"文化大革命"而不能正常读书的情况下，父亲既当父母，又当老师，帮我补习完成了中学阶段的学业。

我们家是一个大家庭，有8个孩子。要把这么多孩子抚养成人，父母当时面临着许多困难。但父母不辞辛苦，尽他们所能来培养每一个孩子。尽管当时我们家人口多，生活拮据，但是在我的印象中，我的童年依然是欢乐的。童年在我幼小心灵中留下了许多美好而甜蜜的回忆。由于当时家里孩子多，母亲在小学当老师，产假满后就得去学校上班，因此，我出生之后不久，父母就把我托付给了我的奶娘来抚养。非常值得庆幸的是，我的奶娘和奶爸也十分疼爱我，他们把我当成自己的孩子，甚至有人说比对他们自己的孩子还要好。由此，我们家和我奶娘家建立了十分亲密的关系，这种特殊的关系一直维持到今天。我5岁时从奶娘家回到自己家里后，又受到了家里人的特殊关照。由于我们家兄弟姐妹之间年龄相差较大，在我懂事之时，哥哥姐姐们都早已在外地读大学或工作了，当时我和他们直接的接触并不多。但是他们在难得回家的时候，对我这个小弟是特别的关照。因此，在我少年的印象中，哥哥姐姐从外地回家是件特别值得盼望的事情，因为他们能给家里带来许多平时没有的欢乐！当然，童年里印象最深的还是父母对我的疼爱和期待。虽然当时由于家里经济条件不好，父母没有条件宠爱我，他们甚至很少当面表扬我。但是，他们对我的喜爱和期待，我仍然能够强烈地感觉出来。有一件事我印象很深。大约在母亲病重之前，有一次父亲带着母亲和我一起到杭州的医院给母亲做身体检查。在看病检查之余，有一天晚上，我们三人一起到杭州的太平洋电影院看了一场电影，放的影片是《小兵张嘎》。电影散场的时候，我听见母亲和父亲在轻轻地嘀咕，母亲说，我看我们家老八一点也不比张嘎子差！（我在家排行第八，家里人就把老八作为我的小名）尽管母亲这句话不是专门跟我讲的，尽管我当时还不能完全理解母亲这句话的全部含义，但是在我幼小的心灵里却留下了一个强烈的印象，即父母对我有着很高的期待，我不能让他们失望！与母亲相比，父亲显得较为严肃，较少直接表现出对孩子的疼爱，但我却依然能感觉到那更加深沉的父爱。在母亲去世之后，父亲和我一起住到了黄岩中学的教工宿舍里。原来的黄岩中学教工宿舍第四幢二楼的那间20多平方的房子，在我的脑海中一直有着十分强烈和深刻的印象，房间里的布局和摆设至今依然历历在目，清晰可辨。在那里，我和父亲共同生活了四年，我受到了父亲无微不至的关怀。我们平常主要在食堂吃饭。父亲还在房间外面的走廊里添置了一些简单的厨房设备，有空时父亲会亲自在家里做饭。当时生活条件差，但父亲尽可能首先让我吃饱吃好，以保证我在长身体时期有足够的营养。这个时期，父亲特别重视教我学会生活自理，教我如何合理安排时间，教我学会自己缝洗衣服，让我去学游泳、学骑自行车、学下棋，去当时的黄岩中学大操场参加各种体育活动。如果说，我在后来的生活中还算有较强的生活自理能力和较活跃、较广泛的生活兴趣的话，和父亲一起生活的这段经历给我打下了很好的基础。

1966 年我小学毕业时遇到了"文化大革命"，所有学校都停课了。为了让正处于求知欲旺盛时期的孩子们有点正事可做，黄中物理组的老师们自发组织办起了一些兴趣小组。其中一个做晶体管收音机的兴趣小组是父亲牵头的。父亲让我也去参加。我对做晶体管收音机十分感兴趣，甚至有点入迷，因此，进步也比较快。后来父亲认真地告诉我，说我的收音机做得不错，说我在这方面的理解力和动手能力，比那些学过物理的初中同学还强。父亲当面的表扬不多，这次表扬使我对自己在物理和工程方面的兴趣大增。我一直希望自己有机会能从事这些领域的工作。只可惜，"文化大革命"使我不能正常地读书上学，更不可能按照自己的兴趣来选择职业。

"文化大革命"搞了两三年之后，黄岩的形势越来越乱，武斗越来越疯狂。看到读书无望，在得知内蒙古生产建设兵团要在黄岩招收兵团战士的消息后，我向父亲提出了要去内蒙古生产建设兵团的想法。尽管当时父亲已经 58 岁，距离退休的日子已经很近了，而父亲身边当时只有我一个子女。但是，父亲很理解我，毫无保留地支持我，因为他不愿看到我年纪轻轻就这样在黄岩毫无意义地待下去。

我到了兵团之后，父亲更多地充当起了补习我中学课程的老师的角色。在刚到兵团的一段时间里，我对散文、杂文很感兴趣，父亲就专门订了《文汇报》，并且不定期地把《文汇报》中的好文章裁剪下来寄给我。父亲还把当时黄岩能买到的《鲁迅杂文集》寄给我。并且通过定期的书信和我探讨这些问题。在很长一段时间里，和父亲的书信往来，以及和哥哥姐姐们的书信往来，成了我练笔、提高中文素养的重要途径。当 1977 年国家重新恢复高考之后，父亲利用我回家休假的机会，在家中面对面地辅导我中学阶段的数理化，还专门请了学校里的英语教师辅导我英文，通过这样的突击辅导，硬是把我这个一天正规的中学都没读过的小学毕业生，直接通过高考送进了大学校门。

写纪念父亲的文章，就是在回忆父亲，而对我来说，回忆父亲，很大程度上就是在回忆自己最初的人生之路，因为父亲和我的联系太紧密了，父亲对我生活道路的选择有着深刻的影响。我出生在中华人民共和国成立初期，当时国家新的生活秩序刚刚开始建立；我长身体的时候，正赶上国家遭遇三年自然灾害的困难时期；在我最需要母爱的少年时代，母亲却不幸病重身亡；在我十五六岁应该到中学去读书的时候，"文化大革命"发生了，全国都在"停课闹革命"；在正常人应该读大学，形成自己专业特色的 17—25 岁的 8 年时间里，我却在内蒙古的乌兰布和沙漠里"战天斗地"。我的许多同龄人都在责怪命运不公，感叹自己生不逢时。但是，我很少有这样的责怪和感叹，因为我与他们不同，我有一个令我骄傲的父亲！正是父亲既当爹、又当妈、还当老师，不仅给了我生命、塑造了我健康的体魄，还教会了我谋生的知识和做人的道理。这一切，为我以后的人生之路打下了坚实的基础，使我这个先天条件并不优越的年轻人，敢于充满自信地面对生活！没有父亲，就没有我，就没有我今天的一切！因此，我永远感谢父亲！永远牢记父母的养育和栽培之恩！

父亲生活在 20 世纪这个中国最动荡不定的历史时期，随着社会时局的演变，父亲的一生也是坎坷起伏。许多人在历史的动荡起伏中无法适应，也有一些人在曲折坎坷中消极沉沦。但是，父亲却很好地驾驭了生活，很好地把握了自己。这是为什么？是什么因素导致了这种区别？我觉得，是父亲身上一种难能可贵的东西起了作用，即父亲平和而又坚韧的生活态度。这种生活态度保证了父亲一生的生活品质，也给了我们子女许多的启迪和教育。我在自己生活中处理一些复杂事务的时候，常常会在不经意间想起父亲，想起父亲这种平和而又坚韧的生活态度。因此，在谈到对父亲的印象时，他那种平和而又坚韧的生活态度是不能不提的。

父亲这种平和而坚韧的生活态度主要表现在以下两个方面。一是面对机会和成功，父亲不张扬、不狂妄，淡然处之。父亲是一个很有才华的人，一生有过许多辉煌的亮点：高中被保送到当时浙江最好的中学——杭州高级中学就读；中学毕业考上了浙江大学物理系，四年后以优异成绩从浙大物理系毕业；在黄岩中学等学校，父亲一直是学校最器重的教学骨干，被学生崇拜，被学校誉为名师；后来又被选为县人大代表，等等。但是父亲并不自命不凡，并不觉得自己有多么了不起，也不刻意去谋求甚至炫耀这些荣誉，而是冷静、淡然地对待这一切。我作为父亲最小的子女，当然不可能完全知道父亲当时的所作所为和所思所想，但是，我从父亲后来对我的教育中能深切地感受到父亲对待这类事情的态度和想法。1985年我报考了南开大学和中央党校两所学校的研究生（当时这两所学校的招生报名和考试不在同一时间），后来，被两所学校同时录取了。我当时高兴极了，兴奋和冲动溢于言表。父亲也从心里为我高兴，但他很快发现了我喜形于色背后流露出的一些过于自信等令人担心的问题，他及时给我指了出来。父亲的提醒使我看到了自己的肤浅和不足。从此之后，我更理解了山外有山的道理，知道了自己能力的局限性，懂得了谦逊与平和心态的特殊意义和价值。

二是面对曲折和磨难，父亲不放弃、不怨天尤人，坚韧应对。父亲一生经历坎坷，我所知道的不幸遭遇就有：1957 年，家里孩子中最值得父母骄傲的大哥被错打成"右派"，20 来岁的年轻人能否经受得住如此重大打击？父母为此深深担忧；1965 年母亲因病去世，父亲中年丧妻；"文化大革命"时，父亲被打成资产阶级反动学术权威，被造反派挂牌游街批斗；1972 年三姐意外溺水身亡。这些不幸中的任何一项，都有可能使人接受不了，甚至被击倒。但是，父亲却勇敢地挺了过来。是什么力量支撑着父亲经受住了这一个又一个的打击？毫无疑问，父亲坚忍不拔、永不放弃的生活态度在其中起了十分重要的作用。父亲的许多不幸遭遇我不可能都在场，无法了解所有细节。但是，我和父亲一起经历了"文化大革命"，我知道"文化大革命"过程中父亲的感受和态度。1966 年至 1969年是"文化大革命"最激烈、最疯狂的时期。那时候，黄中校园里到处都是各种各样的大字报，其中也有不少是无端攻击父亲的，不仅内容无中生有，而且所用的语言极为恶毒。我看了非常生气，愤愤不平。但是，父亲并不太把这些"大字报"当回事，他认为犯不着为大字报中的这些不实之词生气烦恼。1967 年 10 月份的某一天，黄中一个造反派组织还把父亲和五六位所谓黄中的反动学术权威与黄中校领导一起挂牌游街，拉到当时黄岩最繁华的桥亭头的会场开批斗大会。那天我得到消息后，一种特别的情感驱使着我一定要赶到现场去。当我在台下看到父亲在台上被造反派学生硬按着头，挂牌弯腰接受批判时，我的眼泪止不住地流了出来。一是由于心中不可遏制的愤怒！这些过去接受过父亲知识传授的学生怎么能这样对待自己的老师！二是为自己的弱小和无能。在父亲遭受如此屈辱的时候，自己却找不到任何保护父亲、减轻父亲痛苦的办法。但是，尽管受到了这样的折磨，父亲的心态依然没有过多地受到外界环境的影响，父亲还是尽量按照自己的想法安排生活。利用"文化大革命"停课接受批斗的机会，父亲竟然还学习和钻研了烹饪技术，并学会了一些木工技艺，制作出了一些精致的小箱柜和小凳子等生活必需品。

父亲能有这种平和而坚韧的生活态度，我觉得是与父亲的另一个良好品质联系在一起的，即宽厚坦诚的为人处世方式。父亲是一个十分宽厚的人，无论是对单位的同事和邻里街坊，还是对亲朋好友和自己的子女，都是如此。在我的印象中，父亲几乎从来没和别人吵过架，也很少和别人发生利益纠纷。对自己的子女，父亲更是处处讲道理，很少有严厉的训斥，更不用说动用武力打骂孩子。宽厚的性格往往与坦诚的品质联系在一起。能够宽厚待人者，一般都能做到为人坦诚。父亲要求我们从小做人就要正直诚信，真诚待人。父亲最看不起说谎、不讲信用、两面三刀的人。尽管父亲脾气很好，但是，当遇到说谎、欺骗、不讲信用的人和事时，父亲也会勃然大怒，不给人家留情面。父亲坦诚待人的许多事情给我留下了深刻的印象。我在内蒙古生产建设兵团的时候，多次收到父亲关于自己家庭历史问题的详细介绍。为了让儿子了解自己解放前的历史，父亲毫无保留地向我介绍和叙述自己那些在当时那个左的年代认为必须讲清楚的历史问题。我从内蒙古探亲回到家里的时候，父亲还会经常向我推心置腹地讲述自己年轻时的一些事情，包括对一些过失、甚至错误的懊悔。我多次为父亲的坦诚和勇敢面对历史的勇气所感动。我们都不是圣贤，不可能一辈子不做错事，但是，能够坦诚地面对自己的过去，无疑是有力量的表现。宽厚坦诚是一种胸怀、一种境界，也是一种智慧和能力。只有胸怀宽广、志存高远、心地坦荡、自信心强的人，才能真正做到为人宽厚坦诚。在父亲身上，我看到了宽厚坦诚的力量和价值。在父亲的影响下，宽厚坦诚成了我们家族的祖传家风。我们所有的兄弟姐妹，以及我们的下一代，都具有了一定的为人宽厚坦诚的行为风格。这种风格为我们家族带来了十分积极的社会影响，使我们家族后代在各个领域都能与别人和睦相处，形成了良好的社会关系。

平和坚韧的生活态度和宽厚坦诚的为人处世方式并不是人人都能具备的，需要智慧和勇气。因此，在我的心目中，父亲是一个真正的智者，一个一切了然于胸，不与庸俗小事斤斤计较的智慧之人；一个敢于担当的勇者，不惧道路曲折、不畏生活艰辛，能够永远朝着自己设定的目标坚定前行的坚强之人！

2011 年 4 月 11 日于杭州